教育部人文社会科学重点研究基地重大项目"扩大来华留学政策研究"

（课题编号：17JJD880005）

来华留学生教育政策研究

王英杰 刘宝存 等◎著

人民出版社

责任编辑:郭星儿
封面设计:源　源

图书在版编目(CIP)数据

来华留学生教育政策研究/王英杰 等著. —北京:人民出版社,2020.12
ISBN 978-7-01-022905-8

Ⅰ.①来…　Ⅱ.①王…　Ⅲ.①留学生教育-教育政策-研究-中国
　Ⅳ.①G648.9

中国版本图书馆 CIP 数据核字(2020)第 257367 号

来华留学生教育政策研究

LAIHUA LIUXUESHENG JIAOYU ZHENGCE YANJIU

王英杰　刘宝存　等著

人民出版社 出版发行
(100706　北京市东城区隆福寺街 99 号)

北京佳未印刷科技有限公司印刷　新华书店经销

2020 年 12 月第 1 版　2020 年 12 月北京第 1 次印刷
开本:710 毫米×1000 毫米 1/16　印张:19.5　字数:290 千字

ISBN 978-7-01-022905-8　定价:59.00 元

邮购地址 100706　北京市东城区隆福寺街 99 号
人民东方图书销售中心　电话 (010)65250042　65289539

总　序

　　在党的十八届五中全会上，习近平同志系统论述了创新、协调、绿色、开放、共享"五大发展理念"，强调实现创新发展、协调发展、绿色发展、开放发展、共享发展。牢固树立并切实贯彻这"五大发展理念"，是"十三五"乃至更长时期我国社会主义事业的发展思路、发展方式和发展着力点，是全面建成小康社会的行动指南、实现"两个一百年"奋斗目标的思想指引，也为我国的教育未来发展指出了方向。为了贯彻落实党的十八届五中全会关于"开放发展"的精神，2016年4月，中共中央办公厅、国务院办公厅印发了《关于做好新时期教育对外开放工作的若干意见》（以下简称《意见》），要求坚持扩大开放，做强中国教育，推进人文交流，不断提升我国教育质量、国家软实力和国际影响力，为实现"两个一百年"奋斗目标和中华民族伟大复兴的中国梦提供有力支撑。《意见》对做好新时期教育对外开放工作进行了重点部署，要求加快留学事业发展，提高留学教育质量；鼓励高等学校和职业院校配合企业走出去，稳妥推进境外办学；拓展有关国际组织的教育合作空间，积极参与全球教育治理；发挥教育援助在"南南合作"中的重要作用，加大对发展中国家尤其是最不发达国家的支持力度；实施"一带一路"教育行动，促进沿线国家教育合作等。

　　为了配合国家发展的整体战略，教育部人文社会科学重点研究基地北京师范大学国际与比较教育研究院选择"扩大教育开放与国家发展"作为"十三五"乃至更长时期的主攻方向,强调新形势下通过教育的开放发展来服务于国家发展的研究目标,围绕国际教育援助、全球教育治理、海外办学、来华留学和"一带一路"教育行动等领域,分析我国推行教育开放的现状及其效果,梳理并分析当前世界各国扩大本国教育开放、参与国际教育市场竞争与合作的政策措施,总结国际社会扩大教育开放的经验教训,探索为推进我国国家与社会发展而应采取的扩大教育开放战略的政策、措施与机制。该研究方向一方面探索教育开放在服务于国家发展的背景下所能采取的因应措施,通过梳理世界各国通过教育开放推动本国社会发展的经验,提出我国扩大教育对外开放的政策建议,更好地服务于国家发展的现实战略;另一方面能够在理念上加深人们对于教育开放与国家发展的关系的认识,总结教育开放在服务国家与推动社会发展中的规律与模式,同时推动国际教育和发展教育研究,拓展比较教育学科的研究领域。

"教育与国家发展"是基地长期的主要研究方向,而"扩大教育开放与国家发展"是基地基于比较教育学科特色和世界教育的改革与发展趋势,根据我国教育乃至社会经济发展战略的需要而在"十三五"甚至更长时期设立的主攻方向。为了开展研究,我们立足新时期教育对外开放工作中具有全局意义、战略意义的核心问题、热点和难点问题,设立了"一带一路"沿线不同类型国家教育制度与政策研究、国际教育援助发展态势与中国的战略选择研究、中国参与全球教育治理战略研究、中国高校海外办学战略研究、扩大来华留学政策研究五个项目,试图从不同方面对目前我国教育开放与国家发展的现状、存在问题和原因,教育开放与国家发展理论,世界各国(或国际性组织)推进教育开放、促进国家发展的经验,对新形势下我国扩大教育开放、促进国家发展的政策与措施等问题,进行系统深入的研究,从整体上把握扩大教育开放与国家发展的关系。

经过五年的研究,基地项目取得了丰硕的成果。现在呈现给大家的这套丛书,就是基地"十三五"课题规划成果之一。顾明远先生主持的"'一带一路'不同类型国家教育制度与政策研究"的系列成果,以"'一

带一路'不同类型国家教育制度与政策研究"丛书的形式单独出版,基
地其他相关课题研究成果则以"扩大教育开放与国家发展丛书"的形式
出版。2020年6月,《教育部等八部门关于加快和扩大新时代教育对外开
放的意见》正式印发,要求坚持教育对外开放不动摇,主动加强同世界
各国的互鉴、互容、互通,形成更全方位、更宽领域、更多层次、更加
主动的教育对外开放局面;并以"内外统筹、提质增效、主动引领、有序
开放"为工作方针对新时代教育对外开放进行了重点部署。我们深知,加
快和扩大新时代教育对外开放是新时代教育改革开放的时代命题,也是
需要不断深化的研究课题。我们研究团队将不忘初心,牢记使命,再接再
厉,砥砺前行,不断探索教育对外开放中的新问题、新思路、新方法。现
在我们把团队研究的阶段性成果奉献给大家,敬请大家批评指正。在丛书
出版过程中,人民出版社王萍女士付出了大量的心血,再次谨致以衷心的
感谢。

北京师范大学国际与比较教育研究院

王英杰

2020年9月

目　录

前　言

在全球化的时代，人才流动已经成为一种世界性的趋势。根据经合组织的统计，1975 年全球留学生人数约为 80 万人，到 2017 年已经增加到 530 万人，而且这种全球留学生人数整体呈指数增长的态势有增无减。不但传统的世界主要留学目的地国如美国、英国、澳大利亚、俄罗斯、德国、法国、加拿大、日本不遗余力地采取各种措施吸引留学生，而且芬兰、新西兰、新加坡、韩国、马来西亚、泰国、印度、沙特阿拉伯、阿联酋、巴西、智利等一些新兴的留学目的地国也都在力图在全球留学生教育市场争得更大的份额。与二战之前的留学生教育更多的是个人自发的行为或者国家不自觉的行动不同，二战后迄今的留学生教育已经与国家的社会经济发展战略和外交战略紧密结合在一起，或者说成为国家整体战略的重要组成部分。同时，与冷战时期美苏两国更多地从扩大政治影响力的目的出发招收留学生不同，当前各国的留学生教育战略更多地强调经济利益和人才争夺。英国、澳大利亚、新西兰等国明确把留学生教育作为教育出口的手段，作为一种服务贸易，作为一个重要产业，同时美国、加拿大、澳大利亚、新西兰等国家明确把留学生教育作为抢滩人才战的战场。

在留学生教育方面，我国长期以来作为一个重要的留学生派出国活跃在世界教育舞台上。1847 年和 1849 年容闳先后入美国孟松学校和耶鲁大学学习，开启了我国近代留学生教育的篇章。1872—1875 年清政府分三批共派遣 120 名少年学生赴美留学，是为近代公派留学的肇端。新中国成立后，在 20 世纪 50 年代和 60 年代，我国派数万人赴苏联留学。改革开放以后，我国在经历了十年"文革"的封闭之后，重新打开了国门，派遣留学生出国学习是当时教育对外开放领域率先推出的政策之一。2018年，我国出国留学人员总数达到 66.21 万人，是世界上最大的留学生派出国。改革开放以来，我国也积极发展来华留学生教育，1977 年在华留学生人数仅有 1217 人，2018 年增至 492185 人，不但成为亚洲最大的留学目的地国，而且成为仅次于美国和英国的世界第三大留学目的地国。但是我们也应该看到，我国来华留学和出国留学的"逆差"依然存在（如果仅算学历教育"逆差"会更明显，2018 年学历生仅占来华生总数的52.44%），来华留学生的生源结构、层次结构、学科结构都亟待改善，来华留学生教育管理体制机制有待创新，来华留学生教育质量和效益有待提高，如何从一个留学生教育大国转变成为一个留学生教育强国，如何制定与我国国家战略相一致又符合教育规律的来华留学生教育战略和政策，使我国以更积极的姿态参与到留学生教育市场和人才争夺战之争，是摆在我们教育研究工作者面前的一项紧迫的任务。

2015 年，教育部人文社会科学重点研究基地北京师范大学国际与比较教育研究院"十三五"规划把"扩大来华留学政策研究"列为基地重大课题之一，并在 2017 年得到教育部社科司批准。在课题立项后，我们认识到，我国来华留学生教育问题，不仅是适度扩大规模问题，更重要的是要优化结构，加大品牌专业和品牌课程建设力度，构建来华留学社会化、专业化服务体系，打造"留学中国"品牌，提高来华留学质量。为了使研究得以深入展开，在课题设计中我们设立了我国来华留学生教育的历史发展和现状研究、我国来华留学生政策的历史发展和现状研究、我国来华留学生教育理论研究、世界主要留学目的地国留学生教育政策研究、我国来华留学生教育的政策措施和保障机制研究、我国来华留学生教育的文化和社会支持系统建设研究等子课题。现在呈现给大家的这部著作《来华留学生教育政策研究》就是该课题的阶段性研究成果之一。

无论是课题的研究还是著作的撰写，都是集体协同攻关的结晶。著作的整体框架由北京师范大学国际与比较教育研究院王英杰和刘宝存设计，第一章"来华留学生教育的历史发展和现状"由华中农业大学公共管理学院胡瑞撰写，第二章"来华留学生教育政策的历史发展和现状"由北京师范大学国际与比较教育研究院彭婵娟撰写，第三章"来华留学生教育政策的理论基础"由江苏师范大学教育科学学院张伟撰写，第四章"来华留学生教育政策的国际经验"由北京师范大学国际与比较教育研究院彭婵娟撰写，第五章"来华留学生教育的基本政策"由济南大学高等教育研究院张继桥撰写，第六章"来华留学生教育的保障机制"由济南大学高等教育研究院张继桥撰写，第七章"来华留学生教育的文化和社会支持系统建设"由山东理工大学国际合作与交流处李娜撰写，最后由北京师范大学国际与比较教育研究院王英杰和刘宝存统稿，北京体育大学教育学院安亚伦做了一些基础性文字整理工作。在此，作为课题负责人，谨对他（她）们参与课题研究和著作撰写所作出的贡献表示衷心的感谢。

由于水平有限，我们深知本研究还有很多缺陷和问题，希望专家、学者和读者提出批评建议，我们一定认真聆听、学习和修改。在研究和撰写过程中，我们参考了国内外的许多研究成果，未能一一列出，敬请谅解。在著作出版过程中，人民出版社王萍女士付出了艰辛的努力，在此表示衷心的感谢！

北京师范大学国际与比较教育研究院　王英杰　刘宝存
2020 年 11 月 26 日

第一章 来华留学生教育的
历史发展和现状

　　来华留学生教育是促进中外教育合作与交流、扩大我国教育对外开放以及实现"一带一路"倡议目标的重要途径。大力发展来华留学生教育有利于巩固我国与世界各国之间的政治互信、外交往来、经贸关系、文化交流、教育合作，提升我国的国际形象，推动人类和平进程。新中国的来华留学生教育始于1950年，随后经历了由局部到整体、从短期留学到各层次全覆盖、从规模扩张到内涵式建设的发展历程。来华留学生教育历经70余年的发展，现已成为全球国际学生流动的重要组成部分，不仅强化了我国与其他国家的文化交流及友好往来，提升了中国传统文化和高等教育的国际影响力，同时为全球培养了大量的专业人才，为我国营造了更加友好的国际环境。系统回顾新中国成立以来，尤其是改革开放40年来来华留学生教育的发展历程、基本状况和主要问题，有利于推进来华留学生教育的高效、均衡和可持续发展。

第一节 来华留学生教育的历史发展

　　新中国成立以来，我国来华留学生教育经历了起步探索阶段、稳步扩大阶段、快速发展阶段和内涵式发展四个主要发展阶段：一是起步探索阶段（1950—1978年），从新中国成立到改革开放是我国来华留学生教育的艰难摸索和早期发展阶段，在此期间还经历了特殊的历史时期，致使来华留学生教育工作暂时中断，随后在逐步复苏的基础上继续发展。二是稳步扩大阶段（1979—1998 年），从改革开放到 1998 年，这一时期的来华留学生教育在规模、层次、国别、教育质量上都有了很大的发展；我国对来华留学生教育的经费支持经历了从无到有、从少到多、从窄到宽的发展过程，来华留学生教育在促进文化交流等方面发挥了积极作用。三是加速发展阶段（1999—2010 年），从高校扩招到 2010 年，来华留学生教育规模扩大、质量提高且管理更加规范有序，逐步成为建设世界一流大学的重要组成部分。四是内涵式发展阶段（2011—2017 年），从 2011 年到"新时代"，这一时期来华留学生教育制度和环境持续优化，"一带一路"倡议的提出为来华留学生教育提供了重要的发展新机遇，来华留学生数量迅猛增加，在促进"一带一路"人文交流、扩大我国高等教育的世界影响力等方面发挥了突出作用。

一、起步探索阶段：从新中国成立到改革开放

从新中国成立到 1978 年改革开放，我国来华留学生教育在发展任务上具有显著的政治属性和援助性质；发展规模上总体偏小，处于起步阶段，且生源国数量也偏少；管理模式主要采取集权管理。在这期间我国经历了特殊历史时期，1966 年至 1972 年，我国来华留学生教育被迫中断。1973 年，我国外交部、国务院科教组专文请示国务院，开展接收留学生工作，来华留学生教育工作得以恢复。基于以上原因，本部分将来华留学生教育的起步探索阶段划分为 1950—1965 年和 1973—1978 年两个时间段进行分析。

第一，发展任务上具有显著的政治属性和援助性质。从新中国成立初期到改革开放前（1950—1977 年），我国发展来华留学生教育事业主要是为了履行国际主义义务以及为建交的国家培养人才，这一时期留学生的国际流动成为我国与国外建立文化及友好往来的重要通道，培养单位主要单纯从政治目标出发，将完成来华留学生教育工作，作为中国对外文化政策的任务和荣誉。新中国成立初期，我国的外交属于困难时期，发展来华留学生教育为我国持续巩固社会主义制度、抵制西方资本主义国家的敌视，同时争取有利的国际环境发挥了重要作用。从留学生来源情况看，由于特定形势下来华留学生教育政策理念相对封闭，来华留学生主要来源于社会主义阵营的朝鲜、越南等国家，其中公费生是来华留学生主体，而当时我国对资本主义国家留学生则严格限制。1956年，国务院批准《关于接受资本主义国家派遣留学生来我国学习的修改意见》，改变了来华留学生教育向社会主义国家一边倒的政策，招生对象及相关政策逐步将资本主义国家纳入其中。1971年，我国恢复了在联合国的合法席位，这是我国外交上的重大突破和发展契机，我国开始与大量国家建交，来华留学生教育政策理念也随之进一步开放。

第二，发展规模总体偏小，来源国家有限。在新中国成立之初，来华留学生的接受、培养和管理主要依照双边协定执行。[①] 由于新中国成立初期我国的政治和外交策略呈现亲苏"一边倒"特点，主要与苏联以及原东欧社会主义国家建立了密切往来，这些国家也成为来华留学生的主要生源地。因此，在当时的历史条件下，接受留学生的范围限制无形中也制约了来华留学生教育规模的发展。

1954年4月，29个亚非国家和地区的政府代表团在印度尼西亚万隆召开了"亚非会议"，也称"万隆会议"，万隆会议主要探讨了维护和平、争取民族独立、发展民族经济、抵制当时国际社会出现的殖民主义和新殖民主义等与会国国家关心的共同问题，万隆会议的召开推进了我国与非洲国家的互信及政治、经济、文化往来。万隆会议通过的《亚非会议最后公报》涵盖了与会国在经济合作、文化合作、人权和自决、附属地人民问题、促进世界和平与合作等多个方面所达成的共识。[②] 自此，我国与亚非拉发展中国家的交往得到加强，作为会议的积极成果之一，我国接受了亚

[①]　杨既福：《我国来华留学教育制度溯源、反思与进路》，《中国成人教育》2016年第24期。
[②]　余建华：《万隆会议与新中国外交》，《团结报》2019年4月18日。

非拉第三世界国家的留学生，且逐步吸引了一定数量来自日本、美国、英国、法国等国家的留学生。随着我国外交环境的不断改善，我国先后与加拿大、联邦德国、英国等国家建立大使级外交关系，与美国的关系有所松动，与亚、非、拉美等第三世界国家的关系也获得了很大的发展。

1950—1965 年的 16 年间，我国共接受了来自 70 个国家的 7259 名留学生，[①] 分布在我国 128 个学校，154 个专业学习，且派遣来华留学生的主体是社会主义国家。[②] 1950—1965 年来华留学生的总人数变化如表 1-1 所示。这一阶段，欧美资本主义国家也派遣了少量来华留学生，比例仅占这一时期总量的 1.42%。[③]

表 1-1　1950—1965 年来华留学生数量（单位：人）

年份	数量	年份	数量
1950	33	1958	90
1951	—	1959	259
1952	230	1960	437
1953	504	1961	471
1954	324	1962	241
1955	327	1963	162
1956	473	1964	229
1957	167	1965	3312
合计		7259	

资料来源：李滔：《中华留学教育史录（1949 年以后）》，高等教育出版社 2000 年版，第 286 页。

1950—1965 年全球各大洲来华留学生总量呈现非均衡发展趋势。其中，亚洲始终占据主导地位，在五大洲中占比 86.7%，其次是欧洲 10%、

① 于富增：《改革开放 30 年的来华留学生教育》，北京语言大学出版社 2009 年版，第 14 页。
② 于富增：《改革开放 30 年的来华留学生教育》，北京语言大学出版社 2009 年版，第 20—21 页。
③ 李滔：《中华留学教育史录（1949 年以后）》，高等教育出版社 2000 年版，第 286—288 页。

非洲2.5%，发展最不充分的是美洲和大洋洲，两大洲占比合计为0.8%。[1]
由于1958—1961年我国遭遇"三年自然灾害"，人民群众的生活遭遇了
新中国成立以来最严重的困难，我国来华留学生教育工作也受到制约。
1958年，来华留学生总人数大幅减少，仅有90人。[2] 1950—1965年全球
各大洲来华留学生数量如表1–2所示。

表1–2　1950—1965年全球各大洲来华留学生数量（单位：人）

各洲 年份	亚洲	欧洲	非洲	美洲	大洋洲	合计
1950	—	33	—	—	—	33
1951	—	—	—	—	—	—
1952	213	17	—	—	—	230
1953	470	34	—	—	—	504
1954	273	51	—	—	—	324
1955	294	28	—	—	5	327
1956	424	45	—	4	—	473
1957	52	115	—	—	—	167
1958	66	22	—	—	2	90
1959	210	36	9	4	—	259
1960	309	20	102	6	—	437
1961	320	129	21	1	—	471
1962	155	83	—	3	—	241
1963	115	26	—	21	—	162
1964	181	37	10	1	—	229
1965	3217	57	37	1	—	3312
合计	6299	733	179	41	7	7259

资料来源：李滔：《中华留学教育史录（1949年以后）》，高等教育出版社2000年版，第286页。

---

[1] 李滔：《中华留学教育史录（1949年以后）》，高等教育出版社2000年版，第286页。
[2] 李滔：《中华留学教育史录（1949年以后）》，高等教育出版社2000年版，第286页。

随着来华留学生教育事业发展，来华留学生生源国类型从社会主义国家扩展到部分资本主义国家，但主要还是以社会主义国家为主。表 1-3显示了 1950—1965 年来华留学生的主要生源国及其数量。主要生源国依次是越南、朝鲜、苏联、阿尔巴尼亚、蒙古、印尼等，这些国家派遣的来华留学生人数达到百人以上，其中，越南来华留学生的人数最多，依据表1-3 的数据测算，这一时期来华留学生总数中占比 72.3%。

表 1-3   1950—1965 年主要生源国来华留学生数量（单位：人）

年份 国别	越南	朝鲜	苏联	阿尔巴尼亚	蒙古	印尼
1950	—	—	—	—	—	—
1951	—	—	—	—	—	—
1952	—	209			3	1
1953	287	180	—	—	3	
1954	253	10	18	2	2	8
1955	283	4	4	2	2	4
1956	396	4	3	4	9	5
1957	—	—	80	3	15	14
1958	12	19	10	—	20	10
1959	106	41	21	5	11	20
1960	253	4	—	4	28	1
1961	263	16	21	102	25	1
1962	133	1	20	47	9	1
1963	59	27	—	22	4	5
1964	115	—	13	—		19
1965	3092	31	18	3	—	22
合计	5252	546	208	194	131	111

资料来源：李滔：《中华留学教育史录（1949 年以后）》，高等教育出版社 2000 年版，第 286—288 页。

1966—1972 年，"文化大革命"爆发制约了我国高等教育的发展，来华留学生教育事业处于低谷，甚至被迫中断。直到 1973 年，我国才恢复来华留学生的招生工作。根据官方发布的统计数据，从 1973—1978 年，我国共接收了来自 80 个国家和地区的 2498 名留学生。[①] 值得指出的是，在 1971 年我国恢复了在联合国一切合法权利的背景下，经过了近 10 年的发展，与我国正式建交的国家已达 154 个，[②] 这为来华留学生教育的进一步发展奠定了基础。

　　1973 年，我国恢复招收来华留学生，主要接收外国高中毕业或相当文化程度的学生来华留学，少量大学毕业程度的学生来华进修学习。1973 年，我国实际接收 43 个国家和地区的留学生 416 人，比国家教委计划内接收的留学生人数多出 33 人。[③] 在 1973—1978 年的 6 年间，各年国家教委计划内接收的来华留学生人数分别为 383、378、432、465、408、432 人，共计 2498 人，[④] 这一时期来华留学生教育处于规模平稳发展的复苏阶段。

　　从区域分布上看，这一时期亚洲仍然占据主导地位，6 年间共计接收来华留学生 987 人，[⑤] 占据各大洲总量的 39.5%。与 1950—1965 年这一时间段来华留学生教育情况不同的是，这一时期欧洲、非洲来华留学生人数明显增长，根据表 1-4 的数据测算，欧洲与非洲的占比分别为 27.2%、24.7%，比 1950—1965 年的数量占比翻了一番。美洲和大洋洲的来华留学生人数也有所增长，分别占比 0.65%、0.28%。1973—1978 年全球各大洲来华留学生数量情况如表 1-4 所示。

---

① 李滔：《中华留学教育史录（1949 年以后）》，高等教育出版社 2000 年版，第 872—876 页。

② 于富增：《改革开放 30 年的来华留学生教育》，北京语言大学出版社 2009 年版，第 37 页。

③ 李滔：《中华留学教育史录（1949 年以后）》，高等教育出版社 2000 年版，第 872—876 页。

④ 李滔：《中华留学教育史录（1949 年以后）》，高等教育出版社 2000 年版，第 872—876 页。

⑤ 李滔：《中华留学教育史录（1949 年以后）》，高等教育出版社 2000 年版，第 872—876 页。

表 1-4　1973—1978 年全球各大洲来华留学生数量（单位：人）

各洲 年份	亚洲	欧洲	非洲	美洲	大洋洲	合计
1973	170	144	37	31	1	383
1974	199	95	61	10	13	378
1975	173	120	113	17	9	432
1976	188	97	144	20	16	465
1977	130	101	142	23	12	408
1978	127	124	121	40	20	432
合计	987	681	618	141	71	2498

资料来源：李滔：《中华留学教育史录（1949 年以后）》，高等教育出版社 2000 年版，第 872—
　　876 页。
说明：本表统计数据为 1973—1978 年国家教委计划内接收的各大洲来华留学生人数。

　　1973—1978 年，来华留学生的国别范围逐步扩大到英国、法国、意
大利、苏丹、扎伊尔、刚果、乌干达、日本、巴基斯坦、巴勒斯坦、阿
拉伯也门共和国、朝鲜、美国、加拿大、澳大利亚、新西兰等 72 个国家
和地区，[①] 表 1-5 列出了 1973—1978 年间来华留学生主要生源国及人数，
其中来华留学生人数最多的国家是法国，达到 151 人，[②] 其他依次是日本、
英国、加拿大、德国、意大利。来华留学生生源国范围扩大为后续来华留
学生教育的均衡发展奠定了一定的基础，但总体来看，在 1950—1978 年，
全国 30 余所院校累计共接收的留学生仅有 12800 名，[③] 来华留学生人数有
限，来源国别范围不大，整体发展态势较为缓慢。

---

① 李滔：《中华留学教育史录（1949 年以后）》，高等教育出版社 2000 年版，第 872—
　876 页。
② 李滔：《中华留学教育史录（1949 年以后）》，高等教育出版社 2000 年版，第 872—
　876 页。
③ 胡志平：《大力发展来华留学生教育提高我国高校国际交流水平》，《中国高教研究》
　2000 年第 3 期。

表 1–5　1973—1978 年来华留学生主要生源国及其人数（单位：人）

年份＼国别	法国	日本	英国	加拿大	德国	意大利
1973	30	9	11	23	10	13
1974	15	28	9	10	12	8
1975	26	16	12	14	16	13
1976	25	18	15	14	16	13
1977	28	18	20	15	14	7
1978	27	36	29	11	17	13
合计	151	125	96	87	85	67

资料来源：李滔：《中华留学教育史录（1949 年以后）》，高等教育出版社 2000 年版，第 872—876 页。

从就读专业上看，来华留学生的专业选择不均衡。这一时期，来华留学生教育在摸索中前进，理工类专业受到来华留学生的关注，并逐步在科类结构中占据重要位置。统计数据表明，1967 年，来华留学生总数为3746 人，学生的专业分布是理工科占 74.8%，农、医学科占 11.5%，财经学科占 6.2%，文、史学科占 5.1%，艺术类学科占 1.7%，体育学科占0.7%。85% 以上的学历留学生专业为理科、工科、农科和医科。[1] 1967年的来华留学生学习专业类别统计如表 1–6 所示。自我国开展来华留学生教育以来，留学生对于汉语言及中国文化的学习热情一直十分高昂，语言和传统中华文化学习也是留学生的主要选择。

表 1–6　1967 年来华留学生学习专业类别统计（单位：人）

专业类别	理工	农、医	文史	财经	艺术	体育	总计
人数	2794	431	191	232	63	25	3736

资料来源：李滔：《中华留学教育史录（1949 年以后）》，高等教育出版社 2000 年版，第 825 页。

最后，这一阶段来华留学生教育的集权管理体系初步形成。新中国

[1] 李滔：《中华留学教育史录（1949 年以后）》，高等教育出版社 2000 年版，第 825 页。

成立初期，受国际政治形势的严重影响，我国与其他国家发展正常的国家关系受到阻碍，并成为影响我国来华留学生教育发展的决定因素之一。这一时期，我国政府对来华留学生教育的管理采取了高度集中的方式，管理过程较为具体、全面，管理范围几乎涉及来华留学生教育的全部工作。高等学校服从政策安排，以承担国家任务的形式招收留学生、对来华留学生进行培养教育，高校自主管理和决策的权力有限。在管理方式上主要有两种策略：一是采取双边协议的方式实施来华留学生教育政策。政策内容主要涉及接收留学生的数量、条件、院校、学习内容和年限、提供的费用、入学时间等具体规定和要求。① 双边协议的方式在特定的历史条件下发挥了重要作用，对于推进来华留学生教育事业发展，打开工作局面起到了积极的推动作用。另一种策略则是基于地缘政治的考虑接收来华留学生。随着国际形势的不断变化和新中国外交工作的不断进展，来华留学生教育政策的取向也不断扩展，除了协议接收和互换留学生外，我国开始接收其他周边国家、非洲和拉美国家，以及少数资本主义国家的留学生，虽然总体规模较小，但是仍为后来的来华留学生教育的发展奠定了基础。②

二、稳步扩大阶段：从改革开放到 1998 年

1978 年 12 月，中国共产党第十一届中央委员会第三次会议在北京举行，这次会议拉开了中国改革开放的序幕。自此，我国开始实施对内改革、对外开放的政策，全国上下进入了全新的发展时期，来华留学教育发展的国际国内环境逐步改善。改革开放之后，来华留学生教育进入快速发展时期，这是我国来华留学生教育发展历程的重要分水岭，来华留学生教育逐步走上了制度化和规范化的发展道路，规模持续扩大、层次结构优化、各种规章制度逐步建立和完善，实现了跨越式发展，在促进文化交流

---

① 陈宇、曲铁华：《我国来华留学生教育政策变迁的路径与特点——基于 1950～2012 年政策文本的分析思考》，《人民论坛·学术前沿》2016 年第 24 期。

② 陈宇、曲铁华：《我国来华留学生教育政策变迁的路径与特点——基于 1950～2012 年政策文本的分析思考》，《人民论坛·学术前沿》2016 年第 24 期。

等方面发挥了积极作用。

（一）来华留学生教育的发展目标趋于多元化

改革开放之后，我国的对外开放成效突出，国际地位不断提升，国际社会希望了解中国，与中国进行经济贸易、社会文化、教育学术交流的人越来越多，这为来华留学生教育发展营造了良好的环境。这一时期，来华留学生教育的发展目标由单纯的政治需要向为国家外交、改革开放、经济建设、教育改革服务转变。不同于 20 世纪 50 年代以政治外交、对外援助为主要动力的发展方式，来华留学教育逐步迎来社会文化、经济利益与政治外交等多因素推动的新局面。1982 年 3 月《国务院关于批转教育部、外交部、公安部关于安排外国进修生和研究学者有关问题的请示的通知》中指出："接受外国留学生和研究学者，对促进我国对外文化教育交流、增进我国人民同各国人民间的友谊，扩大我留学生的派出工作，促进我高等院校学术水平的提高都是有利的。各单位应采取积极态度，认真做好这项工作。"[1] 这一政策深刻改变了以往将接收留学生视为自身国际主义责任及义务的倾向，是来华留学生教育政策的一次重大调整。这一时期，广泛的文化交流、新的高等教育体制的建立、经济的快速发展等多个要素推动了来华留学生教育的发展。

（二）来华留学生教育规模持续扩大

改革开放初期，我国正处于恢复正常政治秩序和经济秩序的时期，高等教育也逐步恢复教学秩序。改革开放后，意识形态领域的分歧不再是来华留学生教育的障碍或入学门槛条件，招生对象涵盖全球学生，来华留学生规模持续扩大。1979 年，我国开始扩大来华留学生招生计划，并学习国外的先进科学技术和管理经验。1979—1992 年，国家教委计划内接收的来华留学生人数共计 18142 人，[2] 具体如表 1–7 所示。

---

[1] 杨既福：《我国来华留学教育制度溯源、反思与进路》，《中国成人教育》2016 年第 24 期。

[2] 李滔：《中华留学教育史录（1949 年以后）》，高等教育出版社 2000 年版，第 872—876 页。

表 1-7 1979—1992 年来华留学生数量（单位：人）

年份	数量	年份	数量
1979	440	1986	1777
1980	576	1987	1707
1981	744	1988	1852
1982	866	1989	1393
1983	1043	1990	1484
1984	1286	1991	1735
1985	1583	1992	1656
合计			18142

资料来源：李滔：《中华留学教育史录（1949 年以后）》，高等教育出版社 2000 年版，第 872 页。
说明：本表统计数据为国家教委计划内接收的来华留学生数量。

这一时期，从全球各大洲的来华留学生生源情况看，欧洲处于主体地位。1979—1992 年来自欧洲的来华留学生总数为 7033 人，占比 38.7%；亚洲生源规模仅次于欧洲，占比为 34.8%。这一时期共接收非洲来华留学生 3063 人，占比 16.7%。同时，我国还吸引了部分美洲及大洋洲的来华留学生，两大洲分别占比 7.7%、1.6%。[①] 以上数据表明，与起步探索阶段相比，美洲和大洋洲的来华留学生规模呈现稳步扩大的态势。1979—1992 年全球各大洲来华留学生数量情况如表 1-8 所示。

表 1-8 1979—1992 年全球各大洲来华留学生数量（单位：人）

年份＼各洲	欧洲	亚洲	非洲	美洲	大洋洲	合计
1979	189	114	30	84	23	440
1980	190	246	43	70	27	576
1981	181	383	80	90	10	744
1982	227	368	154	84	33	866

① 李滔：《中华留学教育史录（1949 年以后）》，高等教育出版社 2000 年版，第 872—876 页。

续表

年份＼各洲	欧洲	亚洲	非洲	美洲	大洋洲	合计
1983	258	456	230	80	19	1043
1984	382	532	247	100	25	1286
1985	468	676	314	100	25	1583
1986	548	767	299	136	27	1777
1987	868	363	306	146	24	1707
1988	844	447	325	204	32	1852
1989	657	372	249	82	33	1393
1990	730	439	252	49	14	1484
1991	802	559	272	90	12	1735
1992	689	602	262	83	20	1656
合计	7033	6324	3063	1398	324	18142

资料来源：李滔：《中华留学教育史录（1949年以后）》，高等教育出版社2000年版，第872—876页。

说明：本表统计数据为国家教委计划内接收的全球各大洲来华留学生数量。

二是生源地的扩大。在这一时期，来华留学生的生源地持续扩展，一方面从新中国成立初期建交的社会主义国家扩展到西方发达国家；另一方面，由周边国家、苏联、东欧社会主义国家以及非洲友好国家等逐步扩大到美国、日本等西方发达国家，遍布世界各地。[1] 改革开放初期，更多的欧美发达国家与我国建立了外交关系，随即开展了国家间的留学生交流，它们均向我国派遣了留学生。因此，在1979—1992年我国接收的来华留学生中，来自欧美发达国家留学生数量增加。1979—1984年间的来华自费留学生的98%来自发达国家，[2] 这些发达国家分别为日本、美国、

[1]　魏礼庆、胡燕华：《改革开放40年出国留学与来华留学事业回顾与展望》，《河北师范大学学报》（教育科学版）2018年第3期。

[2]　于富增：《改革开放30年的来华留学生教育》，北京语言大学出版社2009年版，第76页。

英国、法国、意大利等。如表 1-9 所示，1979—1992 年，我国接收的来自日本的留学生人数达到 3000 多人，美国、英国、法国达到了 500 人以上；意大利的来华留学生人数将近 400 人；另外，来自朝鲜的留学生处于主要地位，总数达到 1000 人以上。

表 1-9　1979—1992 年主要生源国来华留学生数量（单位：人）

年份＼国别	日本	朝鲜	美国	英国	法国	意大利
1979	86	6	56	54	24	18
1980	163	45	38	65	32	21
1981	234	34	52	40	26	17
1982	225	54	53	49	22	23
1983	261	88	35	58	32	16
1984	295	113	63	68	32	30
1985	414	143	56	59	35	21
1986	489	150	72	—	41	28
1987	80	140	88	87	56	30
1988	218	114	134	86	35	42
1989	141	73	22	17	8	33
1990	144	133	17	44	77	37
1991	169	187	20	29	51	39
1992	176	136	8	29	48	44
合计	3095	1416	714	685	519	399

资料来源：李滔：《中华留学教育史录（1949 年以后）》，高等教育出版社 2000 年版，第 872—876 页。

说明：本表统计数据为国家教委计划内接收的主要生源国来华留学生数量。

　　根据表 1-10 的数据测算，1990—1997 年来华留学生教育规模发展迅速，年平均增长率达到 28%；除 1997 年的其他年份的来华留学生的年增长率均在 15% 以上；最高年份达到 59%。

表 1-10　1990—1997 年来华留学生总数变化情况

年份	留学生总数（人）	比上一年增长比例（%）
1990	7494	—
1991	11972	59.3
1992	14024	17.1
1993	16871	16.8
1994	25586	51.6
1995	35759	39.7
1996	41211	15.2
1997	42712	6.0

资料来源：于富增：《改革开放 30 年的来华留学生教育》，北京语言大学出版社 2009 年版，第110 页。

（三）来华留学生教育的结构优化

来华留学生教育结构反映出留学生教育系统内各组成要素之间的关联形式和比例关系，涵盖类别结构、科类结构、国别结构、经费结构、区域结构等诸多方面。① 在来华留学生教育稳步扩大阶段，其教育结构呈现以下特点：

第一，自费来华留学生成为来华留学生教育的重要构成。1978 年，我国开启了自费来华留学生通道，成为改革开放的一项重要标志，推动了来华留学生教育事业的发展。1979 年，我国招收了第一批自费留学生，此后，接收的自费留学生类别从短期留学生拓展到普通进修生和本科生等，且具备接收来华留学生资格的高校及专业数量也迅速扩增。可以说，自费生的涌现使得来华留学生规模迅速扩大，同时对来华留学生质量和层次发展起到一定的调节作用。1989 年 6 月，国家教委发布了《关于招收自费外国来华留学生的有关规定》，标志着国家开始下放自费留学生招生

① 程家福：《新中国来华留学教育结构研究（1950—2007 年）》，博士学位论文，华东师范大学教育科学学院教育学系，2009 年。

审批权，放开了普通高等院校招收自费留学生的权力，将招收自费留学生的审批权下放到了省一级教育行政部门，扩大了接收来华留学生的高等学校的范围。[①] 然而，这一时期世界对我国的了解和接纳程度还十分有限，来华留学生教育无论从规模上还是从层次上，都还处于一个比较低的水平。与此同时，由于受来华留学生来源国经济社会发展水平的制约，自费生的来源国主要是美国、日本等当时经济社会发展水平较高的国家。

开放高等院校接收自费留学生，不仅赋予高等学校自行接收来华留学生的权力，而且大大扩大了我国发展来华留学生教育的资源。1993 年我国接收来华留学生的院校为 200 多所，到 1997 年这一数字增加到 330 所。来华自费留学生数量也迅速扩大，1990 年全国来华自费留学生总数约 3810 人，到 1997 年增加到 39035 人，增长超过 9 倍。[②] 表 1–11 反映了 1978—1997 年来华留学自费生数量，共计 194441 人，占来华留学生总数的 76.1%，自费留学生成为这一时期来华留学生教育的主体。从变化趋势上看，来华留学自费生人数呈现快速增长的态势，1978 年来华留学生自费生人数仅有 29 人，到了 1997 年这一数值已经增长到了 39035 人，且 1997 年来华留学自费生占总人数的比例为 89.3%。[③]

表 1–11　1978—1997 年来华留学自费生数量（单位：人）

年份	在校留学生总数	自费生
1978	1236	29
1979	1593	315
1980	2097	708
1981	3440	1809

① 于富增：《改革开放 30 年的来华留学生教育》，北京语言大学出版社 2009 年版，第 78—79 页。
② 于富增：《改革开放 30 年的来华留学生教育》，北京语言大学出版社 2009 年版，第 79 页。
③ 于富增：《改革开放 30 年的来华留学生教育》，北京语言大学出版社 2009 年版，第 284 页。

续表

年份	在校留学生总数	自费生
1982	4535	2776
1983	5461	3395
1984	6144	3551
1985	7727	4476
1986	8754	4663
1987	5646	1053
1988	5835	1239
1989	6379	2508
1990	7494	3810
1991	11972	8342
1992	14024	10635
1993	16871	13818
1994	25586	22617
1995	35759	32758
1996	41211	36904
1997	43712	39035
合计	255476	194441

资料来源：于富增：《改革开放 30 年的来华留学生教育》，北京语言大学出版社 2009 年版，第 284 页。

　　自费留学的生源国以发达国家为主，以 1985 年为例，全年自费来华学习的日本留学生为 1900 余名，美国为 1300 余名，法国为 220 余名，澳大利亚为 130 余名。[1] 再以 1997 年为例，来华留学生总数为 43712 人，其中自费来华留学生为 39000 多人，占当年来华留学生总数的 89.2%。[2]

_____

[1]　李滔：《中华留学教育史录（1949 年以后）》，高等教育出版社 2000 年版，第 872—876 页。

[2]　于富增：《改革开放 30 年的来华留学生教育》，北京语言大学出版社 2009 年版，第 90 页。

1978—1997年自费留学生的总数处于持续增长阶段，其增长情况如图1-1所示。

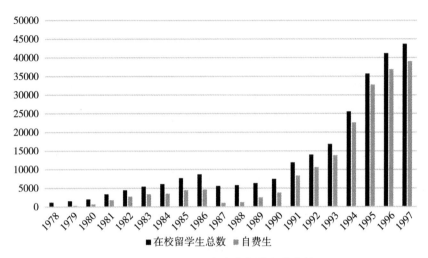

图1-1   1978—1997年来华留学自费生数量

资料来源：于富增：《改革开放30年的来华留学生教育》，北京语言大学出版社2009年版，第284页。

第二，自费来华留学生的就读专业不断拓展。20世纪80年代，来华留学生的就读专业主要分布在理科、工科、农科和医科。其中，医科涵盖中医和西医两个专业，并以西医学科的留学生为多。来自发达国家的留学生一般为文科进修生，且比较青睐中国语言文学、历史和哲学等人文学科的相关专业。[①] 表1-12列举了1997年自费来华留学生的就读学科专业情况，主要包括文科（人文学科和社会学科）、医科（西医和中医）、工科、理科和农科等。

表1-12   1997年自费来华留学生的就读学科专业情况

学科	学历生（人）	进修生（人）	短期生（人）	合计（人）	占总数比例（%）
文科	5073	14495	13871	33439	85.7

---

① 于富增：《改革开放30年的来华留学生教育》，北京语言大学出版社2009年版，第101页。

续表

学科	学历生（人）	进修生（人）	短期生（人）	合计（人）	占总数比例（%）
医科	2548	234	1346	4128	10.6
工科	229	199	126	554	1.4
理科	200	51	2	253	0.6
艺术	215	194	7	416	1.1
体育	61	113	3	177	0.5
农科	13	7	48	68	0.2
合计	8969	15293	15403	39035	—

资料来源：于富增：《改革开放 30 年的来华留学生教育》，北京语言大学出版社 2009 年版，第 102 页。

　　表 1–12 反映出，就读文科的自费留学生最多，占比 85.7%；其次是就读医科的留学生，占比 10.6%；其余 5 个学科的留学生总和，仅占当年自费来华留学生总数的 3.7%。此外，20 世纪 90 年代高等学校开放接收自费留学生后，学习体育（包括武术）和中国艺术的留学生明显增加。①

（四）来华留学生教育的奖学金逐步丰富

　　1996 年 6 月，国家留学基金管理委员会（China Scholarship Council，简称"留基委"）正式成立，这是推进来华留学生教育朝着制度化、规范化方向发展的重要举措。"留基委"是直属于教育部的非营利性事业法人单位，具体负责享受中国政府奖学金来华的留学生招生及日常事务的管理工作。改革开放之后，来华留学生奖学金生数规模持续扩大，表 1–13 反映了 1978—1997 年来华留学生奖学金生数情况。

---

① 于富增：《改革开放 30 年的来华留学生教育》，北京语言大学出版社 2009 年版，第 101 页。

表 1-13　1978—1997 年来华奖学金留学生人数（单位：人）

年份	在校留学生总数	奖学金生	年份	在校留学生总数	奖学金生
1978	1236	1207	1991	11972	3630
1979	1593	1278	1992	14024	3389
1980	2097	1389	1993	16871	3053
1981	3440	1631	1994	25586	2969
1982	4535	1759	1995	35759	3001
1983	5461	2066	1996	41211	4307
1984	6144	2593	1997	43712	4677
1985	7727	3251	1992	14024	3389
1986	8754	4091	1993	16871	3053
1987	5646	4593	1994	25586	2969
1988	5835	4596	1995	35759	3001
1989	6379	3871	1996	41211	4307
1990	7494	3684	1997	43712	4677

资料来源：于富增：《改革开放 30 年的来华留学生教育》，北京语言大学出版社 2009 年版，第 284 页。

　　由表 1-13 可见，1979 年招收的留学生奖学金生数为 1278 人，此后增长较平稳。到 1984 年，我国召开了来华留学生教育工作会议，并采取积极措施促进来华留学生教育发展，自此我国接收的发展中国家的留学生数量以及获得奖学金的人数显著增加。[1] 1989 年来华留学生奖学金生数为 3871 人，到 1997 年留学生奖学金生数达到 4677 人，总量比 1979 年增长近 4 倍，奖学金生数占当年来华留学生总数的 10.7%。[2] 表 1-13 显示的变化趋势也反映出，改革开放前期，来华留学生规模偏小，随着中国政府奖学金资助力度的扩大，获得资助的来华留学生比例较大。但是，随着来

---

[1]　于富增：《改革开放 30 年的来华留学生教育》，北京语言大学出版社 2009 年版，第 76 页。

[2]　于富增：《改革开放 30 年的来华留学生教育》，北京语言大学出版社 2009 年版，第 284 页。

华留学生规模的加速扩大，奖学金生数占比有所下降。

从阶段性变化特征看，1978—1984 年间共有来自 109 个国家的 5387 名奖学金留学生来华学习。在此期间，来华留学生的奖学金资助体系进一步扩大，全球各大洲来华留学生奖学金生数稳步增加，占据主体地位的是欧美发达国家，其奖学金生数为 2162 人，占同期来华奖学金留学生总数的 40.1%。[①] 其次是亚洲，且主要集中在日本，具体来说，1978—1984 年来自日本的奖学金生数达 1300 人，占这个时期来华留学生总数的 24.1%。来自欧美发达国家和日本的来华留学生奖学金生数占同期来华奖学金留学生总数的 64.2%。此外，非洲国家的来华留学生奖学金生数也有明显的扩增，以撒哈拉以南的非洲国家为例，在 1973—1978 年的 6 年间，来自撒哈拉以南非洲国家的奖学金留学生总数为 600 人；而在 1984—1989 年的 6 年间，这一数字扩增到 1500 人。[②]

三、加速发展阶段：从高校扩招到 2010 年

本部分所述加速发展阶段主要指 1999 年我国高考扩招到 2010 年《留学中国计划》出台这一时间段。这一时期，高校办学自主权得到不断扩大，教育部等部门的管理权限逐级下放，来华留学生教育管理更加规范有序，逐渐步入规范化、法制化的管理轨道。《留学中国计划》的出台为来华留学生教育实施及管理工作提供了发展方向和依据，确定了我国来华留学生教育管理体制，即以国家宏观政策为指导，留学生培养单位面向全球留学生市场招生，实行统一指导、高校科学管理。

（一）来华留学生教育规模发展状况

2000 年，教育部、公安部、外交部三部委制定了《高等学校接受外国留学生管理规定》，确定了"深化改革，加强管理，保证质量，积极稳

---

① 于富增：《改革开放 30 年的来华留学生教育》，北京语言大学出版社 2009 年版，第 76 页。
② 于富增：《改革开放 30 年的来华留学生教育》，北京语言大学出版社 2009 年版，第 76 页。

妥发展"的来华留学生教育工作方针，明确规定高等学校招收留学生名额不受国家招生计划的限制，进一步扩大了高校的办学自主权，激发了地方政府和高校的工作积极性，留学生接受院校数量和留学生规模迅速扩大。① 表 1-14 反映了 1999—2010 年来华留学生数量。1999 年，来华留学生人数为 44711 人，到 2010 年来华留学生人数增加至 265090 人，总量扩大了接近 6 倍，来华留学生规模呈现出快速扩大态势。②

表 1-14　1999—2010 年来华留学生数量（单位：人）

年份	总量	年份	总量
1999	44711	2005	141087
2000	52150	2006	162695
2001	61869	2007	195503
2002	85829	2008	223499
2003	77715	2009	238184
2004	110844	2010	265090
合计	1659176		

资料来源：教育部国际合作与交流司：《来华留学生简明统计》，1999—2010 年。

这一时期，各大洲来华留学生规模的分布呈现出较为均衡的发展态势，表 1-15 反映了全球各大洲来华留学生的规模情况，1999—2010 年世界五大洲来华留学生的总量呈逐年增加趋势；从区域差别上来看，亚洲区域延续了以往规模优势，1999—2010 年每年来华留学生人数均超过当年其他四洲来华留学生人数之和；另外，这一时期，非洲来华留学热度高涨，2010 年非洲来华留学生人数约为 1999 年人数的 12 倍。③

① 杨既福：《我国来华留学教育制度溯源、反思与进路》，《中国成人教育》2016 年第 24 期。

② 教育部国际合作与交流司：《来华留学生简明统计》，1999—2010 年。

③ 教育部国际合作与交流司：《来华留学生简明统计》，1999—2010 年。

表 1-15　1999—2010 年全球各大洲来华留学生数量（单位：人）

洲别 年份	亚洲	非洲	欧洲	美洲	大洋洲	合计
1999	31914	1384	5621	4938	854	44711
2000	39034	1388	5818	5144	766	52150
2001	46142	1526	6717	6411	1073	61869
2002	66040	1646	8127	8892	1124	85829
2003	63672	1793	6462	4703	1085	77715
2004	85112	2186	11524	10695	1327	110844
2005	106840	2757	16463	13221	1806	141087
2006	120930	3737	20676	15619	1733	162695
2007	141689	5915	26339	19673	1887	195503
2008	152931	8799	32461	26559	2749	223499
2009	161605	12436	35876	25557	2710	238184
2010	175805	16403	41881	27228	3773	265090
合计	1191714	59970	217965	168640	20887	1659176

资料来源：教育部国际合作与交流司：《来华留学生简明统计》，1999—2010 年。

图 1-2 显示了 1999—2010 年各洲的年度变化趋势，亚洲是这一时期来华留学的主要生源地，并且始终占据着主导地位。

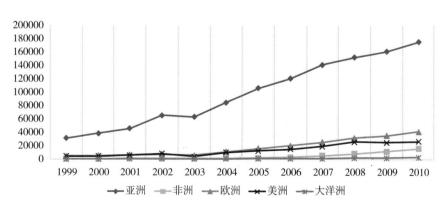

图 1-2　1999—2010 年全球各大洲来华留学生数量变化（单位：人）

资料来源：教育部国际合作与交流司：《来华留学生简明统计》，1999—2010 年。

2000 年以后，来华留学生的生源地达到 180 多个国家和地区，几乎覆盖了世界上所有的国家和地区，接收留学生的条件从双边协定的有限接收与交换，转变为向全世界开放。① 表 1-16 反映了 1999—2010 年来华留学生主要生源国及其人数，值得关注的是，2000 年以来韩国是来华留学生人数最多的国家，并且其规模上的领先优势十分突出。日本、美国、俄罗斯、泰国等主要生源国来华留学生规模从总体上呈现出较为稳定的增长态势，印度尼西亚、法国、德国、澳大利亚的来华留学生在这一时期的发展还不够充分，加拿大的来华留学生规模发展则最为缓慢。

表 1-16　1999—2010 年来华留学生生源国及其人数（单位：人）

国别 年份	韩国	日本	美国	印度尼西亚	德国	法国	澳大利亚	俄罗斯	泰国	加拿大	合计
1999	11731	12784	4094	2411	1297	824	770	609	512	508	35540
2000	16787	13806	4280	1947	1270	891	676	703	667	516	41543
2001	22116	14692	5413	1697	1321	1057	971	1056	860	570	49753
2002	36093	16084	7359	2583	1226	1341	1001	1492	1737	875	69791
2003	35353	12765	3693	2563	1280	962	918	1224	1554	557	60869
2004	43617	19059	8480	3750	2187	1954	1159	2288	2371	1205	86070
2005	54079	18874	10343	4616	2736	3105	1591	3535	3594	1413	103886
2006	57504	18363	11784	5652	3090	3857	1420	5035	5522	1766	113993
2007	64481	18640	14758	6590	3554	4698	1464	7261	7306	1985	130737
2008	66806	16733	19914	7084	4417	5059	2083	8939	8476	2712	142223
2009	64232	15409	18650	7926	4239	5422	1874	10596	11379	2520	142247
2010	62957	16808	19668	9539	4873	6313	2892	12481	13177	2719	151427

资料来源：教育部国际合作与交流司：《来华留学生简明统计》，1999—2010 年。

此外，这一时期自费留学生规模逐渐扩大，来华留学生教育初步实

---

① 陈宇、曲铁华：《我国来华留学生教育政策变迁的路径与特点——基于 1950～2012 年政策文本的分析思考》，《人民论坛·学术前沿》2016 年第 24 期。

现从国际义务援助为主开始向自费为主转变，[①] 且类别上以自费短期留学生为主。

（二）来华留学生教育的层次结构

第一，来华留学生教育总体层次结构不断优化。来华留学生教育层次结构的不断优化是我国经济实力增强和综合国力提升的重要表现。表1-17反映了1999—2010年各层次来华留学生的数量情况。

表1-17　1999—2010年各层次来华留学生数量（单位：人）

类别	年份	1999	2000	2001	2002	2003	2004	2005	2006	2007	2008	2009	2010
学历生	专科生	181	228	1282	499	263	450	593	1009	1119	860	957	1178
	本科生	8402	10224	11797	16309	19319	25351	37147	45207	56248	64864	73515	81388
	硕士研究生	2000	2192	2377	2858	3397	3883	4807	5966	7628	10373	14227	19040
	博士研究生	896	1059	1194	1389	1637	1932	2304	2677	3218	3908	4751	5826
合计		11479	13703	16650	21055	24616	31616	44851	54859	68213	80005	93450	107432
非学历生	普通进修生	1626	21342	24040	38668	39026	44097	57913	27517	6834	9771	8584	8776
	高级进修生	579	626	536	778	814	773	948	997	1017	1218	1411	1691
	短期留学生	15495	16479	20643	25328	13259	34358	37375	42962	51340	58497	53102	63680
	语言进修生	—	—	—	—	—	—	—	36360	68099	74008	81637	83511
合计		33232	38447	45219	64774	53099	79228	96236	107836	127290	143494	144734	157658

资料来源：教育部国际合作与交流司：《来华留学生简明统计》，1999—2010年。

[①] 陈宇、曲铁华：《我国来华留学生教育政策变迁的路径与特点——基于1950～2012年政策文本的分析思考》，《人民论坛·学术前沿》2016年第24期。

表 1-17 反映出，1999—2010 年，来华留学学历生占比不断扩大，层次结构不断优化。1999 年，来华留学生中学历生占比为 25.7%，到 2010 年，这一数值达到了 40.5%。① 另一方面，硕士和博士来华留学生占当年来华留学生总数的比例也在不断增加，由 1999 年的 8.71% 增长到 2010 年的 15.77%。② 然而，非学历生占比则由 1999 年的 74.33% 缩减到 59.47%，这些数值的变化进一步说明了该阶段来华留学生教育的层次结构处于积极的动态优化之中。③

第二，各洲来华留学学历生涨幅均大于非学历生。表 1-18 反映了 1999—2010 年全球各大洲来华留学学历生和非学历生的规模情况。这一时期，较为明显的是各洲的学历生数量增长速度明显高于非学历生。例如，2008 年亚洲学历生与非学历生数分别为 66285 人和 86646 人，2010 年其学历生与非学历生数分别为 83721 人和 92084 人，学历生规模增长速率达到了 26.30%，非学历生规模增长速率则为 6.28%，反映出各洲的来华留学学历生数量增长速度快，发展潜力大，为提升来华留学生教育的质量创造了条件。④

表 1-18　1999—2010 年全球各大洲来华留学生层次结构数量（单位：人）

各洲 年份	亚洲		非洲		欧洲		美洲		大洋洲	
	学历生	非学历生	学历生	非学历生	学历生	非学历生	学历生	非学历生	学历生	非学历生
1999	9431	22501	1171	213	570	5051	252	4686	73	781
2000	11656	27378	1155	233	536	5282	264	4880	92	674
2001	14247	31895	1258	268	607	6110	434	5977	104	969
2002	18351	47689	1289	357	716	7411	575	8317	124	1000
2003	21482	42190	1430	363	800	5662	744	3959	160	925

---

① 　教育部国际合作与交流司：《来华留学生简明统计》，1999—2010 年。
② 　教育部国际合作与交流司：《来华留学生简明统计》，1999—2010 年。
③ 　教育部国际合作与交流司：《来华留学生简明统计》，1999—2010 年。
④ 　教育部国际合作与交流司：《来华留学生简明统计》，1999—2010 年。

各洲\年份	亚洲		非洲		欧洲		美洲		大洋洲	
	学历生	非学历生	学历生	非学历生	学历生	非学历生	学历生	非学历生	学历生	非学历生
2004	27732	57380	1559	627	1163	10361	996	9699	166	1161
2005	39832	67008	1857	900	1680	14783	1296	11925	186	1620
2006	47941	72989	2581	1156	2233	18443	1778	13841	326	1407
2007	58028	83661	3978	1937	3379	22960	2385	17288	443	1444
2008	66285	86646	2913	3070	5729	27978	4483	23646	595	2154
2009	74958	86647	7955	4481	6138	29738	3674	21883	725	1985
2010	83721	92084	10613	5790	7896	33985	4338	22890	864	2909

资料来源：教育部国际合作与交流司：《来华留学生简明统计》，1999—2010 年。

第三，来华留学生就读专业不均衡。表 1-19 显示了 1999—2010 年来华留学生就读专业情况，数据反映出这一时期来华留学生就读专业范围有所扩展，汉语言、法学、经济等人文社科专业就读人数较多。其中，汉语言专业始终倍受追捧，例如，2007 年来华留学生就读汉语言专业占比高达 60.9%，而选择学习理工科类的来华留学生，占比规模相对较小。①

表 1-19 1999—2010 年来华留学生就读专业情况（单位：人）

年份\专业	1999	2000	2001	2002	2003	2004	2005	2006	2007	2008	2009	2010	总计
汉语言	—	35422	44149	63328	53126	75270	86679	98701	119147	124574	136576	146149	983121
文学	36401	35422	3550	4336	5015	6705	11600	14027	13822	15935	16635	19612	183060
西医	1420	1399	1626	2643	3001	4688	9605	13225	16902	19233	21123	25203	120068
中医	3571	3700	3886	4070	4183	6283	8427	7130	8671	9418	11022	10962	81323
经济	—	1582	1726	2723	3091	4525	6665	7308	8804	11335	14367	16863	78989
工科	1724	2851	1888	2442	2693	3519	4455	5803	6785	9128	11606	15130	68024
法学	—	1626	1392	1287	2053	2438	2906	3667	4700	4688	4966	6147	35870

① 教育部国际合作与交流司：《来华留学生简明统计》，2007 年，第 16 页。

续表

年份 专业	1999	2000	2001	2002	2003	2004	2005	2006	2007	2008	2009	2010	总计
理科	425	403	494	393	465	555	741	1007	1411	9978	1417	2535	19824
艺术	656	706	524	774	918	1291	1537	2118	2508	2835	2732	—	16599
体育	229	599	498	834	467	708	547	1332	1361	1375	1318	—	9268
农科	303	219	225	267	241	298	380	440	755	699	1018	1063	5908

资料来源：教育部国际合作与交流司：《来华留学生简明统计》，1999—2010 年。

（三）来华留学生奖学金发展情况

第一，总量持续扩增。为吸引更多的国际学生来华留学，我国政府奖、助学金体系经过多年发展逐步完善。2000 年，我国出台了《高等学校接受外国留学生管理规定》，该文件明确提出要为来华留学生设立"中国政府奖学金"。"中国政府奖学金"具体是指中国政府为资助世界各国学生、学者到中国高等学校进行学习和研究，增进中国人民与世界各国人民的相互理解和友谊，发展中国与世界各国在教育、科技、文化、经贸等领域的交流与合作，免除其在华学习期间的学杂费，并提供相应生活费和公费医疗服务的一项教育福利制度。[1]《高等学校接受外国留学生管理规定》的出台，对奖学金政策作出了补充：鼓励教育部、地方政府和高校设立其他专项奖学金作为补充。2000 年颁布的《关于实施中国政府奖学金年度评审制度的通知》中正式公布了"中国政府奖学金年度评审办法"，明确了实施中国政府奖学金年度评审制度，并委托国家留学基金管理委员会负责年度评审工作的组织实施。我国出台关于促进来华留学生奖学金发展的相关政策，推动了来华留学生教育规模的扩大，拓宽了来华留学生教育发展的渠道。1999—2010 年，来华奖学金留学生数量快速增长，具体如表1-20 所示。

---

[1]　段胜峰：《非洲来华留学生教育管窥：历史、发展与现状》，《湖南社会科学》2015 年第6 期。

表1-20　1999—2010年来华来留学生获得奖学金的数量（单位：人）

年份	总量	年份	总量
1999	5211	2005	7218
2000	5362	2006	8484
2001	5841	2007	10151
2002	6074	2008	13516
2003	6153	2009	18245
2004	6715	2010	22390
合计	115360		

资料来源：教育部国际合作与交流司：《来华留学生简明统计》，1999—2010年。

表1-20反映出，来华留学生奖学金生数从1999年的5211人增长到2010年的22390人，扩大约4倍，来华留学生奖学金生数稳步增长。[①]

第二，亚洲的来华留学生奖学金生数优势突出。从全球各大洲来华留学生奖学金生数变化来看，各洲在2007年出现了加速增长态势。其中，亚洲获得中国政府奖学金的人数逐步上升，其变化最为明显；非洲在2005年出现了增量拐点，随后增长速度相较之前加快，而大洋洲的增长速度最慢，具体如图1-3所示。

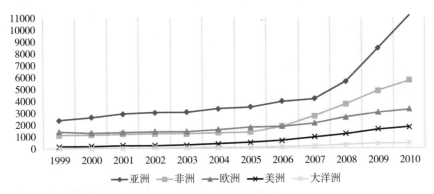

图1-3　1999—2010年全球各大洲来华留学生奖学金生数量变化（单位：人）

资料来源：教育部国际合作与交流司：《来华留学生简明统计》，1999—2010年。

---

① 教育部国际合作与交流司：《来华留学生简明统计》，1999—2010年。

第三，学历生占据奖学金生数的主体。表 1-21 显示了 1999—2010 年全球各洲来华留学生奖学金生数情况。数据表明，1999—2010 年，亚洲及非洲的来华学历奖学金生一直占据来华奖学金生数的主体地位，学历生奖学金生数占比远高于非学历奖学金生数；而欧洲、美洲以及大洋洲的学历奖学金生数与非学历奖学金生数呈现波动变化的趋势，但总体而言，来华学历奖学金留学生优势正在逐步凸显。

表 1-21　1999—2010 年全球各大洲来华留学生奖学金生数情况（单位：人）

各洲 年份	亚洲		非洲		欧洲		美洲		大洋洲	
	学历生	非学历生	学历生	非学历生	学历生	非学历生	学历生	非学历生	学历生	非学历生
1999	1477	925	999	137	282	1154	197	74	10	30
2000	1726	922	1052	102	180	1140	76	129	10	25
2001	1959	987	1124	100	178	1193	98	158	9	35
2002	2089	960	1160	96	181	1248	116	165	12	47
2003	2224	852	178	1264	1153	91	134	171	24	62
2004	2384	963	1207	110	186	1394	153	241	15	62
2005	2501	1000	1290	77	232	1529	181	325	23	60
2006	2911	1054	1748	113	297	1561	322	339	79	60
2007	3101	1070	2562	171	345	1762	467	487	140	46
2008	4557	1071	3545	190	684	1944	660	561	235	69
2009	7307	1102	4652	172	1073	1949	931	668	312	79
2010	10054	1143	5550	160	1486	1797	1112	649	361	78

资料来源：教育部国际合作与交流司：《来华留学生简明统计》，1999—2010 年。

优化奖学金结构、扩大支持力度等，始终是我国发展来华留学生教育的重要途径。2009 年，为鼓励地方政府设立来华留学生奖学金，教育部决定向已设立奖学金的省级地方政府分配部分中国政府奖学金名额。随后，"优秀生奖学金""中华文化研究奖学金"以及"优胜者奖学金"等奖学金项目逐步产生，成为来华留学生奖学金体系的组成部分，原先单一的奖学金制度逐步走向多样化，且中国政府奖学金开始实行年审制度，审核通过的学生方可获得下一年度的支持。2000 年中非合作论坛建立后，中非教育合作与交流进入快速发展时期，"中国政府奖学金计划"成为中非教育合作交流的主力军。此后，中国对非洲各国来华留学生的奖学金资助大幅增加，与中国签订政府奖学金计划的非洲国家也遍布非洲 50 多个国家，我国接收的非洲留学生专业遍布文、理、工、农、医等各个学科，涵盖本、硕、博各学历层次。①

四、内涵式发展阶段：从"留学中国计划"到"新时代"

2010—2017 年，来华留学生教育进入以质量提升为重点的内涵式发展阶段。2017 年，十九大报告提出"中国特色社会主义进入了新时代"，此前颁布的《留学中国计划》《国家中长期教育改革和发展规划纲要（2010—2020）》、"一带一路"倡议以及《关于做好新时期教育对外开放工作的若干意见》都对来华留学生教育具有重要意义，推动了来华留学生教育的均衡、充分发展。

（一）来华留学生教育制度环境建设

2010—2017 年，来华留学生教育制度和环境持续优化，来华留学生教育目标向着为国家外交、改革开放、经济建设、教育改革服务的转变。② 2010 年，我国政府颁布《国家中长期教育改革和发展规划纲要（2010—2020）》（简称《规划纲要》），对于高等教育国际化发展，提出"扩大教育开放，鼓励高校间加强国际交流与合作，提高交流合作水平"的发展目标。③ 围绕来华留学生教育发展，提出的具体推进策略包括：扩

---

① 段胜峰：《非洲来华留学生教育管窥：历史、发展与现状》，《湖南社会科学》2015 年第 6 期。

② 杨既福：《我国来华留学教育制度溯源、反思与进路》，《中国成人教育》2016 年第 24 期。

③ 国家中长期教育政策和发展规划纲要工作小组办公室：《国家中长期教育改革和发展规划纲要（2010—2020）》，2010 年 7 月 29 日，见 http://old.moe.gov.cn/publicfiles/business/htmlfiles/moe/info_list/201407/xxgk_171904.html。

大政府间学历学位互认、推动我国高水平教育机构海外办学、进一步扩大留学生规模；增加中国政府奖学金数量，重点资助发展中国家学生，优化来华留学人员结构；实施来华留学预备教育，增加高等学校外语授课的学科专业，不断提高来华留学生教育质量。①

围绕《规划纲要》提出的发展目标，教育部于 2010 年 9 月出台《留学中国计划》（以下简称《计划》），该计划是我国加快推进来华留学生教育工作的第一个战略性指导计划，提出将我国建设成世界主要留学目的地国的发展目标，且明确指出"到 2020 年使我国成为亚洲最大的留学目的地，来华留学生人数达到 50 万人次，其中接受高等学历教育的留学生达到 15 万人"②，即 10 年内来华留学生人数要在现有基础上翻一番。与此同时，文件要求根据国家战略和发展需要，逐步增加中国政府奖学金名额；来华留学人员生源国别和层次类别更加均衡合理，推进来华留学生教育事业全面协调可持续发展，打造中国教育的国际品牌。进一步加强来华留学生教育的规范化管理等。③《计划》还提出了包括"建立与我国国际地位、教育规模和水平相适应的来华留学工作与服务体系；造就出一大批来华留学教育的高水平师资；形成来华留学教育特色鲜明的大学群和高水平学科群；培养一大批知华、友华的高素质来华留学毕业生"等发展目标。

2013 年，"一带一路"倡议的提出为来华留学生教育提供了重要的发展新机遇，来华留学生数量迅猛增加。新时代来华留学生教育响应国家重大战略，在促进"一带一路"人文交流、扩大我国高等教育的世界影响力等发面发挥了突出作用。此后，2016 年出台的《关于做好新时

① 国家中长期教育政策和发展规划纲要工作小组办公室：《国家中长期教育改革和发展规划纲要（2010—2020）》，2010 年 7 月 29 日，见 http://old.moe.gov.cn/publicfiles/business/htmlfiles/moe/info_list/201407/xxgk_171904.html。

② 教育部《关于印发〈留学中国计划〉的通知》，2010 年 9 月 28 日，见 http://www.gov.cn/zwgk/2010-09/28/content_1711971.htm。

③ 伍宸、宋永华：《改革开放 40 年来我国高等教育国际化发展的变迁与展望》，《中国高教研究》2018 年第 12 期。

期教育对外开放工作的若干意见》对来华留学生教育发展提出了明确目标：到 2020 年，我国出国留学服务体系基本健全，来华留学生教育质量显著提高，涉外办学效益明显提升，双边多边教育合作广度和深度有效拓展等。① 该文件还提出建立健全政府、学校、社会力量权责明确、分工协作、高效有序的教育对外开放运行架构，为来华留学生奖学金体系建设提供了改革的方向。② 为响应"一带一路"倡议，2016 年教育部出台了《推进共建"一带一路"教育行动》，推进教育互联互通、人才培养培训及丝路合作机制建设，计划未来 5 年每年资助 1 万名"一带一路"沿线国家新生来华学习或研修。③ 随后，2017 年 1 月，教育部、财政部、国家发展改革委联合印发《统筹推进世界一流大学和一流学科建设实施办法（暂行）》，明确了"双一流"的建设重点、管理方式、组织实施等具体问题，同时将加强国际合作与交流作为"双一流"建设的重要内容和发展目标。同年，教育部、外交部和公安部联合制定了《学校招收和培养国际学生管理办法》，对我国境内各级各类教育，特别是高等教育招收和培养来华留学生作出了明确的行政性指令，包括招生管理、教学管理和校内管理，奖学金和社会管理，以及监督管理等多方面内容。④ 以上政策的提出为高等教育学校招收、培养、管理留学生的行为提供现实规范和实施依据，确定了高校在来华留学生教育中的自主管理责任。

（二）来华留学生规模发展状况

第一，总体变化情况。2011 年以来，我国来华留学生教育处于提质

① 伍宸、宋永华：《改革开放 40 年来我国高等教育国际化发展的变迁与展望》，《中国高教研究》2018 年第 12 期。
② 胡瑞、朱伟静：《南亚国家来华留学生教育发展状况与优化策略》，《西南大学学报》（社会科学版）2019 年第 2 期。
③ 吕娜：《来华留学教育的发展现状、主要问题与对策研究》，《经济研究参考》2015 年第 22 期。
④ 伍宸、宋永华：《改革开放 40 年来我国高等教育国际化发展的变迁与展望》，《中国高教研究》2018 年第 12 期。

增效的重要阶段，进入了发展的"黄金时期"，规模持续扩大。图 1-4 显示了 2011—2017 年来华留学生的规模变化情况，7 年间来华留学生人数共计 2684074 人，2011 年来华留学生为 292611 人，2017 年这一数字增加到 489172 人，扩大了 1.7 倍，年均增长率为 8.9%。[①] 值得关注的是，2012 年来华留学生人数首次突破 32 万人，2013 年"一带一路"倡议提出后，增长到 2014 年的 377054 人，3 年增长率达到 28.86%。2016 年，中国来华留学生总数达 442773 万人，约占世界留学生总数的 10%，比 2015 年增加 45138 人。[②] 2016 年，共有来自 205 个国家和地区的外国留学人员在中国境内的 31 个省、自治区、直辖市的 829 所高等学校、科研院所和其他教学机构中学习；到 2017 年，接收留学生的高校数量增加到 935 所。[③]

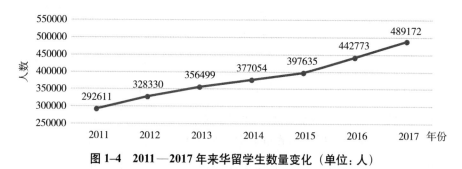

图 1-4   2011—2017 年来华留学生数量变化（单位：人）

资料来源：教育部国际合作与交流司：《来华留学生简明统计》，2011—2017 年。

第二，各洲变化情况。表 1-22 反映出 2011—2017 年各洲来华留学生规模发展情况。2011 年，亚洲的来华留学生数量占当年来华留学生总量的 64.2%，随后依次是欧洲（16.2%）、美洲（11.0%）、非洲（7.0%）、大洋洲（1.5%）。[④]

---

① 教育部国际合作与交流司：《来华留学生简明统计》，2011—2017 年。
② 唐亦非：《来华留学经济的现状、问题及解决对策》，《现代商业》2017 年第 26 期。
③ 唐亦非：《来华留学经济的现状、问题及解决对策》，《现代商业》2017 年第 26 期。
④ 教育部国际合作与交流司：《来华留学生简明统计》，2011 年，第 99 页。

续表

表 1–22　2011—2017 年全球各大洲来华留学生数量（单位：人）

年份\各洲	亚洲	非洲	欧洲	美洲	大洋洲	合计
2011	187871	20744	47271	32333	4392	292611
2012	207555	27052	54453	34882	4388	328330
2013	219808	33359	61542	37047	4743	356499
2014	225490	41677	67475	36140	6272	377054
2015	240154	49792	66746	34934	6009	397635
2016	264976	61594	71319	38077	6807	442773
2017	293222	74244	75064	39203	7439	489172

资料来源：教育部国际合作与交流司：《来华留学生简明统计》，2011—2017 年。

图 1–5 直观反映了 2011—2017 年全球各大洲来华留学生数量的变化情况，亚洲规模优势突出，并一直保持着稳定增长的态势。非洲来华留学生教育在这一阶段发展迅速，欧洲、美洲以及大洋洲发展平稳。

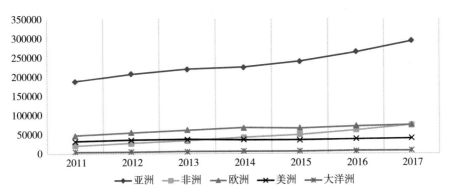

图 1–5　2011—2017 年全球各大洲来华留学生数量（单位：人）

资料来源：教育部国际合作与交流司：《来华留学生简明统计》，2011—2017 年。

2013 年，"一带一路"倡议的提出为来华留学生教育发展提供了重要契机，"一带一路"倡议持续推进了我国与沿线国家的经贸合作及人文交往，沿线国家对于高层次专门人才的需求量持续增加，建设与发展任务增多且劳动力市场的就业前景十分广阔。"一带一路"倡议推动了我国与沿线国家的学生跨国流动频率增加、来华留学生教育结构和质量持续改善。此外，孔子学院、中外合作办学等多重形式的跨境教育也从一定程度上刺激了来华留学热情，促进了来华留学生教育规模的跨越式发展，来华留学生数量迅猛增加。以来华留学生总量变化为例，2013 年，巴基斯坦、哈萨克斯坦和泰国学生数量排名比 2012 年分别上升了 5 位、2 位和 1 位。2010—2015 年的相关数据显示，"一带一路"沿线国家来华留学生人数由 111191 人增加到 185841 人，年均增长率为 10.8%。[①] 俄罗斯是我国重要战略伙伴国和最大的邻国，随着中俄进入全面战略合作阶段，经济、政治、文化的交流直接推动了来华留学生教育的发展，2010—2015 年俄罗斯来华留学生年均增长率为 5.35%，[②] 在这一期间，俄罗斯来华留学生总体规模位居"一带一路"沿线国家前列，呈稳步上涨的态势。2016 年在规模位居前 15 的来华留学生来源国家和地区中，有 10 个为"一带一路"沿线国家。在来华留学生人数增长最快的国家中，泰国、印度、巴基斯坦、印度尼西亚和老挝等"一带一路"沿线国家来华留学生数量增幅年均超过 20%。[③]

第三，国别差异情况。表 1–23 显示了 2011—2017 年来华留学生主要生源国规模情况。2011—2017 年，韩国的来华留学生规模占据主要生源国第一，随后依次是美国、日本、泰国、越南、俄罗斯、印度尼西亚和印度。这一阶段，发达国家的留学生增长迅速，其中以美国最为突出。

---

① 胡瑞、余赛程：《"一带一路"沿线国家来华留学生教育结构评价与发展策略》，《河北师范大学学报》（教育科学版）2018 年第 5 期。

② 胡瑞、余赛程：《"一带一路"沿线国家来华留学生教育结构评价与发展策略》，《河北师范大学学报》（教育科学版）2018 年第 5 期。

③ 徐小洲：《我国高等教育对外开放的成就、机遇与战略构想》，《高等教育研究》2019 年第 40 期。

表 1-23　2011—2017 年来华留学生主要生源国的规模情况（单位：人）

年份＼国家	韩国	美国	日本	泰国	越南	俄罗斯	印度尼西亚	印度	总计
2011	62442	23292	17961	14145	13549	13340	10957	9370	165056
2012	63488	24583	21126	16675	13038	14971	13144	10237	177262
2013	63029	25312	17226	20106	12799	15918	13492	11781	179663
2014	62923	24203	15057	21296	10658	17202	13689	13578	178606
2015	66672	21975	14085	19976	10031	16197	12694	16694	178324
2016	70540	23838	13595	23044	10639	17971	14714	18171	192512
2017	63827	23911	14717	27884	11311	19751	14573	20911	196885

资料来源：教育部国际合作与交流司：《来华留学生简明统计》，2011—2017 年。

（三）来华留学生的层次结构

第一，总体状况。2011—2017 年，来华留学生的学历生规模小于非学历生规模，具体层次结构情况如表 1-24 所示。2011 年，来华留学学历生人数为 118837 人，占总量的 40.61%；来华留学非学历生人数为 173774 人，占总量的 59.39%，优势突出。[1] 到 2014 年，学历生占比有所提升，达到 43.6%；到 2016 年，仍有超过半数以上的留学生接受短期、非学历教育，导致整体培养层次偏低。另一方面，本科生占据来华留学学历生主体，但来华留学研究生层次规模增速较快。2011 年，来华留学硕士研究生数为 23453 人，博士研究生数为 6923 人；[2] 到了 2014 年，硕士研究生数为 35876 人，博士研究生数为 12114 人，年均增长率分别为 15.22% 和 20.50%。[3]

---

[1]　教育部国际合作与交流司：《来华留学生简明统计》，2011 年，第 3 页。

[2]　教育部国际合作与交流司：《来华留学生简明统计》，2011 年，第 44 页。

[3]　教育部国际合作与交流司：《来华留学生简明统计》，2014 年，第 51 页。

表1-24 2011—2017年来华留学生的层次结构（单位：人）

年份 类别		2011	2012	2013	2014	2015	2016	2017
学历生	专科生	1249	1644	2004	2523	3318	4780	8056
	本科生	87212	95805	105284	113881	127909	141319	157728
	硕士研究生	23453	27757	30828	35876	39205	45816	53747
	博士研究生	6923	8303	9774	12114	14367	18051	22012
合计		118837	133509	147890	164394	184799	209966	241543
非学历生	普通进修生	9701	13428	18772	115234	117198	121261	121436
	高级进修生	1761	1976	2595	3204	3207	2501	2480
	短期留学生	75761	85539	89700	94222	92431	109045	123713
	语言进修生	86551	93878	97542	—	—	—	—
合计		173774	194821	208609	212660	212836	232807	247629

资料来源：教育部国际合作与交流司：《来华留学生简明统计》，2011—2017年。

第二，各洲发展状况。表1-25反映了2011—2017年全球各大洲来华留学生层次结构情况。数据反映出，亚洲和非洲的学历生人数多于非学历生人数，但无明显优势，反观欧洲、美洲和大洋洲的非学历生人数却远高于学历生人数。2013年"一带一路"倡议的提出促进了亚洲来华留学生教育结构的优化。2014年，学历生数为114967人，非学历生数为110523人；[1] 到了2015年，学历生数为126876人，非学历生数为113278人，增长率分别为10.36%和2.49%，学历生数增长速度显著高于非学历生。[2]

---

[1] 教育部国际合作与交流司：《来华留学生简明统计》，2014年，第115页。
[2] 教育部国际合作与交流司：《来华留学生简明统计》，2015年，第125页。

表 1–25 2011—2017 年全球各大洲来华留学生层次结构情况（单位：人）

各洲 年份	亚洲		非洲		欧洲		美洲		大洋洲	
	学历生	非学历生	学历生	非学历生	学历生	非学历生	学历生	非学历生	学历生	非学历生
2011	90492	97379	13209	7535	9235	38036	4913	27420	988	3404
2012	99231	108324	16746	10306	10957	43496	5491	29391	1084	3304
2013	106763	113045	20966	12393	12778	48764	6164	30883	1219	3524
2014	114967	110523	27329	14348	13910	53565	6805	29335	1383	4889
2015	126876	113278	34064	15728	14871	51875	7473	27461	1515	4494
2016	140797	124179	42495	19099	16908	54411	8132	29945	1634	5173
2017	160323	132899	51959	22285	18345	56719	9047	30156	1869	5570

资料来源：教育部国际合作与交流司：《来华留学生简明统计》，2011—2017 年。

不同区域层次结构变化情况不同。以中东欧为例，2010—2015 年的 6 年间，其来华留学学历生总数为 4557 人，其中本科、硕士、博士总量分别为 1763 人、2266 人、528 人，本科、硕士、博士总人数分别占中东欧来华留学学历生总量的 38.7%、49.7%、11.6%，[1] 数据反映出硕士研究生层次是中东欧国家来华留学学历生的主体。研究生层次增长迅速表现出较大的发展优势，中国学历留学生教育对中东欧来华留学生具有较强的吸引力，快速增长的高层次学历生促进着中东欧来华留学生教育层次结构的优化。然而，学历教育对于发达国家学生的吸引力较弱，欧美、日、韩等发达国家学生绝大部分为来华接受非学历短期培训。

第三，来华留学生就读专业结构。表 1–26 反映出 2011—2017 年来华留学生就读专业情况，汉语言专业依旧占据着主导地位。2013 年，汉语言专业学习热度很高，来华留学生就读汉语专业者占总人数的 49.5%，西医、文学、工科、管理和经济类分列于第二至五位。[2]

---

① 教育部国际合作与交流司：《来华留学生简明统计》，2010—2015 年。
② 教育部国际合作与交流司：《来华留学生简明统计》，2013 年，第 26 页。

表 1-26　2011—2017 年来华留学生就读专业情况（单位：人）

专业 \ 年份	2011	2012	2013	2014	2015	2016	2017
汉语言	161964	175676	176447	194348	181275	169093	194382
西医	26928	30474	34899	39233	45461	49022	53622
文学	17837	24931	26654	12242	31843	36782	42619
工科	18949	22596	27369	34134	39366	48394	58090
管理	18472	21873	26201	26951	28142	32976	39870
经济	18436	20819	23615	27799	30757	37315	40667
中医	11822	13042	13804	12857	12277	13335	14115
法学	6684	7296	8183	9118	9310	11187	11800
教育	5457	5361	7267	6664	4963	27900	13104
理科	2360	2670	3175	3927	4604	6210	7884
农科	1490	1538	1860	2368	2723	3471	4738
历史	1437	1380	1364	1335	1181	1176	1242
哲学	775	674	565	547	515	543	594

资料来源：教育部国际合作与交流司：《来华留学生简明统计》，2011—2017 年。

（四）来华留学生奖学金发展状况

中国政府奖学金能够促进来华留学生教育扩大规模和完善层次结构；合理的奖学金体系不仅是发展来华留学生教育的基本条件，也是提高来华留学生教育质量的坚实基础。表 1-27 显示了 2011—2017 年来华留学生奖学金生数量的分布状况。2011 年来华留学生奖学金生数为 25687 人，2017 年这一数字为 58572 人，规模上扩大了两倍，并且呈现出稳定的增长态势。①

————————

① 教育部国际合作与交流司：《来华留学生简明统计》，2011—2017 年。

表 1-27　2011—2017 年来华留学生奖学金生数量（单位：人）

年份	总量	年份	总量
2011	25687	2015	40600
2012	28768	2016	49022
2013	33322	2017	58572
2014	36943	合计	272914

资料来源：教育部国际合作与交流司：《来华留学生简明统计》，2011—2017 年。

表 1-28 显示了 2011—2017 年全球各大洲来华留学生奖学金生数量变化情况，各洲获得中国政府奖学金的人数呈稳定增长的态势。数据反映出，各洲获得奖学金的来华留学学历生占比高于非学历生。亚洲获得奖学金的来华留学生数量依然占据着主导地位，其他各洲依次是非洲、欧洲、美洲，大洋洲的来华留学生奖学金生数相对较少。

表 1-28　2011—2017 年全球各大洲来华留学生奖学金配置情况（单位：人）

各洲\年份	亚洲		非洲		欧洲		美洲		大洋洲	
	学历生	非学历生	学历生	非学历生	学历生	非学历生	学历生	非学历生	学历生	非学历生
2011	12102	1208	6183	133	1913	1706	1311	649	396	86
2012	14192	1242	6611	106	2299	1607	1518	694	405	94
2013	16681	1281	7200	105	2832	1816	1893	999	431	84
2014	18999	1174	7733	88	3286	1959	2074	1083	472	75
2015	21226	1142	8385	85	3835	2158	2323	858	518	70
2016	25763	1082	9851	185	4497	3128	2474	1369	601	72
2017	31659	1212	11361	222	5121	3797	2744	1725	669	62

资料来源：教育部国际合作与交流司：《来华留学生简明统计》，2011—2017 年。

从增长速度上看，2010 年，"一带一路"沿线国家奖学金生数为 10549 人，到 2015 年这一数字增加到 24247 人，规模增长了两倍多，且年均增长率为 18.1%，塔吉克斯坦、缅甸、土库曼斯坦、菲律宾、孟加拉、乌克兰等国家增幅显著。① 从区域水平上看，东南亚 10 国、南亚 8 国、中亚 5 国、蒙古来华留学生成为中国政府奖学金覆盖面扩大的最大受益者。再以 2016 年为例，中国政府奖学金资助来自"一带一路"沿线 62 个国家（除卡塔尔、科威特）的 29755 名学生，占奖学金总数的 60.7%。② 亚洲不同区域来华留学生争取奖学金的能力也存在差异。表 1–29 反映了 2011—2017 年亚洲各区域来华留学生奖学金生数变化情况。

表 1–29　2011—2017 年亚洲各区域来华留学生奖学金生数情况（单位：人）

年份 区域	2011	2012	2013	2014	2015	2016	2017
东南亚	4118	4792	5553	6168	6647	7677	9121
南亚	2376	2831	3644	4805	6029	7955	10594
中亚	1497	1904	2242	2481	2791	3313	4235
蒙古国	1315	1624	1899	2160	2452	3051	3546

资料来源：教育部国际合作与交流司：《来华留学生简明统计》，2011—2017 年。

表 1–29 反映出，东南亚来华留学生奖学金生数优势突出，南亚位居第二，中亚和蒙古国分列于第三至四位。2017 年，南亚来华留学生奖学金生数量突破了 1 万人，占当年亚洲来华留学生奖学金生总量的 38.53%。③

第二节　来华留学生教育的现状

新时代的来华留学生教育迎来了快速发展的好时期，进入提质增效的内涵式发展新阶段。目前，来华留学生教育规模快速扩张，质量不断提

---

① 胡瑞、余赛程：《"一带一路"沿线国家来华留学生教育结构评价与发展策略》，《河北师范大学学报（教育科学版）》2018 年第 5 期。

② 廖莉茹、肖琳娟：《"一带一路"倡议下来华留学教育现状探析》，《教育观察》2019 年第 8 期。

③ 教育部国际合作与交流司：《来华留学生简明统计》，2011—2017 年。

高，来华留学生教育逐步走向规范化、系统化，打造来华留学生教育品牌、提供高质量等成为来华留学生教育关注的中国重点问题。

一、来华留学生教育的规模持续扩大

（一）来华留学生的总量扩增

据教育部统计，2018 年，共有来自 196 个国家和地区的 492185 名外国留学人员在全国 31 个省份 1004 所高等院校学习，[①] 与 1950 年新中国成立之初我国来华留学生仅有来自东欧国家的十几人相比，70 年间，我国来华留学生教育取得了巨大成就。图 1-6 反映了 2009—2018 年近 10 年来华留学生规模情况。总体来看，来华留学生规模持续扩大，来华留学生人数从 2009 年的 238184 人增加至 2018 年的 492185 人，[②] 10 年间增加了254001 人。

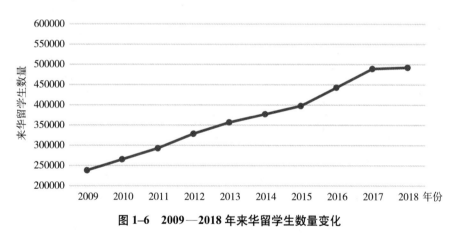

图 1-6 2009—2018 年来华留学生数量变化

资料来源：教育部国际交流与合作司：《来华留学生简明统计》，2014—2018 年。

截至 2018 年年底，新中国已经累计接收来华留学生 437 万人次，规模达到历史新高度。[③] 随着来华留学生规模不断扩大，伴随着中国综合国

---

① 教育部国际交流与合作司：《来华留学生简明统计》，2018 年，第 3 页。

② 教育部国际交流与合作司：《来华留学生简明统计》，2014—2018 年。

③ 王牧华、涂毅：《新中国来华留学教育发展的成就及展望》，《教育史研究》2020 年第 2 期。

力的不断提升，高等教育规模和质量的不断增强，中国正在成为全球新的主要留学目的地国。

（二）来华留学生的生源地情况

伴随着改革开放的持续深入，良好的政策环境以及经济社会发展水平吸引了来自各洲大批学生来华留学，学生来源从单一社会主义国家向全球各类型国家转变，目前来华留学生生源国和地区已经遍布世界五大洲。表1-30反映了2018年世界各大洲来华留学生数量及占比情况，亚洲国家来华留学生总数位列第一，达到295043人，[①] 是来华留学生的主要生源地。亚洲、非洲、欧洲、美洲以及大洋洲来华留学生人数占比分别为60.0%、16.6%、15.0%、7.2%和1.2%。

表1-30 2018年全球各大洲来华留学生数量（人）

序号	洲别	来华留学生数量	占比 %
1	亚洲	295043	60.00%
2	非洲	81562	16.60%
3	欧洲	73618	15%
4	美洲	35733	7.20%
5	大洋洲	6229	1.20%
6	合计	492185	100%

资料来源：教育部国际交流与合作司：《来华留学生简明统计》，2018年，第141页。

2018年来华留学生的生源国（地）由196个国家和地区组成，其中106个国家和地区的来华留学生超过500人规模。[②] 表1-31列出了2018年前十位来华留学生生源国及其来华留学生数量，分别是韩国50600人、泰国28608人、巴基斯坦28023人、印度23198人、美国20996人、俄罗斯19239人、印度尼西亚15050人、老挝14645人、日本14230人和哈萨

① 教育部国际交流与合作司：《来华留学生简明统计》，2018年，第141页。
② 教育部国际交流与合作司：《来华留学生简明统计》，2018年，第5页。

克斯坦 11784 人。①

表 1–31 2018 年来华留学生规模前十的生源国情况

排序	来华留学生生源国	人数
1	韩国	50600
2	泰国	28608
3	巴基斯坦	28023
4	印度	23198
5	美国	20996
6	俄罗斯	19239
7	印度尼西亚	15050
8	老挝	14645
9	日本	14230
10	哈萨克斯坦	11784

资料来源：教育部国际交流与合作司：《来华留学生简明统计》，2018 年，第 5 页。

　　表 1–31 反映出来华留学生生源地的一些显著特征。第一，周边国家是来华留学生生源的主要来源地。我国在外交上长期坚持发展睦邻友好关系，营造了有利的周边环境，周边国家来华留学生规模优势突出。如表 1–32 所示，以来华留学学历生为例，2018 年来华留学学历生位列前 10 的生源国均为周边国家，其中巴基斯坦、印度、老挝、哈萨克斯坦、俄罗斯及蒙古国等六国与中国接壤；韩国、孟加拉国及印度尼西亚与中国隔海相望。东亚、南亚、东南亚、中亚等地区与我国在文化传统、生活习惯与地缘关系方面具有同缘性，故而对它们的学生具有"同质吸引力"，加上东盟 10 国与我国建立的贸易自由区、与中亚国家一直以来的友好政治关系，也在很大程度上促进了这些国家来华留学生的增加。②

① 教育部国际交流与合作司：《来华留学生简明统计》，2018 年，第 5 页。
② 胡瑞、余赛程：《"一带一路"沿线国家来华留学生教育结构评价与发展策略》，《河北师范大学学报》（教育科学版）2018 年第 5 期。

表1-32   2018年来华留学学历生规模前十的生源国情况

排序	来华留学生生源国	人数
1	巴基斯坦	24573
2	印度	21259
3	韩国	20548
4	泰国	11157
5	老挝	11073
6	孟加拉国	9450
7	印度尼西亚	8263
8	哈萨克斯坦	7925
9	俄罗斯	7866
10	蒙古国	6955

资料来源：教育部国际交流与合作司：《来华留学生简明统计》，2018年，第142页。

第二，"一带一路"沿线国家成为来华留学生生源新的增长点。自"一带一路"倡议提出以来，为充分发挥教育在"一带一路"人才建设中的重要作用，我国政府从中央到地方都有序推出了各项人才培养计划，与沿线国家在留学生交流、人才培养等方面取得了瞩目的成绩。表1-33反映了2018年"一带一路"沿线56个国家的来华留学生数量情况。依据《来华留学生简明统计》2018年的统计数据，"一带一路"沿线56个国家共计有260624名留学生来华学习，总人数占2018年来华留学生总数的53%。

表1-33   2018年"一带一路"沿线国家来华留学生规模 单位（人）

东亚1国	蒙古国	10158		波兰	1926
东南亚10国	新加坡	4718	中东欧22国	立陶宛	233
	马来西亚	9479		爱沙尼亚	86
	印度尼西亚	15050		拉脱维亚	162
	缅甸	8573		捷克	611
	泰国	28608		斯洛伐克	329

续表

东南亚 10 国	老挝	14645	中东欧 22 国	匈牙利	587
	柬埔寨	4047		斯洛文尼亚	123
	越南	11299		克罗地亚	118
	文莱	112		波黑	193
	菲律宾	2786		黑山	124
西亚非 19 国	伊朗	2044		塞尔维亚	394
	伊拉克	750		阿尔巴尼亚	220
	土耳其	1854		罗马尼亚	594
	叙利亚	799		保加利亚	429
	约旦	978		马其顿	59
	黎巴嫩	193		俄罗斯	19239
	以色列	449		乌克兰	3090
	巴勒斯坦	401		白俄罗斯	1048
	沙特阿拉伯	783		阿塞拜疆	455
	也门	4747		亚美尼亚	329
	阿曼	127		摩尔多瓦	137
	阿联酋	78	南亚 8 国	印度	23198
	卡塔尔	13		巴基斯坦	28023
	科威特	76		孟加拉	10735
	巴林	559		阿富汗	1618
	希腊	252		斯里兰卡	3290
	塞浦路斯	70		马尔代夫	167
	格鲁吉亚	301		尼泊尔	6986
	埃及	2247		不丹	40
中亚 5 国	哈萨克斯坦	11784			
	乌兹别克斯坦	6323			
	土库曼斯坦	3157			
	塔吉克斯坦	4007			
	吉尔吉斯斯坦	4614			
合计			260624		

资料来源：教育部国际交流与合作司：《来华留学生简明统计》，2018 年，第 150—164 页。

随着共建"一带一路"的持续推进，中国与沿线国家的贸易往来、文化交流日益密切，为沿线国家学生来华留学奠定了良好的现实基础，目前"一带一路"沿线国家已经成为来华留学生生源地新兴增长点，在我国来华留学生教育中占据重要地位。

第三，发达国家来华留学人数持续增长。由表1-34可见，以美国、英国、韩国、日本为代表的经济社会发展程度较好的国家，其来华留学生规模长期处于较为稳定的状态，来华留学生数量波动范围较小。尽管随着周边国家来华留学的快速发展，发达国家的来华规模优势没有凸显，但是韩、美、日三国留学生的来华留学热度较高，长期以来为来华留学生主要生源国。此外，2018年，法国、德国、加拿大等欧美发达国家来华留学生数量有所增加。整体来看，发达国家来华留学生的人数持续增长，规模不断扩大。

表1-34　2017—2018年主要发达国家来华留学生规模（单位：人）

国家＼年份	2017	2018
韩国	63827	50600
美国	23911	20996
日本	14717	14230
法国	9948	10695
英国	6680	6415
德国	7814	8079
意大利	6430	5386
加拿大	3817	4322

资料来源：教育部国际交流与合作司：《来华留学生简明统计》，2017—2018年。

二、来华留学生教育的结构不断优化

学历留学生教育的规模和质量是反映一个国家留学生教育水平及吸引力的重要指标。近年来，来华留学生的本科、硕士研究生和博士研究生教育体系都初具规模，并呈现出良好的发展态势。来华留学生教育结构优化主要表现在来华留学生教育层次结构优化、区域发展进程优化等方面。

第一，来华留学生教育层次结构优化。随着来华留学生规模的增长，来华留学学历生占比逐年增长，促进了来华留学生教育结构的优化。由表1–35所示，2018年，来华留学学历生共计258122人，[1] 占来华留学生总数的52.4%，来华留学学历生人数首次超过来华留学非学历生人数。

表1–35　2018年来华留学学历生及非学历生数量及占比

学生类别	人数	占比 %
来华留学学历生	258122	52.40%
来华留学非学历生	234063	47.60%

资料来源：教育部国际交流与合作司：《来华留学生简明统计》，2018年，第141页。

表1–36反映了2017—2018年各类来华留学学历生数量变化情况。根据2018年的《来华留学生简明统计》数据，2018年来华留学学历生中，专科来华留学生12277人，同比增加52.4%；本科来华留学生160783人，同比增加幅度较小，为1.9%；来华攻读研究生学位的留学生共计约8.5万人，同比增加12.3%，其中，硕士研究生59444人，博士研究生25618人，同比增长分别为10.6%和16.4%，来华留学生教育层次结构持续优化。

表1–36　2017—2018各类来华留学学历生数量变化

留学生类别			留学生数量		
			2017年	2018年	增长
学历生		专科	8056	12277	52.4
		本科	157728	160783	1.9
	研究生	硕士生	53747	59444	10.6
		博士生	22012	25618	16.4
		研究生合计	75759	85062	12.3
合计			241543	258122	6.9

资料来源：教育部国际交流与合作司：《来华留学生简明统计》，2017—2018年。

---

[1]　教育部国际交流与合作司：《来华留学生简明统计》，2018年，第141页。

　　第二，来华留学生就读的区域扩大至全国范围。新中国成立初期，由于我国教育发展水平有限，且实行典型的"自上而下"管理体制，教育部对接收来华留学生的院校选择，以位于较大城市、交通便利和同类专业中质量最好的院校为原则，[①] 来华留学生主要在经济发展水平较高的华北、华东地区的高校就读。直到 20 世纪 70 年代初，接收来华留学生的院校仍然较为集中，主要集中在北京、上海、天津、武汉等直辖市和省会城市。[②] 伴随着改革开放的不断深入，以北京、上海等一线城市、省会城市以及优势学科提供来华留学生教育的"精英式"发展格局逐步被打破，来华留学生教育在我国的区域分布呈现出逐步均衡发展态势，区域布局持续改善，越来越多位于中西部地区的高校以及中小城市的高校也开始步入来华留学生教育行列。图 1-7 显示了 2018 年接收来华留学生的 1004 所高校以及来华留学生在我国各地区分布情况。根据2018 年《来华留学生简明统计》的数据统计，接收来华留学生的 1004 所高校分布在我国的华东、中南、华北、西南、东北及西北地区，这五个地区所拥有的接收来华留学生高校的占比分为 31.5%、20%、16.7%、14.2%、10.4% 及 7.2%；2018 年，华东、中南、华北、西南、东北及西北地区接收来华留学生的占比分别为 37.6%、23.4%、15.5%、10%、9.5% 及 4%。目前，华东地区是我国接收来华留学生高校数量最多的区域，也是来华留学生分布的最主要区域；受地理环境及经济因素的影响，西北部、西南部等边疆地区接收的来华留学生数量较少；但受地缘特征的影响，沿边沿疆区域成为接收留学生的重要区域。例如，新疆与周边国家以及丝绸之路沿线国家有着深厚的历史文化渊源，借助地缘、文缘优势，新疆吸引中亚学生来华留学成果十分显著。广西壮族自治区则吸引了大量来自东盟国家的来华留学生，成为对于东盟学

---

① 于富增：《改革开放 30 年的来华留学生教育》，北京语言大学出版社 2009 年版，第 20 页。

② 吉艳艳：《近四十年间来华国际学生教育研究（1973—2013）》，硕士学位论文，华中师范大学教育学院，2016 年。

生最具吸引力的留学目的地。这些地区的高校招收留学生竞争力虽不及经济发达地区，但是有效推进了来华留学生教育在我国区域分布的合理化。

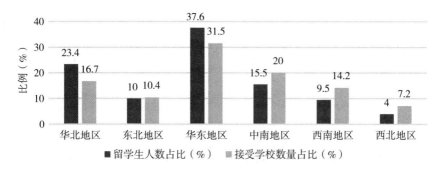

图 1-7 2018 年来华留学生在我国各地区分布情况

资料来源：教育部国际交流与合作司：《来华留学生简明统计》，2018 年，第 164—168 页。

第三，来华留学生教育的科类结构逐步优化。近年来，我国高等教育事业蓬勃发展、学科建设水平持续提升，优化了来华留学生专业选择。一个明显的趋势是，攻读非语言类专业学位的人数在迅速增长，越来越多来华留学生以专业知识与技能为主要内容的职业需求越来越明显。[①] 表 1-37 为 2018 年各专业（类）来华留学生数量，2018 年接收来华留学生的 14 个专业（类）依据注册留学生人数的多少为：汉语言、工科、西医、管理、经济、文学、法学、中医、理科、艺术、教育、农科、历史和哲学。[②] 相比 2017 年，2018 年来华留学生修读工科、西医、管理、经济、法学、理科、艺术、农科、历史以及哲学专业的人数明显增多，其中，修读工科、农科、历史、哲学专业的人数同比增幅超过 20%，反映出来华留学生的学科结构不断优化。

---

① 段胜峰：《非洲来华留学生教育管窥：历史、发展与现状》，《湖南社会科学》2015 年第 6 期。

② 教育部国际交流与合作司：《来华留学生简明统计》，2018 年，第 34 页。

表 1-37　2018 年各专业（类）来华留学生数量

排序	专业	2017 年	2018 年	2018 年同比增幅
1	汉语言	194382	185476	−4.58%
2	工科	58090	73533	26.58%
3	西医	53622	55225	2.99%
4	管理	39870	46724	17.19%
5	经济	40667	41819	2.83%
6	文学	42619	30996	−27.27%
7	法学	11800	13654	15.71%
8	中医	14115	13362	−5.33%
9	理科	7884	8634	9.51%
10	艺术	6445	7150	10.94%
11	教育	13104	6760	−48.41%
12	农科	4738	6427	35.65%
13	历史	1242	1571	26.49%
14	哲学	594	854	43.77%

资料来源：教育部国际交流与合作司：《来华留学生简明统计》，2017—2018 年。

三、来华留学生教育的奖学金体系逐步健全

来华留学生奖学金的设置及管理是来华留学生教育工作的重点，奖学金在调整来华留学生教育规模及结构等方面发挥了重要作用。[1] 新时期，我国政府资助来华留学生的内容、形式、覆盖面出现了一系列新的变化。

第一，奖学金体系逐步完善。中国政府奖学金按学生类别可分为本科生奖学金、硕士研究生奖学金、博士研究生奖学金，汉语进修生奖学

---

[1]　吕娜：《来华留学教育的发展现状、主要问题与对策研究》，《经济研究参考》2015 年第 22 期。

金、普通进修生奖学金和高级进修生奖学金等。此外，当前中国政府奖学金的项目类别也逐渐多样化，中国政府奖学金项目如表1–38所示，针对不同区域不同层次的来华留学生，中国政府设立不同类别的奖学金，资助世界各国优秀学生、学者来到中国的高校进行学习或开展研究。除中国政府奖学金外，孔子学院奖学金、地方政府奖学金、外国政府奖学金、企业奖学金及高校奖学金等其他资助形式成为中国政府奖学金的重要补充。

表1–38　中国政府奖学金项目

排序	中国政府奖学金	资助对象	资助对象类别
1	国别双边项目	与有关国家政府、机构或学校共同选拔的优秀学生	本科生、硕士研究生、博士研究生、普通进修生、高级进修生
2	中国高校自主招生项目	部分中国高校直接遴选和招收的优秀外国学生	本科生、硕士研究生、博士研究生
3	长城奖学金项目	发展中国家学生、学者	普通进修生、高级进修生
4	中国—欧盟学生交流项目	欧盟成员国学生	本科生、硕士研究生、博士研究生、普通进修生、高级进修生
5	中国—AUN奖学金项目	东盟成员国青年学生、教师、学者	硕士研究生、博士研究生
6	太平洋岛国论坛项目	太平洋地区岛屿国家的青年学生	本科生、硕士研究生、博士研究生、普通进修生、高级进修生
7	世界气象组织项目	有志于气象学科方面研究的各国青年来华学生	本科生、硕士研究生和博士研究生

资料来源：国家留学基金管理委员会：中国政府奖学金，2020年11月20日，见https：//www.campuschina.org/zh/content/details1003_122933.html。

第二，中国政府奖学金留学生规模持续扩大。中国政府奖学金促进了经济、社会发展水平落后地区的来华留学生教育发展。2018年，来华

奖学金留学生人数为 62941 人，[①] 占当年来华留学生总数的 12.8%。图 1-8
显示了 2009—2018 年各类奖学金留学生数量变化情况。近 10 年来，中
国政府奖学留学生的数量从 2009 年的 18245 人增长到 2018 年的 62941
人，[②] 总量增长了 3.5 倍。2009—2018 年，中国政府奖学金生的年增长率
均在 10% 以上，其中以研究生类别的奖学金留学生数量增长最快。2018
年中非合作论坛北京峰会开幕式上，习近平总书记发表讲话，中国将为非
洲提供 5 万个中国政府奖学金名额，[③] 党和政府不断重视中国政府奖学金
在促进来华留学生教育事业中的重要作用，推动了奖学金留学生人数的不
断增长，规模持续扩大。

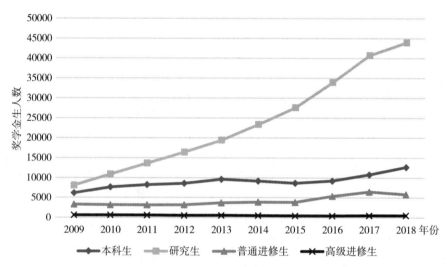

图 1-8　2014—2018 年各类奖学金留学生数量变化趋势图

资料来源：教育部国际交流与合作司：《来华留学生简明统计》，2009—2018 年。

　　第三，中国政府奖学金拉动来华留学生教育发展成效显著。中国政
府奖学金政策的完善与实施，显著促进了我国与周边国家的人文交流。中
国周边国家来华留学的地缘优势突出，一直是来华留学生的主要生源地

[①]　教育部国际交流与合作司：《来华留学生简明统计》，2018 年，第 277 页。

[②]　教育部国际交流与合作司：《来华留学生简明统计》，2009—2018 年。

[③]　习近平：《携手共命运　同心促发展——在二〇一八年中非合作论坛北京峰会开幕式上
　　的主旨讲话》，《人民日报》2018 年 9 月 4 日。

区，在规模、学历层次及奖学金数量方面都占有相当大的比重。表1-39
列出了2018年获得奖学金排名前十位的国家，除美国与也门外，其他均
为中国周边国家。

表1-39　2018年来华留学生奖学金生数排名前十的国家

排名	国别	政府奖学金人数	排名	国别	政府奖学金人数
1	巴基斯坦	8168	6	老挝	1882
2	蒙古国	3776	7	哈萨克斯坦	1466
3	俄罗斯	3574	8	美国	1450
4	越南	2742	9	孟加拉国	1343
5	泰国	1932	10	也门	1302

资料来源：教育部国际交流与合作司：《来华留学生简明统计》，2018年，第283页。

第四，中国政府奖学金生的内部配置结构不断优化。中国政府奖学金
的主要作用是吸引国外优秀人才来华交流学习，相较于非学历留学生而言，
学历留学生的生源质量更高。2018年学历奖学金留学生为56549人，[①] 占中
国政府奖学金留学生总数的89.8%。由表1-40可见，2018年，我国各类学
历奖学金留学生人数同比2017年呈正增长趋势，相反，非学历奖学金生
数的总体呈负增长趋势，奖学金生的内部配置结构得到了极大优化。

表1-40　2018年来华留学生奖学金配置情况

留学生类别			奖学金留学生数量	
			2018年	同比增长 %
学历生		本科生	12580	16.4
	研究生	硕士生	28694	6.5
		博士生	15275	10.6
		研究生合计	43969	7.9
	小计		56549	9.7

① 教育部国际交流与合作司：《来华留学生简明统计》，2018年，第278页。

续表

留学生类别		奖学金留学生数量	
		2018 年	**同比增长 %**
非学历生	普通进修生	5850	−9.9
	高级进修生	542	3.2
	小计	6392	−8.9
合计		62941	7.5

资料来源：教育部国际交流与合作司：《来华留学生简明统计》，2018 年，第 278—282 页。

第三节　来华留学生教育面临的挑战与问题

伴随着全球化进程加速以及"一带一路"倡议的提出，来华留学生教育的投入持续加大、发展态势持续向好。与此同时，也面临来华留学生教育规模与结构发展不协调、奖学金体系建设及运行不完善、学科发展水平和培养质量不高等诸多挑战和问题。

一、来华留学生教育规模发展不充分

近年来，来华留学生教育规模不断扩大，我们已经跻身世界主要留学目的地国行列，但是留学生教育强国还有一定差距，留学生教育规模发展还存在一定空间。

第一，我国来华留学生的规模与发达国家相比，差距仍然很大。根据美国国际教育协会（Institute of International Education，简称 IIE）2015年公布的数据，在 2001 年数据统计的全球 210 万名留学生中，前六大留学目的地国依次为美国（28%）、英国（11%）、德国（9%）、法国（7%）、澳大利亚（4%）和日本（3%）；而 2014 年，中国在全球留学生市场份额占比排名中跻身前三位。美国国际教育协会 2019 年数据显示，全球 530万名留学生中，中国招收了 492185 名留学生，在国际留学生教育市场中

占了 9% 的份额。但是与美国和英国等最受欢迎的留学目的国相比，我国的来华留学生规模与占比仍然有很大的提升空间。同样以 2019 年数据为例，美国招收了 1094792 名留学生，在全球留学市场中的占比达到了 21%。① 由此可见，我国来华留学生教育政策的实施成效还有待进一步提升，我国离行稳致远地实施"留学中国计划"还有很长的路要走。

第二，我国来华留学生人数在高校在校生总数中所占比例较小，高校的国际化水平仍有提升的空间。2012—2016 年，来华留学生占我国高校总人数的比例分别为 1.4%、1.4%、1.1%、1.1%、1.2%。② 而经济合作与发展组织（Organization for Economic Co-operation and Development，简称 OECD）发布的《2020 年教育概览》（*Education at a Glance 2020*）显示，2018 年，经合组织国家留学生占高等教育在校生总人数的平均值达 6.04%；具体到各 OECD 国家来看，澳大利亚高达 26.5%，新西兰高达 19.68%，英国高达 18.32%，加拿大为 13.84%，德国为 9.97%，法国为 8.77%。③ 根据美国国际教育协会发布的数据，2008—2018 年，赴美留学生占高校总数的比例分别是 3.5%、3.4%、3.5%、3.7%、3.9%、4.2%、4.8%、5.2%、5.3%、5.5%、5.5%。④ 显然，我国同这些发达国家还有很大差距。具体到各高校的留学生比例，泰晤士高等教育世界大学排名榜（Times Higher Education Uniuersty Rankings）发布的 2019 年世界大学排名中，我国清华大学和北京大学的留学生比例分别为 11.9% 和 17%，而英国牛津大学和剑桥大学这一比率分别为 40% 和 37%，美国哈佛大学和麻省理工

① Institute of International Education，" 2019 Project Atlas Infographics"，见 https://www.iie.org/Research-and-Insights/Project-Atlas/Explore-Data/Infographics/2019-Project-Atlas-Infographics。

② 李小红、方晓田：《近十年高等教育之来华留学教育：成绩与挑战》，《国家教育行政学院学报》2018 年第 4 期。

③ OECD，*Education at a Glance 2020*：*OECD Indicators*，Paris：OECD Publishing，2020，p.233.

④ IIE："Infographics and Data"，见 https://www.iie.org/en/Research-and-Insights/Project-Atlas/Explore-Data。

学院这一比率分别是 26% 和 34%。[①] 可见，我国在留学生教育方面还有比较大的发展潜力和空间，未来需要有目的、有计划、有组织地发展来华留学生教育。

第三，我国留学赤字明显，在海外学习的中国留学生人数与来华留学生人数逆差仍旧严重。根据教育部的数据，2010 年我国各类出国留学人员总计 284700 人，来华留学人员总计 265090 人，留学赤字为 19610 人；2016 年，我国各类出国留学人员总计 54.45 万人，来华留学人员总计 44.28 万人，留学赤字增长至 10.2 万人；2017 年，我国各类出国留学人员总计 60.84 万人，来华留学人员总计 48.92 万人，贸易逆差有所扩大，为 11.92 万人；2018 年我国各类出国留学人员总计 662100 人，来华留学人员总计 492185 人，留学逆差扩大至 169915 人。[②] 再聚焦中美留学赤字问题。对于美国来说，中国连续多年成为美国第一大留学生源国。对于中国来说，美国多年以来都是中国的第二大留学生源国。但从留学生数量来看，2016—2017 学年，有 350755 名中国学生赴美留学，[③] 而 2017 年来仅有 23911 名美国学生来华留学，[④] 不及在中国赴美留学人数的十分之一，中美留学逆差巨大。对此，我国需要加大宏观政策调节力度，完善留学生管理与服务体系，保障来华留学生教育质量，打造"留学中国"品牌。

二、来华留学生教育结构发展不协调

来华留学生教育结构失衡，具体表现为区域结构分布不均衡，生源结构单一，非学历生占比过高、教育层次偏低，学科分布不合理等方面。

---

① Times Higher education，"World University Rankings 2019"，2019 年 3 月 25 日，见 https://www.timeshighereducation.com/world-university-rankings/2019/world-ranking#!/page/0/length/25/sort_by/rank/sort_order/asc/cols/stats。

② 逆差数据是根据教育部发布的历年留学数据整理而来。

③ 马海丽：《中国仍是美国第一大留学生源国》，2017 年 11 月 20 日，见 http://www.xinhuanet.com//world/2017-11/20/c_129744793.htm。

④ 教育部国际合作交流司：《来华留学生简明统计》，2017 年，第 5 页。

第一，来华留学生的区域结构失调。从生源结构来看，尽管近年来，来自其他洲国家的留学生所占的比例越来越高，但亚洲留学生仍旧在来华留学生总数中占据着主导地位。2017 年，亚洲生源占比达到 59.94%，占来华留学生总数的一半多。欧洲生源占比仅为 15.34%，非洲生源仅占比 15.18%，美洲和大洋洲生源占比更小，分别为 8.01% 和 1.52%。[1] 从区域结构上看，近些年来，东、中、西部地区各高校虽然来华留学生规模逐年增长，但东部无论是招生层次还是规模都明显高于中、西部地区，且差距越来越大。[2] 为此，我国亟须进一步加强宏观政策的统筹协调和实施力度，促进来华留学生教育的协调可持续发展。

第二，来华留学生生源的国别发展不均衡。近年来，韩国一直是来华留学生最多的国家，随后分别是泰国、巴基斯坦、印度、美国等国。例如 2018 年 196 个来华留学生生源国中仅有 14 个国家来华留学生人数超过 10000 人，分别是韩国、泰国、巴基斯坦、美国、俄罗斯、印度尼西亚、老挝、日本、哈萨克斯坦、越南、孟加拉国、法国和蒙古国，这 14 国的来华留学生人数总计 268260 人，占 2018 年来华留学生总数约 55%，凸显出来华留学生生源国别结构不平衡的问题。

第三，来华留学学历生占比有待提高。从教育类别和层次上看，虽然近年来我国来华留学生教育层次不断提升，但依旧存在学历生比例小，高层次留学生少的问题。2018 年来华留学学历生人数超过非来华留学学历生人数，占比超过 50%，尽管来华留学学历生占比不断上升，但是学历留学生占比仍旧不高，高层次留学生规模偏小。表 1–41 反映出 2018 年来华留学生主要生源国的学历生占比情况，韩国、泰国、美国、俄罗斯、日本均为来华留学生主要生源国，虽然来华留学生总人数基数大，但学历生占比均低于 50%，排名前十位的生源国中仅有印度的来华留学学历生占比超过 90%。

① 教育部国际合作与交流司：《来华留学简明统计》，2017 年，第 137 页。
② 杨超：《来华留学生教育结构变化及其影响因素——基于 1978—2009 年统计数据的实证分析》，《现代教育管理》2011 年第 10 期。

表1-41　2018年来华留学生规模前十位生源国的学历生占比

序号	国家	留学生总人数	学历生	学历生占比 %
1	韩国	50600	20548	40.6
2	泰国	28608	11157	39
3	巴基斯坦	28023	24573	87.7
4	印度	23198	21259	91.6
5	美国	20996	3333	15.9
6	俄罗斯	19239	7866	40.9
7	印度尼西亚	15050	8263	54.9
8	老挝	14645	11073	75.6
9	日本	14230	2733	19.2
10	哈萨克斯坦	11784	7925	67.3

资料来源：教育部国际交流与合作司：《来华留学生简明统计》，2018年，第5页。

　　在来华学历留学生中，修读学士学位的留学生占比较多，攻读硕士、博士学位的占比较低。近年来，我国学历留学生比重逐渐增大，本科生占据来华留学学历生的主体，且占比远大于硕士研究生或博士研究生层次。如表1-42所示，以2009—2018年的10年数据为例，2011年之前，来华攻读硕士和博士研究生学位的留学生占来华留学生总数的比例不足10%。2011年，来华攻读研究生学位的人数达到30376人，在总人数中占比10.4%；[1] 到2018年这一比例仍然不足20%。根据2009—2018年间的《来华留学生简明统计》数据分析，近10年来，来华攻读硕士研究生的人数快速增长，其占比从2009年的6%增加至2018年的12.1%，但来华攻读博士学位的人数增长较为缓慢。2018年的数据反映出，来华留学博士生的比例仅为5.2%，[2] 这与近年来经济合作与发展组织（Organization for Economic Co-operation and Development，OECD）国家留学博士生占比普

---

① 教育部国际交流与合作司：《来华留学生简明统计》，2009—2011年。
② 教育部国际交流与合作司：《来华留学生简明统计》，2018年，第35页。

遍达到 20% 以上的情况存在较大差距。我国来华留学生教育培养单位的学科吸引力不足，优势、特色学科尚且不突出，培养硕士和博士等高层次来华留学生的能力有待加强。

表 1-42　2009—2018 年来华攻读研究生学位的人数与比例

年份	研究生类别	人数	占来华留学生总数的比例
2009	硕士研究生	14227	6%
	博士研究生	4751	2%
2010	硕士研究生	19040	7.20%
	博士研究生	5826	2.20%
2011	硕士研究生	23453	8%
	博士研究生	6923	2.40%
2012	硕士研究生	27757	8.50%
	博士研究生	8303	2.50%
2013	硕士研究生	30828	8.60%
	博士研究生	9774	2.70%
2014	硕士研究生	36876	9.50%
	博士研究生	12114	3.20%
2015	硕士研究生	39205	9.90%
	博士研究生	14367	3.60%
2016	硕士研究生	45816	10.30%
	博士研究生	18051	4.10%
2017	硕士研究生	53747	11%
	博士研究生	22012	4.50%
2018	硕士研究生	59444	12.10%
	博士研究生	25618	5.20%

资料来源：教育部国际交流与合作司：《来华留学生简明统计》，2009—2018 年。

第四，来华留学生就读的专业结构失衡。从专业分布来看，尽管来华留学专业选择日趋多元化，但结构尚不合理。留学生主要集中在人文社科类专业，分布在科学（Science）、技术（Technology）、工程

（Engineering）和数学 Mathematics（简称 STEM）领域和金融（Finance）、会计（accounting）、管理（management）、经济（economics）（简称 FAME）领域的来华留学生数量还不够多。2017 年，来华留学生学习最多的专业（类）为汉语言、工科、西医、文学等，分别占比 39.7%、11.9%、11.0%、8.7%，其中理科占比仅为 1.6%。[①] 而根据 2019 年 OECD《教育概览》（*Education at a Glance 2019*）公布的数据，在经合组织国家招收的留学生中，约有三分之一的留学生攻读 STEM 专业。具体到各个国家，德国招收的 STEM 专业留学生占本国留学生总数的比例达到 48%。排在德国之后的是美国，进入 STEM 专业领域的留学生比例达到 41%。[②] 如果未来我国依旧保持以汉语、中医等优势专业为主的留学生教育结构，而忽视对 STEM 专业的留学生教育发展，将使我国在国际留学市场中处于弱势地位，同时会影响对高科技人才的培养，从而进一步影响留学生教育带给国家科技发展的实质效应。

三、奖学金体系建设及运行有待改善

奖学金是扩大留学生招生规模、发展留学生教育的重要途径。近年来，我国政府奖学金资助力度明显增强，但是，获得中国政府奖学金的分布情况及体系建设方面依然存在以下几方面问题。

第一，政府来华留学生奖学金覆盖面不足。中国政府奖学金是来华留学生获得资助的主要经济来源，但目前获得中国政府奖学金的来华留学生人数较为有限。如表 1–43 所示，2009—2018 年，来华奖学金留学生数量虽然一直保持高速增加，但总体占比仍然较低。2018 年，奖学金生占来华留学生总人数的比例仅为 12.79%，[③] 对比世界留学生教育大国的差距较大。

---

①　教育部国际合作与交流司：《来华留学简明统计》，2017 年，第 32 页。

②　OECD，*Education at a Glance 2019*：*OECD Indicators*，Paris：OECD Publishing，2019，p.243.

③　教育部国际交流与合作司：《来华留学生简明统计》，2018 年，第 277 页。

表 1-43 2009—2018 年来华留学生奖学金生数及占比情况

年份	来华奖学金留学生人数	来华留学总人数	奖学金人数占比 %
2009	18245	238184	7.66%
2010	22390	265090	8.45%
2011	25687	292611	8.78%
2012	28768	328330	8.76%
2013	33322	356499	9.35%
2014	36943	377054	9.80%
2015	40600	397635	10.21%
2016	49022	442773	11.07%
2017	58572	489172	11.97%
2018	62941	492185	12.79%

资料来源：教育部国际交流与合作司：《来华留学生简明统计》，2009—2018 年。

以南亚为例，南亚地区来华留学生奖学金总量偏低、支持力度不足的问题较为突出：一方面，奖学金生数总量偏低，依据 2010—2015 年《来华留学生简明统计》数据计算出，2010—2015 年，仅有 14.5% 的南亚来华留学生获得中国政府奖学金，绝大多数来华留学生没有获得中国政府奖学金的支持；另一方面，部分南亚国家来华留学生具备规模优势，但奖学金生数偏低。如印度作为南亚来华留学的重要生源地，2010—2015 年，印度来华留学生规模占到南亚 8 国的 38.4%，然而奖学金生数占比较低，仅占南亚奖学金生数的 8.6%、占本国来华留学生人数的比例则仅为 2.6%。此外，孟加拉国、斯里兰卡等南亚国家奖学金生数涨幅低于该国来华留学生总量增速，从而使得奖学金生数占比持续走低。[①]

第二，来华留学生奖学金体系较为单一。目前，我国来华留学生奖学金体系建设并不完善、体制机制不健全、奖学金类型也不丰富。较突出

[①] 胡瑞、朱伟静：《南亚国家来华留学生教育发展状况与优化策略》，《西南大学学报》（社会科学版）2019 年第 2 期。

的问题是奖学金资金来源渠道单一，主要依靠中央政府，地方政府、高校、非政府组织及个人对来华留学生的资助较为有限；以政府为主，高校、企业协同的多元化奖学金投入体系尚未建立；个别高校虽然设立了学校奖学金，但由于管理体系和过程不够科学，加之经费来源和力度不足，未能形成稳定且符合国际惯例的奖学金体系。此外，我国政府及高校较少与企业联合共同为留学生提供奖学金支持；同时鼓励其他社会组织、自然人设立各类来华留学生奖学金的制度和渠道不畅通；适应市场需要的来华留学生教育投入机制尚未形成。

第三，来华留学生奖学金的管理制度不健全。其一，在奖学金资助对象上，奖学金类型大部分针对新申请的留学生，而针对优秀在校生的奖学金非常少，缺少对优秀在校留学生的激励政策。[①] 其二，每年通过中国政府奖学金来华攻读硕士、博士学位的公费生数量增长有限，比例不高。[②] 其三，奖学金管理过程中的高校自主权不充分。来华留学生招生高校自主提高奖学金的管理和使用效率的积极性高，奖学金过程管理缺失或把关不严，奖学金年审制流于形式，缺乏有效的优胜劣汰机制的现象还普遍存在。[③]

四、来华留学生教育质量有待提高

《中国教育现代化2035》明确提出：实施留学中国计划，建立并完善来华留学教育质量保障机制，全面提升来华留学生教育质量。目前，我国已经成为亚洲最大的留学目的地国，来华留学生教育在取得突出成绩的同时，还面临系列教育质量不高的发展瓶颈问题，以质量提升为核心的来华留学教育体系尚未建成。目前，提升教育质量面临的主要问题是来华留学

---

① 杨大伟、杨升荣、刘俭：《新时期高校发展来华留学生教育的对策研究》，《高教探索》2016年第5期。

② 陈丽、袁雯静、李爽：《范式转换视角下来华留学研究生教育对策研究》，《学位与研究生教育》2018年第9期。

③ 杨大伟、杨升荣、刘俭：《新时期高校发展来华留学生教育的对策研究》，《高教探索》2016年第5期。

生录取门槛较低、生源质量不佳，来华留学生培养目标定位不准确，来华留学生课程体系和教学方法有待改善以及来华留学生教育质量保障机制不健全等方面。

第一，来华留学生录取门槛较低、生源质量不佳。根据我国《来华留学生简明统计》的数据显示，近年来来华留学生主要来自亚洲与非洲等教育水平较低的国家和地区，这是我国来华留学生教育质量问题的根源所在。[1] 以上国家和地区的优质生源主要流向了西方发达国家或本国名校，而来中国留学的学生成绩一般属于中下水平。[2] 并且，有研究显示 70.1%的留学生只有在获得奖学金的情况下才愿意来华留学，[3] 奖学金已经成为吸引亚洲、非洲一些经济发展落后国家及地区来华留学生的主要因素。来华留学生入学门槛低是生源质量偏低的重要因素，主要诱因至少表现在三个方面：一是盲目扩招来华留学生，质量把关不严。二是缺乏专门招生制度。大部分高校尚未能完全依据自身特色，充分梳理比较优势，以目标生源和目标生源地为依据，制定行之有效的招生策略。三是招生管理过程衔接不畅。我国高校内部对于来华留学生的招生工作没有形成"一盘棋"，招生工作主要由外事部门或留学生管理机构负责，与后续的培养和管理的衔接不够。

第二，来华留学生培养目标的定位不准确。一方面，高校没有根据来华留学生的文化差异及教育水平差异制定合理的培养目标。来华留学生的生源国不同，意味着他们拥有不同的社会制度、经济发展水平、教育发展程度背景，他们来华前所具备的基础知识、基本技能以及专业技能等存在差别，这使得他们来华后的学习及情境融入存在显著差异，对于后续的学习也存在差异化需求。从毕业后去向来看，部分学生具有较强的留华意

---

① 蔡宗模、杨慷慨、张海生、吴朝平、谭蓉：《来华留学教育质量到底如何——基于C大学"一带一路"来华留学教育的深描》，《清华大学教育研究》2019 年第 4 期。

② 陆德阳：《不容忽视来华留学教育的镀金现象》，《探索与争鸣》2013 年第 8 期。

③ 许迪：《陕西来华留学生教育教学现状调查研究》，硕士学位论文，西安石油大学，2018 年。

愿，部分学生则选择回国就业；一些学生毕业后会继续深造从事科研工作或担任高校教师，而有些学生毕业后会直接进入企业和公司，[①] 不同的职业选择所需的知识及技能侧重点也会存在差异。然而，我国许多高校并没有根据留学生的生源特点、学科专业特点以及未来发展选择等因素，制定具有针对性的培养目标，对于基础理论和专门知识、专门技能掌握程度以及应达到的学习要求等缺乏明确的规定。另一方面，我国各高校的特色定位不够准确。每一所大学的办校历史、学科优势都各不相同，高校应该认清或打造自己的办学特色、教育理念，挖掘自身优势，有针对性地开展来华留学生教育。

第三，课程体系和教学方法有待改善。课程体系建设是提升来华留学生教育质量的核心要素。有调查表明，来华留学生对于来华留学的教育收益，更多的感受是来自于其汉语能力、适应能力、社会交往能力等方面的提升，而对于留学所获得的专业知识、技能、学术能力等方面的提升感受不多。[②] 目前，我国高校的留学生课程体系建设存在课程质量不高，教学模式和方法单一、教材国际化程度不高和师资力量不足等问题。具体来说，一是留学生课程设置与本土学生趋同化，课程内容缺乏针对性，课程设置与内容设计的国际化程度不高；二是留学生课程缺乏地域文化特色，各校课程千篇一律；三是高校设置的选修课偏少，未能提供多层次、多形式且具有中国特色的选修课程；四是课程体系设计的跨校联合度较低，同城、同省的高校也鲜有建立公共选修平台，课程资源互补有限、课程体系建设水平不高；五是针对来华留学生的全英文课程数量不足，全英文课程的覆盖面、课程内容及教学方式方法还无法适应实际需求；六是面向留学生的课程计划及期末测评等缺乏差异性等，制约了来华留学生教育质量提升。此外，我国高校英文授课尚不能满足来华留学生教育的需求，中文授课仍然是目前各培养单位课程教学的主要方式，从某种程度上制约了教育

① 张可：《来华留学研究生培养模式研究》，硕士学位论文，华中科技大学，2016 年。
② 俞玮奇、曹燕：《教育国际化背景下来华留学生的教育需求与体验分析——基于上海市八所高校的实证研究》，《高教探索》2015 年第 3 期。

教学效果。

第四，来华留学生教育质量保障机制不健全。一是来华留学生教育质量保障政策不完善，主要体现在命令型政策较多，针对性及灵活性不足；能力建设政策的长期规划不足，难以满足来华留学生的实际需要；制度变迁政策工具和激励性政策工具选择不足，难以促进政策的有效实施。[①] 二是来华留学生社会化管理程度不高，学校内部保障机制与政府、社会等外部保障机制的协作程度不高。[②] 目前看来，来华留学生管理工作主要由学校内部承担，与外部社会资源的联动服务体系还暂未建立。三是第三方来华留学质量认证还未落实。第三方认证是指由外部认证机构对高校的教学水平和质量进行评价。第三方认证是高等教育国际化发展的迫切需要，也是来华留学教育质量保障的重要手段，但目前我国对于鼓励第三方行业组织制定认证标准并开展试点认证工作的力度还需加大。

新时代的来华留学生教育已步入从规模扩张向内涵式发展转变的机遇期，打造"'留学中国'品牌"，提升来华留学生教育的质量、效益和国际影响力将成为重要命题。

---

① 张艳臣：《政策工具视角下来华留学生教育质量保障政策研究》，《高教探索》2020 年第 9 期。

② 朱志龙：《来华留学生教育质量保障体系构建》，《教育评论》2009 年第 3 期。

第二章　来华留学生教育政策的
历史发展和现状

　　历经70年的变革与发展，我国来华留学生教育事业取得了长足发展。2019年2月，中共中央、国务院印发的《中国教育现代化2035》中提出"开创教育对外开放新格局"的战略任务，为我国来华留学生教育的进一步发展提供了政策引领。回溯历史，我国来华留学生教育始于1950年接收的33名东欧国家留学生，起步晚、起点低。现如今，我国已经成为世界第三、亚洲最大的留学目的地国。数据显示，我国分别于2015—2016学年、2016—2017学年以及2017—2018学年接收了397635、442773和489200名留学生。[①] 为支持、引导与保障来华留学生教育发展，我国来华留学生教育政策根据国家战略、社会经济发展需要不断调整和完善。对我国来华留学生教育政策的历史与现状进行系统梳理，有助于我们了解政策变迁的历程及其存在的问题，为政策的后续发展与创新提供参考。

第一节　来华留学生教育政策的历史发展

　　根据历史演变过程中的标志性事件或关键政策文件，可以将中华人

---

① Institute of International Education，"Project Atlas 2018：Infographics"，2019年6月9日，见 https：//www.iie.org/Research-and-Insights/Project-Atlas/Explore-Data/Current-Infographics。

民共和国成立以来的来华留学生教育政策发展划分为起步探索（1949—1978 年）、规范建设（1978—1992 年）、适应调整（1992—2000 年）三个时期。不同时期的政策既呈现出历史逻辑的连贯性，又带有各自所处时代的独特性。

一、起步探索时期（1949—1978 年）

中华人民共和国成立初期到改革开放之前，我国来华留学生教育政策经历了一个初创的探索时期。更细微地看，可以将这一时期划分为三个阶段，包括 1949—1954 年的起步阶段、1955—1965 年的探索阶段和1966—1977 年的停滞和恢复阶段。

在这一时期的第一阶段（1949—1954 年），由于中华人民共和国成立初期我国经济、社会发展水平较低，外交也处于初步开拓阶段，来华留学生教育政策的主要形式是政府间协定（包括文化合作协定和交换留学生的协定），对象主要为东欧人民民主国家和周边社会主义国家，内容包括来华留学生的数量、入学条件、学习年限、学习专业和费用来源等。具体来看，中华人民共和国成立后，我国与捷克、波兰、罗马尼亚、匈牙利、保加利亚等东欧五国签署了《关于交换留学生问题备忘录》（1950 年），揭开了新中国国际学生来华留学的帷幕。例如，《外交部函附我致罗马尼亚大使馆关于交换留学生问题备忘录》（1950 年）具体指出了"希望罗马尼亚派来中国的留学生，最好也是大学毕业生，且懂英文，他们来中国学习中国文、中国历史、近百年来中国革命运动等为主，最少需四年……中国政府将供给罗马尼亚来中国的五名学生在留学期间全部学费、书籍、住宿、饭费、医疗费，发给中国衣服，及有组织的旅行费"，我国与东欧其他四国驻华使馆所谈交换留学生条件基本上与罗马尼亚相同。[①] 我国还分别与朝鲜、东德签署了《中华人民共和国中央人民政府和朝鲜民主主义人民共和国政府关于朝鲜学生在中国高等学校及中等专业学校学习的协

---

① 李滔：《中国留学教育史录 1949 年以后》，高等教育出版社 2000 年版，第 80—81 页。

定》（1953 年）和《中华人民共和国、德意志民主共和国文化合作协定关于交换研究生和留学生协定书》（1954 年）等留学生交换或互派协定。此外，这一阶段我国还发布了相关政策，初步建立起留学生管理体系。其中，《外交部关于东欧来华留学生入学条件、手续及 1954—1955 年度对外开放专业的通知》（1954 年）对东欧国家来华留学生的入学管理作出相关规定，并指出这一年度我国对东欧来华留学生开放的高等学校专业有"理科的生物、数学，文科的中国语言文学、中国历史、中国革命史（限研究生），农科的农学、果蔬学、蚕桑，财经科的财政信贷系、合作社系、贸易系"。[①] 我国还发布了《各人民民主国家来华留学生暂行管理办法（草案）》（1954 年），规定"关于分配学习的学校，确定统一管理制度，以及审查教学计划与工作报告等，均由中央人民政府高等教育部负责办理；有关留学生的学习、生活及思想上的问题，所在学校无法解决者，得报由高等教育部与该国驻华大使馆直接联系协商解决，并将结果通知外交部及有关部门"，"凡属变更所学专业、延长或缩短学习期限，以及两个国家的留学生间发生涉及外交关系等重大问题，均由高等教育部会同外交部或政务院文化教育委员会对外文化联络事务局转商有关各驻华大使馆解决"[②]，为来华留学生的管理提供了政策依据。

这一时期的第二阶段（1955—1965 年），我国开始先后发布一些真正意义上面向所有国家、体系初步完善的来华留学生教育统一政策，涵盖了留学生接收、管理、经费开支和医疗等领域。例如，《高等教育部关于各国来华留学生管理工作的注意事项》（1955 年）对留学生的学习、生活、思想教育、医疗、安全、恋爱结婚等管理细则做了明确规定，并指出"留学生入学后的学习、生活及思想教育，学校应全面负责。凡涉及对外关系或重大问题时须报部请示，一般问题均由学校根据部里各项原则及办法办理。为保证做好这项工作，学校应根据留学生管理办法的规定，在校

---

① 李滔：《中国留学教育史录 1949 年以后》，高等教育出版社 2000 年版，第 276 页。

② 李滔：《中国留学教育史录 1949 年以后》，高等教育出版社 2000 年版，第 300 页。

长领导下成立留学生专管机构或指定专人负责，对部发各项有关留学生的规章、办法、待遇标准及指示，应切实认真研究，深入体会，正确贯彻执行"。[1] 1956 年，国务院批准《关于接受资本主义国家派遣留学生来我国学习的修改意见》，改变了来华留学生教育向社会主义国家一边倒的政策，逐步将资本主义国家纳入招生对象及相关政策中。《高等教育部关于管理外国来华留学生在工作制度及待遇标准的修改和补充意见》（1957 年）对留学生管理工作中某些制度标准等方面的一些具体问题做了修改和补充。1962 年 7 月 20 日，中央同意国务院外事办公室、教育部和对外经济联络总局《关于加强外国留学生、实习生工作的请示报告》，并原则批准《外国留学生工作试行条例（草案）》和《外国实习生工作试行条例（草案）》。其中，《关于加强外国留学生、实习生工作的请示报告》指出，"建议在国务院外事办公室领导下，成立外国留学生、实习生工作指导小组，其任务是：研究有关留学生、实习生工作的方针、政策问题并提出建议，检查有关留学生、实习生工作的方针、政策的执行情况，审批有关留学生、实习生工作的规划和重要制度，处理有关留学生、实习生工作的重大问题。"[2]《外国留学生工作试行条例（草案）》则详细规定了留学生接收、教学以及思想工作、政治活动的管理、生活管理、社会管理、经费开支、组织领导等方面的工作细则，并指出留学生工作"在国务院外事办公室外国留学生、实习生工作指导小组的领导下，由教育部归口管理，各有关部门、地方分工负责，密切协作，保证做好这项工作。"[3]《外国实习生工作试行条例（草案）》对我国外国实习生的接收工作、技术培训工作、思想工作和政治活动的管理、生活接待工作、社会管理、组织领导等细则作出详细规定，"实习生工作，在国务院外事办公室外国留学生、实习生工作指导小组的领导下，由对外经济联络总局归口管理。"[4]《关于接受外国留学生入

---

[1]　李滔：《中国留学教育史录 1949 年以后》，高等教育出版社 2000 年版，第 303 页。

[2]　李滔：《中国留学教育史录 1949 年以后》，高等教育出版社 2000 年版，第 310—311 页。

[3]　李滔：《中国留学教育史录 1949 年以后》，高等教育出版社 2000 年版，第 311—316 页。

[4]　李滔：《中国留学教育史录 1949 年以后》，高等教育出版社 2000 年版，第 317—322 页。

中国高等学校学习的规定》（1963 年）对留学生的类别、条件、选拔与审查以及费用等进行了详细的规定。此外，《外国来华留学生经费开支标准》（1958 年）、教育部《关于提高外国留学生奖学金标准问题的通知》（1961 年）、教育部《关于在华自费留学生的经费负担问题的通知》（1963 年）等政策的颁布使得这一阶段留学生经费开支方面的规定日臻完善。同时，《关于外国留学生医疗保健工作的规定（草案)》（1964 年）则规定了留学生医疗保健、疗养和经费方面的实施细则。

这一时期的第三阶段（1966—1977 年），"文化大革命"爆发，来华留学生教育政策进入一个短暂的停滞和恢复阶段。1966 年 9 月 19 日，教育部《给有关驻华使馆的备忘录》中正式提出，"从现在起，在华外国留学生（包括大学生、研究生、进修生）回国休学一年。回国的往返旅费由我国负担。这些留学生返华学习的具体时间，届时将另行通知"。[1] 自此直到 1971 年，我国没有发布一个来华留学生教育方面的政策，来华留学生教育进入全面停滞阶段。1972 年，我国因对外援助的任务与坦桑尼亚联合共和国和赞比亚共和国签署了招收留学生的合作协议，以帮助这两个国家培养铁路运输管理人才，并于 1972 年开始接收其 200 名学生来华留学，当时接受其他国家来华学习的人数较少。[2] 1973 年 5 月，国务院批准了外交部、国务院教科组《关于 1973 年接受来华留学生计划和留学生工作若干问题的请示报告》（以下简称《请示报告》），标志着"文革"期间来华留学生教育的全面恢复。《请示报告》指出，"各国要求派来的学生数字很大，不可能完全满足。拟本着既要考虑各国的要求，又要考虑我们的条件和可能，照顾重点，兼顾一般的原则办理。对阿尔巴尼亚、越南、朝鲜、罗马尼亚等国的要求将尽量满足；对亚、非、拉已建交的友好国家有重点地、少量地赠给奖学金名额；对欧洲、北美、大洋洲、日本等国，根据对等的原则，按有关协议适量接受"。"1973 年接受外国留学生数，

---

① 李滔：《中国留学教育史录 1949 年以后》，高等教育出版社 2000 年版，第 361—362 页。

② 李滔：《中国留学教育史录 1949 年以后》，高等教育出版社 2000 年版，第 808 页。

拟定为总数不超过五百名。其中，由我提供奖学金者三百名。"①

表 2-1　1949—1977 年我国部分来华留学生教育政策概览表

阶段	政策名称	发布时间
第一阶段（1949—1954）	中国与捷克、波兰、罗马尼亚、匈牙利、保加利亚等东欧五国分别签署了《关于交换留学生问题备忘录》	1950 年
	《关于加强对东欧交换来华留学生管理工作的协议（草案）》	1951 年
	《关于朝鲜学生在中国高等学校及中等专业学校学习的协定》	1953 年
	中国东德《关于交换研究生和留学生协定书》	1954 年
	《各人民民主国家来华留学生暂行管理办法》	1954 年
	《外交部关于东欧来华留学生入学条件、手续及 1954—1955 年度对外开放专业的通知》	1954 年
第二阶段（1955—1965）	《高等教育部关于各国来华留学生管理工作的注意事项》	1955 年
	《关于接受资本主义国家派遣留学生来我国学习的修改意见》	1956 年
	《关于对外国留学生申请来华学习的条件和手续的规定》	1956 年
	《高等教育部关于管理外国来华留学生在工作制度及待遇标准的修改和补充意见》	1957 年
	《外国来华留学生经费开支标准》	1958 年
	《关于提高外国留学生奖学金标准问题的通知》	1961 年
	《关于加强外国留学生、实习生工作的请示报告》	1962 年
	《外国留学生工作试行条例（草案）》	1962 年
	《外国实习生工作试行条例（草案）》	1962 年
	《关于在华自费留学生的经费负担问题的通知》	1963 年
	《关于接受外国留学生入中国高等学校学习的规定》	1963 年
	《外国来华留学生经费开支标准》	1963 年
	《关于外国留学生医疗保健工作的规定（草案）》	1964 年

---

① 李滔：《中国留学教育史录 1949 年以后》，高等教育出版社 2000 年版，第 811 页。

续表

阶段	政策名称	发布时间
第三阶段（1966—1977）	中国与坦桑尼亚、赞比亚签订《培训管理坦赞铁路留学生的合作协议》	1972 年
	《外交部、国务院教科组关于 1973 年接受来华留学生计划和留学生工作若干问题的请示报告》	1973 年
	《外交部、国务院教科组关于 1974 年接受和派遣留学生计划的请示》	1974 年
	《教育部关于 1975 年接受来华留学生的几点意见和具体计划》	1975 年
	《教育部、外交部、财政部关于"文化大革命"期间休学回国的外国留学生要求复学问题的请示》	1975 年

资料来源：李滔：《中国留学教育史录 1949 年以后》，高等教育出版社 2000 年版，第 75—811 页。

新中国成立近 30 年来，上述系列双边协议和相应政策的签署与出台（部分见表 2–1），标志着我国来华留学生教育政策体系初步建立。在上述政策的引导下，我国来华留学生教育进入起步阶段。1949—1965年，我国共接收来自 70 多个国家的 7259 名留学生，其中社会主义国家有6591 名，占比 90.8%；[①] 1966—1971 年，来华留学生教育进入全面停滞状态；1972 年，我国接收了来自坦桑尼亚和赞比亚的 200 名铁路留学生；[②]1973—1977 年，我国共招收了来自 69 个国家的 2066 名留学生，其中社会主义国家有 570 名，比例为 27.6%，生源国结构逐步走向均衡。[③] 但是，这一时期我国来华留学生教育政策的制定仍有较强的随意性和不规范性，极大受限于不稳定的政治制度、经济形势和外交方针，尚处于起步摸索阶段。这一时期我国对留学生的管理也比较粗放化，实行的是中央政府直接管理的体制，地方政府和高校的管理权极其有限。

---

① 董泽宇：《来华留学教育研究》，国家行政学院出版社 2012 年版，第 44 页。

② 李滔：《中国留学教育史录 1949 年以后》，高等教育出版社 2000 年版，第 808 页。

③ 董泽宇：《来华留学教育研究》，国家行政学院出版社 2012 年版，第 46 页。

二、规范建设时期（1978—1992 年）

1978 年 12 月召开的十一届三中全会标志着我国开始实行对内改革和对外开放的政策。基于此社会大背景，来华留学生教育政策为适应国家开放政策、外交方针和经济社会发展需要，从"几近封闭"逐渐走向"全面开放"。这一时期，我国相继出台一系列政策开启来华留学生教育新篇章，为后续政策的完善与发展夯实了基础。从内容上看，政策体系广泛涵盖了管理条例、汉语水平考试与培训、招生自主权、管理自主权和学历学位制度等诸多领域。

首先，这一时期我国相继出台了一系列政策规范来华留学生教育综合管理工作。1979 年 5 月 4 日，我国发布的《外国留学生工作试行条例（修订稿）》中对 1962 年制定的《外国留学生工作试行条例（草案）》进行了修改，这是我国改革开放后颁布的第一个来华留学生教育管理工作条例。[①] 该文件规定"留学生工作由教育部归口管理"，并指出"接受留学生计划，由教育部商外交部、文化部确定。凡政府派来的留学生，由教育部出面接受；凡其他途径派来的留学生，由有关部门或学校商教育部后接受。"[②] 1985 年，我国又颁布了《外国留学生管理办法》，对留学生的接受、教学和管理做了详细规定，规定"留学生工作由国家教育委员会归口管理"，并指出"凡以政府名义接受的留学生，由国家教育委员会审批；各院校在完成国家任务的前提下，通过校际交流或其他途径接受的留学生，由接受院校审定，报上级主管部门和国家教育委员会备案。"[③] 1986年发布的《外国留学生来华学习的有关规定》对留学生从申请，入学考试和考核，录取及来华，基础汉语学习和预科学习，专业学习，成绩考核及升级留级制度，考勤、休学、退学和纪律处分，遵守中国法律，食、宿、医疗条件，课外活动和假期生活，再到毕业、结业、肄业证书，以及中华

[①]　李彦光：《来华留学生教育管理制度的问题与建议》，硕士学位论文，东北师范大学教育学部，2011 年，第 9 页。

[②]　李滔：《中国留学教育史录 1949 年以后》，高等教育出版社 2000 年版，第 892—899 页。

[③]　李滔：《中国留学教育史录 1949 年以后》，高等教育出版社 2000 年版，第 910—917 页。

人民共和国政府奖学金和自费留学生的费用标准等整套事务流程进行了更
为详细的规定。此外,《中华人民共和国外国人入境出境管理法》（1985
年）以及《中华人民共和国外国人入境出境管理法实施细则》（1986 年）
的出台则是来华留学生教育顺利开展的政策前提和基础。这一时期,我国
还颁布了汉语考试大纲,为留学生招生工作的有序开展奠定了基础。具体
来看,我国于 1987 年成立了"国家对外汉语教学领导小组办公室"（简称
"国家汉办"）,并于 1988 年和 1989 年相继颁布了《汉语水平等级标准和
等级大纲（试行）》和《汉语水平考试大纲（初、中等）》。总而言之,上
述政策有效保证了留学生招生和管理工作的有序进行。

　　其次,扩大高等学校留学生管理权是这一时期我国来华留学生教育
政策的另一大重要特征。1979 年发布的《外国留学生工作试行条例（修
订稿)》（简称条例）中第二十二条指出"学校应根据考勤、考绩制度对留
学生进行考核。需要作休学、退学处理者,必须报教育部同意；留级或其
他处理,由学校报省、市、自治区高教（教育）局决定,报教育部备案。
留学生改变专业、延长学习时间、转学、提前结业和中途请假回国等,经
派遣方提出,由教育部批准"。① 该条例开始赋予地方一定的留学生管理
权限,但高校在留学生管理上仍然十分掣肘。1985 年为呼应国家教育体
制改革,国务院批准的《外国留学生管理办法》明确规定,"给予留学生
勒令退学和开除学籍处分的,须经学校的上级主管部门审核,报国家教育
委员会批准。其他校纪处分由学校决定",扩大高等学校在留学生管理工
作上的部分自主权。1987 年公布的《关于加强和改进外国来华留学生管
理工作的通知》则提出"各院校要制定和完善各项管理规章、制度,在做
好思想教育工作的前提下严格执行。管理工作要着眼于做好大多数留学生
的工作,要敢于管理,善于管理。对少数违反校纪、法纪的留学生要严肃
处理,不能因为讲友好,就不执行纪律和法律……对留学生违反校纪事
件,以学校为主按校纪处理；违犯法律的事件,由当地公安、司法部门为

---

① 　李滔:《中国留学教育史录 1949 年以后》,高等教育出版社 2000 年版,第 892—899 页。

主依法处理，有关院校应予以协助"，① 进一步明确了高校的自主管理权和各部门工作职责。

再次，开通自费来华留学通道、下放留学生招生权是这一时期我国来华留学生教育政策的一大重要特征。1979 年 5 月，教育部颁布的《外国留学生工作试行条例（修订稿）》规定"凡政府派来的留学生，由教育部出面接受；凡其他途径派来的留学生，由有关部门或学校商教育部后接受"，并指出由出面接收留学生的驻外机构和单位"按照规定的要求进行考试、选拔，报教育部审查批准"，② 标志着我国开始逐步下放留学生招生权限和考试选拔的权限。教育部 1980 年 12 月 31 日发布的《关于高等院校开办外国人中文短训班问题的通知》指出"举办短期中文学习班是接受外国人来华学习的一种形式，是校际交流的一项重要内容，可以为交换留学生提供条件"，并规定"有条件的综合大学、师范院校、外语院校，经报省、市、自治区高教（教育）厅（局）和外事办公室同意，并报教育部备案，可以举办外国人短期中文学习班"，③ 开始赋予上述高等院校招收短期来华留学生的权力。1985 年颁布的《关于教育体制改革的决定》明确规定"高等学校有权利用自筹资金，开展国际的教育和学术交流"，这种教育管理体制的变革进一步带动留学生招生权的下放。1985 年《外国留学生管理办法》指出"各院校在完成国家任务的前提下，通过校际交流或其他途径接受的留学生，由接受院校审定，报上级主管部门和国家教育委员会备案"，④ 扩大了高校接收留学生的自主权。1989 年，原国家教委发布《关于招收自费外国来华留学生的有关规定》，指出要赋予高等学校自主招收自费来华留学生的权力，并于同年出台了《自费外国来华留学生收费标准》。自费来华留学生相关招生规定与学费标准的发布推动来华留学生教育进入一个新的发展阶段，自费留学生开始迅猛增长并快速发展成为来华

① 李滔：《中国留学教育史录 1949 年以后》，高等教育出版社 2000 年版，第 916—917 页。
② 李滔：《中国留学教育史录 1949 年以后》，高等教育出版社 2000 年版，第 892—893 页。
③ 李滔：《中国留学教育史录 1949 年以后》，高等教育出版社 2000 年版，第 949 页。
④ 李滔：《中国留学教育史录 1949 年以后》，高等教育出版社 2000 年版，第 910 页。

留学生队伍的主力。

最后，建立来华留学生学位制度是这一时期我国来华留学生教育政策的关键主题。全国人大常委会于1980年2月通过了《中华人民共和国学位条例》，初步建立起我国的学位制度，其中第十五条指出"在我国学习的外国留学生和从事研究工作的外国学者，可以向学位授予单位申请学位。对于具有本条例规定的学术水平者，授予相应的学位"，① 从而为高校向来华留学生授予学位提供了法规依据。1981年5月20日国务院批准实施《中华人民共和国学位条例暂行实施办法》，进一步指出"在我国学习的外国留学生申请学士学位，参照本暂行办法第三条及有关规定办理。在我国学习的外国留学生和从事研究或教学工作的外国学者申请硕士学位或博士学位，参照本暂行办法的有关规定办理。"② 1991年10月24日，国务院学位委员会颁布了《关于普通高等学校授予来华留学生我国学位试行办法》（以下简称《试行办法》），这是我国首次颁布针对来华留学生学位制度的相关政策，该办法对留学生学位授予的条件、标准和程序作出了详细的规定，标志着我国来华留学生教育走向规范化和法制化。《试行办法》强调，"授予来华留学生我国学位，应根据《中华人民共和国学位条例》（简称学位条例，下同）及《中华人民共和国学位条例暂行实施办法》（简称学位条例暂行实施办法，下同）的有关规定，除在政治思想上要求对我友好外，既要遵守我国现行学位制度的原则精神，又要考虑各国的实际情况，做到实事求是，保证质量。"③

总而言之，这一时期是我国来华留学生教育政策发展最为重要的时期，政府通过出台一系列政策重启来华留学生教育新篇章，使得来华留学

---

① 全国人民代表大会常务委员会：《中华人民共和国学位条例》，1980年2月12日，见http://old.moe.gov.cn/publicfiles/business/htmlfiles/moe/moe_619/200407/1315.html。

② 国务院：《中华人民共和国学位条例暂行实施办法》，1981年5月20日，见http://old.moe.gov.cn/publicfiles/business/htmlfiles/moe/moe_620/200409/3133.html。

③ 国务院学位委员会：《关于在部分普通高等学校试行〈关于普通高等学校授予来华留学生我国学位试行办法〉的通知》，1991年10月24日，见http://www.moe.gov.cn/srcsite/A22/s7065/199110/t19911024_61088.html。

生教育工作步入正轨，后续大部分政策皆以此阶段文本为基础沿袭并发展。但是，许多不适应形势发展的管理制度在这一时期并没有得到根本的解决，仍由中央政府直接管理来华留学生的模式暴露出诸多问题和不适应，① 学校和地方政府的管理职能严重缺位。

三、适应调整时期（1992—2000 年）

1992 年，党的十四大确定了实行社会主义市场经济体制的改革目标，1993 年颁布的《中国教育改革和发展纲要》强调在深化经济体制、政治体制和科技体制改革的同时，需要建立起与之相适应的教育新体制。此外，1995 年《中华人民共和国教育法》和 1998 年《中华人民共和国高等教育法》的相继颁布，明确了高校具有独立法人的资格，赋予高校比较充分的办学、招生、教学以及管理自主权。在此背景下，我国来华留学生教育政策延续上一阶段的逻辑和思路，进入一个规范调整的时期。完善留学生综合管理体系和增加质量监控是这一时期我国来华留学生教育政策的重要主题。

一方面，来华留学生教育政策沿袭上一时期的发展脉络和逻辑线索，进一步完善留学生招收、汉语言水平考试、学历证书颁发、收费标准以及奖学金评审等方面的综合管理政策。1992 年国家教育委员会颁布的《接受外国来华留学研究生试行办法》对来华留学研究生的申请、录取、学习期限以及学位授予等重要环节做了详细规定，并指出"经国家教委、国务院部委或省、自治区、直辖市人民政府批准接受外国留学生的高等学校中，凡具有博士、硕士学位授予权、可对外开放的学科、专业均可接受外国来华留学博士生或硕士生"。1992 年颁布的《中国汉语水平考试（HSK）办法》明确规定了汉语水平考试的性质、等级、效力、流程以及考务工作等具体细则，其中第六条指出"《汉语水平证书》的效力是：（1）作为到

---

① 李彦光：《来华留学生教育管理制度的问题与建议》，硕士学位论文，东北师范大学教育学部，2011 年，第 11 页。

中国高等院校入系学习专业或报考研究生所要求的实际汉语水平的证明。
（2）作为汉语水平达到某种等级或免修相应级别汉语课程的证明。（3）作
为聘用机构录用人员汉语水平的依据。"① 《关于外国留学生凭〈汉语水平
证书〉注册入学的规定》（1995 年）则规定，"凡申请注册入中国普通高
等学校接受本科学历教育的外国人，均须参加汉语水平考试，并获得相应
的最低合格等级的《汉语水平证书》，方可申请正式注册学习专业"。此
外，《关于在外国来华留学生中执行〈普通高等教育学历证书管理暂行规
定〉及其实施细则的通知》（1994 年）则对来华留学生学历证书的颁发细
则做了更为清晰的规定。1997 年 3 月原国家教委办公厅发出通知，颁发
《外国留学生奖学金年度评审暂行办法》，开始试行留学生奖学金年度评审
制度。《关于调整自费来华留学生收费标准的通知》（1998 年）对留学生
收费标准做了新的调整。

　　另一方面，质量监控是这一时期来华留学生教育政策的新增主题。
1995 年发布的《关于接受外国高等专科院校毕业生来华攻读本科毕业文
凭课程有关问题的通知》指出："接受外国高等专科院校毕业生来华攻读
本科文凭课程，应本着从严、慎重、逐步开展的原则进行。接受此类学生
来华的院校，必须是经过各省、自治区、直辖市教委（高教局）审批的有
条件接受外国留学生、教学与管理工作均比较好的院校。有关院校签订有
关协议前，应将对方学校的资历情况、协议草案的内容、招生的条件、培
养措施等报省级教育主管部门的外事部门，由外事部门商省级学位主管部
门（或高教主管部门）后批准。接受此类个别学生时，亦需专项报批。凡
未经批准擅自招生的，不发给国家教委统一印制的毕业证书，学校不得自
行印发毕业证书。"② 旨在规范此前乱招生、乱发文凭等现象，保障我国来

---

① 教育部：《中国汉语水平考试（HSK）办法》，1992 年 9 月 2 日，见 http://old.moe.gov.
cn//publicfiles/business/htmlfiles/moe/moe_621/201001/81921.html。
② 教育部：《关于接受外国高等专科院校毕业生来华攻读本科毕业文凭课程有关问题
的 通 知 》，1995 年 1 月 28 日，见 http://www.moe.gov.cn/s78/A20/gjs_left/moe_850/
tnull_4360.html。

华留学生教育质量和高等教育国际声誉。这一政策的出台标志着我国来华留学生教育政策出现了质量保障的萌芽。

总之，在这一时期，我国来华留学生教育政策沿袭上一时期的发展脉络和逻辑线索向纵深发展，逐步建立起中央、地方和高校的三级管理体制，同时使得高校逐步成为来华留学生教育管理工作的主体。另外，建立的来华留学生学位制度和中国政府奖学金年度评审制度大大促进了来华留学生教育管理工作的科学化和规范化。但是，这一时期质量监控方面的政策仍处于萌芽状态，我国亟须颁布相关政策提升来华留学生教育质量。

第二节　来华留学生教育现行政策

进入 21 世纪以来，在高等教育实行扩招和我国加入世界贸易组织的背景下，来华留学生教育进入一个加速发展的时期，来华留学生教育政策在前期的基础上有所调整和完善。2010 年以来，我国来华留学生教育政策更是进入提升创新的新时期，《国家中长期教育改革和发展规划纲要（2010—2020 年)》(2010 年)、《留学中国计划》(2010 年)、《关于做好新时期教育对外开放工作的若干意见》(2016 年)、《推进共建"一带一路"教育行动》(2016 年)、《学校招收和培养国际学生管理办法》(2017年)、《来华留学生高等教育质量规范（试行)》(2018 年)、《中国教育现代化 2035》(2019 年）相继提出，推动我国来华留学生教育进入繁荣发展的新阶段。这一时期，我国来华留学生教育政策的目标、工作重点均有所调整，在继续重视优化招生与管理政策和奖学金政策的同时，也开始关注来华留学生就业创业政策的颁布和来华留学生教育质量保障体系的建立与完善。

一、重大战略规划

进入 21 世纪之后，各大学排行榜的争相出现及其对高等教育国际化指标的重视，让各高校为跻身世界一流大学行列纷纷制定国际教育政策；

鉴于留学生教育所带来的巨大政治、经济和文化利益，各国纷纷制定了国际教育战略，如韩国分别于 2004 年和 2008 年发布了《吸引来韩留学综合方案》（*Study in Korea Project*）和《留学韩国计划发展方案》，日本于 2008 年 1 月提出"30 万人留学生计划"（300000 Foreign Students Plan）。在此国际背景下，现阶段我国也开始重视重大战略规划的颁布，以引导与鼓励来华留学生教育向扩大规模、优化结构和提高质量的方向进一步发展。

2004 年 3 月 3 日，国务院批准的《2003—2007 年教育振兴行动计划》指出，要"实施中国教育品牌战略。按照'扩大规模、提高层次、保证质量、规范管理'的原则，积极创造条件，扩大来华留学生的规模"[1]，表明进入 21 世纪以来，我国来华留学生教育的发展方向是保障质量基础上的扩大规模。《国家中长期教育改革和发展规划纲要（2010—2020）》（2010 年）强调要"进一步扩大外国留学生规模"，"实施留学中国计划，扩大来华留学生规模"。[2] 为贯彻落实《国家中长期教育改革和发展规划纲要（2010—2020 年）》，推动来华留学生教育工作进一步发展，教育部于同年 9 月制定了《留学中国计划》，并提出"到 2020 年，使我国成为亚洲最大的留学目的地国家"的来华留学生教育中长期发展目标。[3]《2015—2017 年留学工作行动计划》（2015 年）（以下简称《行动计划》）进一步强调新时期我国来华留学生教育工作方针是"扩大规模、优化结构、规范管理、保证质量"。《行动计划》制定了"打造来华留学国际品牌"的工作目标，即"围绕国家战略，稳步扩大我国高校招收来华留学生规模……来华留学在全球的吸引力得到显著提升。到 2017 年，来华留学生总人数达到 45 万

---

[1]　教育部：《2003—2007 年教育振兴行动计划》，2004 年 2 月 10 日，见 http：//www.moe.gov.cn/jyb_sjzl/moe_177/201003/t20100304_2488.html。

[2]　国家中长期教育改革和发展规划纲要工作小组办公室：《国家中长期教育改革和发展规划纲要（2010—2020)》，2017 年 7 月 29 日，见 http：//www.moe.gov.cn/jyb_sjzl/moe_177/201003/t20100304_2488.html。

[3]　教育部：《关于印发〈留学中国计划〉的通知》，2010 年 9 月 21 日，见 http：//www.moe.gov.cn/srcsite/A20/moe_850/201009/t20100921_108815.html。

人。"① 2015 年 3 月 28 日，国家发展改革委、外交部、商务部联合发布了《推动共建丝绸之路经济带和 21 世纪海上丝绸之路的愿景与行动》，正式启动"一带一路"倡议，并期望以此为外交新支点构建人类命运共同体。在此背景下，加强与"一带一路"沿线国家的联系成为当前我国来华留学生教育政策的重点，如 2016 年教育部印发了《推进共建"一带一路"教育行动》，指出未来我国来华留学生教育的工作重点是"把中国打造成为深受沿线各国学子欢迎的留学目的地国。"②《中国教育现代化 2035》进一步提出"开创教育对外开放新格局"的战略任务，强调要实施"留学中国计划"。③

由此可见，从国家层面颁布的几个教育重大战略规划来看，现阶段继续实施"留学中国计划"，扩大规模、优化结构和提高质量已然成为当前我国来华留学生教育政策优先关注的重点。更细微地看，具体到各关键主题，我国也颁布了相应政策引导各领域的体系建设，推动来华留学生教育健康发展。

二、来华留学招生与管理政策

这一时期，我国继续优化来华留学招生与管理体系，不断完善来华留学生信息管理系统，以保障和支持来华留学生教育事业健康发展。

首先，这一时期我国继续优化来华留学生教育管理体系。由于国家战略方针的变化和高等教育管理体制的变革，《外国留学生管理办法》（1985 年）和《外国留学生来华学习的有关规定》（1986 年）两个政策已经无法适应新形势下的来华留学生管理。因此，2000 年 1 月 31 日教育部、外交部、公安部发布《高等学校接受外国留学生管理规定》，规定了

---

① 教育部：《2015—2017 年留学工作行动计划》，2015 年 7 月 23 日，见 http://gjxy.tjnu. edu.cn/info/1107/1168.htm。

② 教育部：《推进共建"一带一路"教育行动》，2016 年 7 月 15 日，见 http://www.moe. gov.cn/srcsite/A20/s7068/201608/t20160811_274679.html。

③ 新华社：《中共中央、国务院印发〈中国教育现代化 2035〉》，2019 年 2 月 23 日，见 http://www.gov.cn/zhengce/2019-02/23/content_5367987.htm。

高等学校接收留学生的管理体制，留学生的类别、招生和录取，奖学金制度，教学管理，校内管理，社会管理等事项。其中指出，新世纪留学生招收的方针为"深化改革，加强管理，保证质量，积极稳妥发展"，并明确规定了中央、地方和高校各司其职的三级管理体制，即由教育部，高等学校，省、自治区、直辖市教育行政部门等相关部门与机构共同协作，全面负责来华留学生管理工作。在具体职能上，其中第六条明确指出由"教育部统筹管理全国来华留学工作，负责制定接受外国留学生的方针、政策，归口管理'中国政府奖学金'，协调、指导各地区和学校接受外国留学生工作，并对各地区和学校的外国留学生管理工作和教育质量进行评估。"①《2003—2007 年教育振兴行动计划》进一步强调"完善外国留学生教学与生活管理制度"。② 另外，教育部等五部门印发的《2015—2017 年留学工作行动计划》（2015 年）强调通过管理体制改革，推动来华留学生教育持续健康发展，其中指出要"深化来华留学管理改革，明确地方教育行政部门和学校招收、培养和管理来华留学生的主体责任与行为规范。制订并实施《学校招收和培养国际学生规定》等文件。推动高校逐步实施来华留学趋同化管理。"2016 年，教育部发布的《留学中国计划》提出要"建立与我国国际地位、教育规模和水平相适应的来华留学工作与服务体系。"③ 2017 年，教育部、外交部和公安部联合制定了新版《学校招收和培养国际学生管理办法》，规定了新形势下留学生招生管理、教学管理、校内管理、社会管理以及监督管理方面的具体细则。例如，其中就校内管理指出，"高等学校应当明确承担国际学生管理职能的工作机构，负责统筹协调国际学生的招收、教学、日常管理和服务以及毕业后的校友联系等工作。国际学生辅导员配备比例不低于中国学生辅导员比例，与中国学生辅

---

① 教育部：《高等学校接受外国留学生管理规定》，2000 年 1 月 31 日，见 http：//old.moe. gov.cn//publicfiles/business/htmlfiles/moe/moe_621/201001/xxgk_81859.html。

② 教育部：《2003—2007 年教育振兴行动计划》，2004 年 2 月 10 日，见 http：//www.moe. gov.cn/jyb_sjzl/moe_177/201003/t20100304_2488.html。

③ 教育部：《关于印发〈留学中国计划〉的通知》，2010 年 9 月 21 日，见 http：//www. moe.gov.cn/srcsite/A20/moe_850/201009/t20100921_108815.html。

导员享有同等待遇。"① 此外，为完成来华留学生教育事业发展目标，适应我国来华留学生教育工作迅速发展的需要，建设一支职业化的来华留学管理干部队伍已经成为当前来华留学生教育工作的重中之重。为此，教育部国际合作与交流司于 2004 年决定建立全国来华留学管理干部培训制度，并发布了《关于建立全国来华留学管理干部培训制度暨 2004 年培训计划的通知》，规定要加强对全国来华留学管理干部的培训，分别就来华留学生教育政策、业务及来华留学管理干部（以下简称留管干部）的基本要求、专项技术性工作和国际视野等方面进行强化学习，以及在五年内要求全国留管干部每人至少参加过一次业务培训，全面提高业务能力和综合素质。

其次，优化来华留学招生体系依然是当前我国来华留学生教育政策领域的重点，包括留学生的类别、招生和录取。在留学生的招生与录取上，高校具有制定招生办法、确定招生名额、制定学费标准、设立学历教育专业和确定录取办法等方面的自主权。2000 年发布的《高等学校接受外国留学生管理规定》指出："由高等学校制定外国留学生招生办法，公布招生章程，按规定招收外国留学生。录取标准由学校自行确定。外国留学生的录取由高等学校决定。高等学校应当优先录取国家计划内招收的外国留学生；高等学校可以自行招收校际交流外国留学生和自费外国留学生。"在招生权限上，明确规定了"高等学校招收外国留学生名额不受国家招生计划指标限制"，② 将留学生的招生和录取权限下放到高校。《2015—2017 年留学工作行动计划》强调"高校依法招收和培养来华留学生行为更加规范"，"制订并实施《学校招收和培养国际学生规定》等文件……健全来华留学招生机制，继续推进中国政府奖学金学生与学校双向自主选择的招生模式"。③ 2017 年教育部、外交部和公安部联合制定的新版《学校

---

① 教育部：《学校招收和培养国际学生管理办法》，2017 年 6 月 2 日，见 http：//www.moe.gov.cn/srcsite/A02/s5911/moe_621/201705/t20170516_304735.html。

② 教育部：《高等学校接受外国留学生管理规定》，2000 年 1 月 31 日，见 http：//old.moe.gov.cn//publicfiles/business/htmlfiles/moe/moe_621/201001/xxgk_81859.html。

③ 教育部：《2015—2017 年留学工作行动计划》，2015 年 7 月 23 日，见 http：//gjxy.tjnu.edu.cn/info/1107/1168.htm。

招收和培养国际学生管理办法》，其中指出"高等学校按照其办学条件和培养能力自主确定国际学生招生计划和专业，国家另有规定的除外。高等学校按照国家招生规定，制定和公布本校国际学生招生简章，并按照招生简章规定的条件和程序招收国际学生。高等学校应当对报名申请的外国公民的入学资格和经济保证证明进行审查，对其进行考试或者考核。国际学生的录取由学校决定；对不符合招生条件的，学校不得招收。"[1] 给予高校在留学生招生上很大的自主权。另外，2020 年教育部颁布的《关于规范我高等学校接受国际学生有关工作的通知》对高等学校接受祖国大陆（内地）、香港、澳门和台湾居民在移民外国后作为留学生来华进入本专科阶段学习作出补充规定，以维护我国公平的教育环境，其中指出"自 2021 年起，其申请作为国际学生进入我高等学校本专科阶段学习，除符合学校的其他报名资格外，还应持有有效的外国护照或国籍证明文件 4 年（含）以上，且最近 4 年（截至入学年度的 4 月 30 日前）之内有在外国实际居住 2 年以上的记录（一年中实际在外国居住满 9 个月可按一年计算，以入境和出境签章为准）。"[2]

最后，21 世纪以来我国不断完善来华留学生管理系统，使得这一时期的来华留学生管理工作呈现出制度化、规范化和信息化的特点。2001年，为适应留学生教育的发展，保证留学生教育质量，维护国家学历制度和学历证书的严肃性，根据《教育部办公厅关于做好 2001 年高等教育学历证书管理工作的通知》和《高等教育学历证书电子注册管理暂行规定》，我国决定改革留学生学历证书的管理办法，并颁布了《关于改革外国留学生学历证书管理办法的通知》。为完善留学生教学与生活管理制度，教育部办公厅于 2004 年发布《关于启用全国来华留学生管理信息系统的通知》，信息系统具备来华留学生教育工作日常管理、采集教育管理质量

---

① 　教育部：《学校招收和培养国际学生管理办法》，2017 年 6 月 2 日，见 http：//www.moe.gov.cn/srcsite/A02/s5911/moe_621/201705/t20170516_304735.html。

② 　教育部：《关于规范我高等学校接受国际学生有关工作的通知》，2020 年 6 月 2 日，见 http：//www.moe.gov.cn/srcsite/A20/moe_850/202006/t20200609_464159.html。

评估数据、留学生数据库、留华毕业生档案、留学生数据统计等五项功能，涵盖来华留学生教育工作中招生、教学、生活服务和管理、留华毕业生工作等四个基础环节，是做好来华留学生教育管理工作必须使用的系统。2007 年，为适应我国留学生教育发展的需要，加强普通高等学校留学生招生行为监督管理，教育部颁布《关于普通高等学校外国留学生新生学籍和外国留学生学历证书电子注册的通知》，以对普通高等学校留学生接受学历教育的新生学籍和留学生学历证书统一实行电子注册，建立留学生学历生从入学到毕业的完整信息，供留学生和有关机构网上查询。我国于 2011 年发布的《教育部办公厅关于进一步做好外国留学生学历证书管理和电子注册工作的通知》中进一步完善了留学生高等教育学历证书管理和学历电子注册制度。此外，《2015—2017 年留学工作行动计划》进一步强调要"建设和完善全国来华留学管理信息系统，实现来华留学生录取审批、学习培养、毕业生联络等各环节信息的有效采集与管理，有效实现中国政府奖学金管理、国际学生招收前置审查、签证居留管理和教学服务等信息的贯通共享。"①

三、来华留学奖学金制度

在奖学金被视为吸引优秀留学生一大重要工具的国际背景下，建立与完善奖学金制度在当前我国来华留学生教育政策体系建设中具有重要的战略地位。

第一，我国为来华留学生建立起奖学金制度。2000 年颁布的《高等学校接受外国留学生管理规定》中指出，中国政府为留学生来华学习设立"中国政府奖学金"，并规定了高等学校接受留学生的奖学金的类别、计划和评审制度等。在奖学金类别上，"中国政府奖学金"有本科生奖学金、研究生奖学金和进修生奖学金等，教育部还根据需要设立了其他专项研究

---

① 教育部：《2015—2017 年留学工作行动计划》，2015 年 7 月 23 日，见 http://gjxy.tjnu.edu.cn/info/1107/1168.htm。

或培训等奖学金。此外，地方人民政府和高等学校可以根据需要单独或联合为留学生设立奖学金。中国和外国企业、事业组织、社会团体及其他社会组织和个人，经征得高等学校和省级教育主管部门同意，也可以为留学生设立奖学金，但不得附加不合理条件。在奖学金计划上，教育部根据我国政府与外国政府签订的协议以及我国与外国交流的需要，制定享受中国政府奖学金留学生的招生计划。在奖学金评审上，享受中国政府奖学金来华学习的留学生应当接受享受奖学金资格的年度评审。评审工作由高等学校按照有关规定进行。对未通过评审的留学生，将根据规定中止或取消其享受中国政府奖学金的资格。

第二，完善中国政府奖学金管理制度是这一时期我国来华留学生教育政策的重点。2000 年，教育部对《外国留学生奖学金年度评审暂行办法》（1997 年）进行了修改，并更名为《中国政府奖学金年度评审办法》，开始正式实施中国政府奖学金年度评审制度，并委托国家留学基金管理委员会负责年度评审工作的组织实施。[①] 为鼓励和资助世界各国优秀学生、学者到我国高校进行学习和研究，2001 年颁布的《关于中国政府奖学金的管理规定》详细规定了中国政府奖学金类别、提供对象、期限和申请条件、申请办法等方面的管理办法。《2003—2007 年教育振兴行动计划》强调"深化政府奖学金管理制度改革"。[②] 2008 年，在充分考虑留学生生活需要和物价上涨因素的基础上，我国发布了《关于调整外国留学生奖学金生活费标准的通知》，上调来华留学生的奖学金额度。为进一步推动来华留学生教育事业发展，经研究并综合考虑经济社会发展和物价变化、高校培养成本等因素，根据奖学金生学习层次、学科类别制定奖学金标准，我国于 2015 年发布了《关于完善中国政府奖学金资助体系和提高资助标准的通知》，进一步完善了中国政府奖学金资助体系，规定自 2014 年 9 月 1

---

① 教育部：《关于实施中国政府奖学金年度评审制度的通知》，2000 年 4 月 26 日，见 http://www.moe.gov.cn/s78/A20/gjs_left/moe_850/tnull_1183.html。

② 教育部：《2003—2007 年教育振兴行动计划》，2004 年 2 月 10 日，见 http://www.moe.gov.cn/jyb_sjzl/moe_177/201003/t20100304_2488.html。

日起，提高奖学金资助标准，具体标准见表2–2，并指出"奖学金生应按规定接受奖学金资格年度评审。评审工作由高校按有关要求进行。未通过评审的，按规定中止或取消其享受奖学金的资格。"①

表 2–2　中国政府奖学金资助标准（单位：人民币元／人／年）

学生类型	学科分类	学费	住宿费	生活费	综合医疗保险费	合计
本科生	一类	20000	8400	30000	800	59200
	二类	23000	8400	30000	800	62200
	三类	27000	8400	30000	800	66200
硕士研究生（普通进修生）	一类	25000	8400	36000	800	70200
	二类	29000	8400	36000	800	74200
	三类	34000	8400	36000	800	79200
博士研究生（高级进修生）	一类	33000	12000	42000	800	87800
	二类	38000	12000	42000	800	92800
	三类	45000	12000	42000	800	99800

注：1. 一类包括：哲学、经济学、法学、教育学、文学（除文艺类外）、历史学、管理学；二类包括：理学、工学、农学；三类包括：文学（文艺类）、医学。2. 需要接受预科教育和汉语补习的留学生按照其留学身份享受相应的生活补助标准，教学补助标准按照本科一类标准向留学院校拨付。3. 全英文授课的研究生和进修生，额外提供5000元／年／人的教学补助。
资料来源：教育部：《关于完善中国政府奖学金资助体系和提高资助标准的通知》，2015年1月14日，见 http://www.moe.gov.cn/jyb_xxgk/moe_1777/moe_1779/201712/t20171226_322582.html。

第三，扩大中国政府奖学金规模是这一时期我国来华留学生教育政策的一大关键。我国几大重要战略规划文本中都反复提及要进一步扩大中国政府奖学金规模，如《国家中长期教育改革和发展规划纲要（2010—2020)》提出"增加中国政府奖学金数量"。教育部2010年印发的《留学中国计划》指出要根据国家战略和发展需要增加中国政府奖学金的数量，具体包括：保证中国政府奖学金的规模稳定增加，逐步推行奖学金各项内

① 教育部：《关于完善中国政府奖学金资助体系和提高资助标准的通知》，2015年1月14日，见 http://www.moe.gov.cn/jyb_xxgk/moe_1777/moe_1779/201712/t20171226_322582.html。

容货币化改革；鼓励并支持地方政府、学校、企事业单位以及其他社会组织、自然人设立各类来华留学奖学金；构建政府主导、社会参与、主体多元、形式多样的奖学金体系。2016 年印发的《关于做好新时期教育对外开放工作的若干意见》则在强调扩大奖学金规模的同时，进一步强调中国政府奖学金的优先资助对象，提出"扩大中国政府奖学金资助规模，设立'丝绸之路'中国政府奖学金，每年资助 1 万名沿线国家新生来华学习或研修。"① 《2015—2017 年留学工作行动计划》进一步指出"扩大中国政府奖学金招收学历生规模"②。

　　第四，提升中国政府奖学金效益是这一时期我国来华留学生教育政策的另一大关键。为保证中国政府奖学金来华留学生教育质量、提高奖学金使用效益，教育部又于 2009 年发布了《关于对中国政府奖学金本科来华留学生开展预科教育的通知》，规定自 2010 年 9 月 1 日起，对中国政府奖学金本科来华留学生新生在进入专业学习前开展预科教育。《国家中长期教育改革和发展规划纲要（2010—2020）》进一步强调要"重点资助发展中国家学生，优化来华留学人员结构。"③ 《2015—2017 年留学工作行动计划》提出要"大幅优化中国政府奖学金资助布局与结构"，"优化来华留学战略布局，围绕国家发展和'一带一路'建设，进一步优化和调整中国政府奖学金重点资助方向和专业。扩大中国政府奖学金招收学历生规模，提高高校招收来华留学生的生源质量与层次。"④ 一系列政策文本的发布，使我国来华留学奖学金制度日趋完善。

---

① 中共中央办公厅、国务院办公厅：《关于做好新时期教育对外开放工作的若干意见》，2016 年 4 月 29 日，见 http://www.gov.cn/home/2016-04/29/content_5069311.htm? from=timeline&isappinstalled=0。

② 教育部：《2015—2017 年留学工作行动计划》，2015 年 7 月 23 日，见 http://gjxy.tjnu.edu.cn/info/1107/1168.htm。

③ 国家中长期教育改革和发展规划纲要工作小组办公室：《国家中长期教育改革和发展规划纲要（2010—2020）》，2017 年 7 月 29 日，见 http://www.moe.gov.cn/jyb_sjzl/moe_177/201003/t20100304_2488.html。

④ 教育部：《2015—2017 年留学工作行动计划》，2015 年 7 月 23 日，见 http://gjxy.tjnu.edu.cn/info/1107/1168.htm。

四、来华留学就业创业政策

在来华留学生在华打工、实习、就业和创业方面，我国一贯缺乏完善的政策支持与保障体系，这对我国引进国外高端人才带来巨大的障碍，需要在未来进一步完善相关政策法规。

教育部、外交部、公安部 2000 年 1 月 31 日发布的《高等学校接受外国留学生管理规定》中明确指出"外国留学生在校学习期间不得就业、经商，或从事其他经营性活动，但可以按学校规定参加勤工助学活动"，并规定"外国留学生毕业、结业、肄业、退学后，必须在规定的时间内出境"。[①] 2013 年 7 月 3 日，国务院第 15 次常务会议通过的《中华人民共和国外国人入境出境管理条例》同样指明，持学习类居留证件的外国人在经所在学校同意，并向公安机关出入境管理机构申请居留证件加注勤工助学或者实习地点、期限等信息的前提下，可以在校外勤工助学或者实习。上述政策法规为来华留学生在华实习和打工提供了政策依据和合规性。2017年，人力资源社会保障部、外交部和教育部发布了《关于允许优秀外籍高校毕业生在华就业有关事项的通知》，这是根据 1996 年发布的《外国人在中国就业管理规定》首次制定的专门针对优秀外籍高校毕业生在华就业方面的政策文本，开启了我国为留学生提供广阔工作机会的新篇章，为我国吸引优秀来华留学毕业生奠定了重要的政策基础。其中规定可以在中国就业的外国人群体包括"外籍高校毕业生包括在中国境内高校取得硕士及以上学位且毕业一年以内的留学生，以及在境外知名高校取得硕士及以上学位且毕业一年以内的外籍毕业生"，并且"学习成绩优秀，平均成绩不低于80分（百分制，其他分制换算成百分制处理）或 B+/B（等级制）以上，在校期间无不良行为记录"。[②]

---

① 教育部：《高等学校接受外国留学生管理规定》，2000 年 1 月 31 日，见 http：//old.moe. gov.cn//publicfiles/business/htmlfiles/moe/moe_621/201001/xxgk_81859.html。

② 中华人民共和国国务院：《中华人民共和国外国人入境出境管理条例》，2013 年 7 月 23 日，见 http://www.gov.cn/jrzg/2013-07/23/content_2453996.htm。

五、来华留学生教育质量保障政策

来华留学生教育质量监控是当前我国来华留学生教育政策中亟须加强的部分。针对当时表现出的盲目追求规模和效益而忽视质量的问题，我国曾于 2007 年发布《教育部关于印发〈来华留学生医学本科教育（英语授课）质量控制标准暂行规定〉的通知》。这反映了新世纪我国为促进来华留学生教育事业的健康发展，需要颁布相关质量监控文件，以促进规模优先的来华留学生教育发展模式向提质增效型模式转型。但是，21 世纪初期我国质量监控方面的政策文本依然存在数量少、层次低且适用范围窄的问题，不能适应我国来华留学生教育质量保障体系的建设需求。因此，为推动高等教育内涵式发展，提高来华留学生高等教育质量，我国开始致力于质量保障机制的建立。《国家中长期教育改革和发展规划纲要（2010—2020）》强调要"实施来华留学预备教育，增加高等学校外语授课的学科专业，不断提高来华留学教育质量。"[①]《2015—2017 年留学工作行动计划》指出要"教学质量和服务管理水平明显提高……建成一批来华留学示范高校和英语授课品牌课程，初步建成来华留学教育质量保障体系"，"加强来华留学质量保障，委托第三方开展来华留学教育质量认证工作，构建来华留学质量监控和督导体系，培育良性循环的竞争环境。"[②] 2016 年，中共中央办公厅和国务院办公厅印发的《关于做好新时期教育对外开放工作的若干意见》指出，提升来华留学生教育质量，优化来华留学生源国别、专业布局，构建来华留学社会化、专业化服务体系，打造"留学中国"品牌，是新时期我国来华留学生教育工作的关键所在。《留学中国计划》进一步提出"造就出一大批来华留学教育的高水平师资；形成来华留学教育特色鲜明的大学群和高水平学科群；培养一大批知华、友

---

① 国家中长期教育改革和发展规划纲要工作小组办公室：《国家中长期教育改革和发展规划纲要（2010—2020）》，2017 年 7 月 29 日，见 http：//www.moe.gov.cn/jyb_sjzl/moe_177/201003/t20100304_2488.html。

② 教育部：《2015—2017 年留学工作行动计划》，2015 年 7 月 23 日，见 http：//gjxy.tjnu.edu.cn/info/1107/1168.htm。

华的高素质来华留学毕业生"的来华留学生教育中长期发展目标。① 2016
年教育部印发的《推进共建"一带一路"教育行动》，指出未来我国来华
留学生教育的工作重点是"全面提升来华留学人才培养质量，把中国打
造成为深受沿线各国学子欢迎的留学目的地国。"②《中国教育现代化2035》
进一步强调要"实施留学中国计划，建立并完善来华留学教育质量保障机
制，全面提升来华留学质量。"③

此外，2018 年教育部制定了《来华留学生高等教育质量规范（试
行）》，这是我国首次专门针对来华留学生教育制定的质量规范文件，是指
导和规范高校开展来华留学生教育的全国统一的基本准则，也是开展来华
留学生教育内部和外部质量保障活动的基本依据。具体来看，《来华留学
生高等教育质量规范（试行）》（以下简称《规范》）对人才培养目标，入
学标准、录取和预科教育，专业设置、学校层次的人才培养目标、培养方
案、师资队伍、教学设施和资源、学生指导和课外教育、教学管理、质量
保障等教育教学相关内容，管理体制和服务支持、办学资源和条件支持、
档案和信息管理、安全教育和保障、移民和出入境事务管理和服务、学生
权益保护、校友工作等管理和服务支持相关内容，做了明确的规定，从而
期望以《规范》为准绳改进来华留学生教育工作，提高来华留学生教育质
量和管理服务水平。例如，其中在入学标准中明确指出"来华留学生入学
标准中的最低学历要求为：专科、本科入学要求高中毕业或具有同等学力
（参照'成功完成《国际教育标准分类法（ISCED 2011）》3 级或 4 级且通
向高等教育'的要求）；硕士研究生入学要求获得学士学位或具有同等学
力（参照'成功完成《国际教育标准分类法（ISCED 2011）》6 级或 7 级
课程'的要求）；博士研究生入学要求获得硕士学位或具有同等学力（参

---

① 教育部：《关于印发〈留学中国计划〉的通知》，2010 年 9 月 21 日，见 http：//www.
moe.gov.cn/srcsite/A20/moe_850/201009/t20100921_108815.html。

② 教育部：《推进共建"一带一路"教育行动》，2016 年 7 月 15 日，见 http：//www.moe.
gov.cn/srcsite/A20/s7068/201608/t20160811_274679.html。

③ 新华社：《中共中央、国务院印发〈中国教育现代化 2035〉》，2019 年 2 月 23 日，见
http：//www.gov.cn/zhengce/2019-02/23/content_5367987.htm。

照'成功完成特定的《国际教育标准分类法（ISCED 2011）》7 级课程'的要求）。我国与其他国家和地区签署的政府间学历学位互认协议中约定了对方学生进入我国高等教育机构的准入条件的，依照已签署的互认协议执行。"在语言能力要求中指出"以中文为专业教学语言的学科、专业的中文能力要求应当至少达到《国际汉语能力标准》四级水平。对于以外语为专业教学语言的学科、专业，高等学校在来华留学生入学标准中应当明确规定应有的外语能力要求。"① 因此，《规范》指出了明确的可考量标准，具有很强的可操作性。

总之，在上述政策的引导与支持下，新中国成立以来我国出国留学生教育事业获得了长足发展，"留学中国"正在成为海外留学新品牌。这一时期，来华留学生教育规模迅速扩大。2009 年，来华留学生人数为238184 人，比 1999 年增长了 4.33 倍；其中，学历生人数为 93450 人，比1999 年增长了 7.14 倍，远大于来华留学总人数的增长速度。② 据教育部数据统计，2018 年共有来自 196 个国家和地区的 492185 名各类外国留学人员在全国 31 个省（区、市）的 1004 所高等院校学习。③ 此外，来华留学生教育的层次也有所提升，2018 年接受学历教育的留学生总计 258122 人，占来华生总数的 52.44%，比 2017 年增加了 16579 人，同比增加 6.86%；硕士和博士研究生共计 85062 人，比 2017 年增加了 12.28%，其中，博士研究生 25618 人，硕士研究生 59444 人。④

① 教育部：《来华留学生高等教育质量规范（试行）》，2018 年 10 月 9 日，见 http：//www.moe.gov.cn/srcsite/A20/moe_850/201810/t20181012_351302.html。
② 刘宝存、张继桥：《改革开放四十年教育对外开放政策变迁的历史考察》，《高校教育管理》2018 年第 12 期。
③ 教育部：《2018 年来华留学统计》，2019 年 4 月 12 日，见 http://www.moe.gov.cn/jyb_xwfb/gzdt_gzdt/s5987/201904/t20190412_377692.html。
④ 教育部：《2018 年来华留学统计》，2019 年 4 月 12 日，见 http://www.moe.gov.cn/jyb_xwfb/gzdt_gzdt/s5987/201904/t20190412_377692.html。

第三节　来华留学生教育政策存在的问题

历经 70 多年的发展，我国来华留学生教育事业取得显著成就，但与西方发达国家留学生教育相比依然存在很大的差距。我国在来华留学生教育政策领域面临着诸多问题，如：缺乏宏观统筹的能力，来华留学生的规模、结构不合理，留学赤字明显；来华留学管理与服务体系存在漏洞，留学生教育管理人员业务能力和服务水平欠佳；中国政府奖学金数量和效益不高，奖学金管理与评估机制不完善；留学生实习、就业与打工政策不完善，且缺乏相关机制妥善安置优秀来华留学生毕业后在华就业，来华留学人才在华就业比例较低；缺乏完善的质量监控体系，来华留学生教育质量不高；等等。

一、宏观统筹力度不足

从新中国成立到改革开放初期，我国一直将来华留学生教育视为一项重要的政治和外交任务。例如，我国来华留学生教育工作的主要目的是尽国际主义义务，为友好国家培养人才；改革开放之后，我国来华留学生教育工作的目的主要是为了增进我国人民同各国人民之间的友谊和了解。正因为对来华留学生教育政治价值的重视和经济、社会价值的忽视，我国来华留学生教育工作缺乏战略研究和长期规划，对如何面对新形势、新任务，充分利用资源优势扩大来华留学生教育，开拓留学生教育市场，缺乏总体规划和宏观指导；对留学生教育在促进高等教育国际化，推进教育现代化中的战略地位缺乏应有的重视。[①] 正由于这种国家政策调整的滞后性，我国来华留学生教育政策规划和策略制定落后于新形势下国家战略和社会经济发展的需要，来华留学生教育政策体系在宏观统筹能力上表现出不足

---

① 　陈全生：《来华留学生教育发展战略研究》，硕士学位论文，上海外国语大学国际工商管理学院，2006 年，第 22 页。

之势，使得我国来华留学生教育领域表现出诸多问题。例如第一章所提到的我国来华留学生的规模与发达国家相比仍然有很大差距，来华留学生人数在高校在校生总数中所占比例较小，在海外学习的中国留学生人数与来华留学生人数逆差仍旧严重，来华留学生教育结构失衡等。为此，我国亟须进一步加强宏观政策的统筹协调和实施力度，促进来华留学生教育的协调可持续发展。

二、管理与服务政策不完善

21 世纪以来，美国、英国、澳大利亚、德国、法国、加拿大等传统的留学目的地国均十分重视留学生教育，并逐渐形成了规范化、系统化和制度化的留学生教育政策体系。反观我国来华留学生教育起步晚，且新中国成立以来我国教育管理体制经历了一个从"包得过多、统得过死"到"转变政府职能、扩大学校自主权"的变革过程。从新中国成立到 20 世纪80 年代初期，我国来华留学生的管理权限主要集中于中央政府，地方政府和高校的招生权和管理权极其有限。1985 年中共中央颁布《关于教育体制改革的决定》，提出"扩大高等学校办学自主权"的总体目标，主张赋予高等学校部分招生自主权，特别是招收自费生的自主权。1993 年颁布的《中国教育改革和发展纲要》强调在深化经济体制、政治体制和科技体制改革的同时，需要建立起与之相适应的教育新体制，进一步扩大高校自主权、转变政府职能。这种深刻的教育体制改革为高校来华留学生管理权和招生权的逐步扩大提供了有力的内生性制度支持。需要指出的是，尽管历经曲折发展的我国已经建立起一套较为完善的来华留学生管理与服务体系，但是由于整个社会对来华留学生教育缺乏统一认识，社会化服务意识较差，管理水平和能力较低，因此改善来华留学生教育的社会环境，提高对留学生的社会服务和管理水平已成为当务之急。[1]

---

[1] 陈全生：《来华留学生教育发展战略研究》，硕士学位论文，上海外国语大学国际工商管理学院，2006 年，第 23 页。

首先，差异化管理模式是我国来华留学生教育管理中的一大弊病。差异化管理指的是对来华留学生实行独立于本国学生招生、教学和管理体制。这一体制在一定程度上尊重了来华留学生的差异性和独特性，带来一定管理上的便利。但是这一体制也严重制约了来华留学生与本国学生的文化、学术和生活交流，其人为设定的语言、环境与文化隔离阻碍了留学生跨文化适应的进程和程度，从而给来华留学生教育带来了诸多障碍与困难。因此，近年来，在北京大学等一批重点高校开始进行"趋同管理"的实践和摸索，即不再把留学生区别对待，对其实施逐步趋向于中国学生的教学及管理，这在美国等发达国家已经发展得比较成熟。① 但是，由于当前我国虽已经在政策层面提出要推动来华留学趋同化管理，但未就如何开展趋同化管理制定具体的配套措施，导致在具体的办学实践中趋同化管理的实施并不理想。有的高校不知道如何落实，继续沿用原有的管理模式；有的高校则按照自己的理解来开展趋同化管理，但效果不好，甚至出现管理真空或管理混乱。② 由此可见，我国高校从差异化管理向趋同化管理体制的转变仍有很长的路要走。

其次，我国来华留学管理与服务方面的政策法规还不完善。具体体现在来华留学生社会化服务法律法规建设滞后，留学生信息化服务管理平台建设尚不完善，来华留学社会服务专业人员队伍建设空白。留学生社会化服务法律法规建设的滞后将导致留学生非法就业、非法驾驶、非法居留等一系列问题，危害我国的社会公共安全。留学生信息化服务管理平台的不完善不利于提高来华留学生管理效率；来华留学社会服务专业人员队伍建设空白及差异化的管理，将不利于留学生全面了解和融入中国社会。因此，从当前来看，我国在来华留学生教育政策制定方面的滞后势必会影响来华留学生的管理水平；从长远来看，这方面的滞后将对来华留学的吸引

---

① 刘扬、王怡伟：《我国的来华留学教育政策与实践》，《高教发展与评估》2011 年第 6 期。
② 刘宝存、张继桥：《改革开放四十年来华留学教育政策的演进与走向》，《西北师大学报》（社会科学版）2018 年第 6 期。

力以及来华留学生教育事业的发展产生极为不利的影响。①

再次,我国来华留学生教育管理与服务政策的相关配套措施还未完善。例如,2017 年教育部、外交部、公安部联合制定并实施的《学校招收和培养国际学生管理办法》(简称 42 号令)虽然进一步明确了各相关部门的职责和服务范围,但是仍缺乏相关配套措施,不能有效解决目前来华留学生教育服务过程中所发生的问题,如来华留学生教育后期的实习、就业、居住等问题。中国与美国、英国、澳大利亚等传统的留学目的地国不同,中国既缺乏传统的规模化的海外人才来华历史,也缺乏较为精细化的对于海外来华人才相关工作的有关经验,在来华留学生教育政策方面需要更多借鉴有关国家的成熟经验,结合中国实际研究制定形成系列化的配套政策。②

最后,我国来华留学生教育管理体制具有重管理而轻服务的特征,来华留学生管理与服务人员的社会化、专业化程度普遍较低。具体来看,尽管多年来,我国对来华留学生的管理一直带有"特殊照顾"或"适当照顾"的色彩,但由于在管理理念中缺乏"服务"意识,因此,我国高校对来华留学生的管理以硬性规定为主,缺少对来华留学生人性化的服务,更加缺乏来华留学生的自我管理与自我服务。我国部分高校不重视对外宣传,不能为来华留学生提供来华前的信息;有的高校专业院系和职能部门英文版网页的缺失或简略无法满足留学生入学前的信息需求;有的高校行政机构协调性不足,为来华留学生提供服务的管理人员如宿舍管理人员、图书馆管理人员不会英语,有的高校甚至连在来华留学生办公室服务的管理人员都不会英语,与留学生沟通不畅,出现误会,甚至发生冲突。③

---

① 刘宝存、张继桥:《改革开放四十年来华留学教育政策的演进与走向》,《西北师大学报》(社会科学版)2018 年第 6 期。

② 魏礼庆、胡燕华:《改革开放 40 年出国留学与来华留学事业回顾与展望》,《河北师范大学学报》(教育科学版)2018 年第 3 期。

③ 吉艳艳:《近四十年间来华国际学生教育研究(1973—2013)》,博士学位论文,华中师范大学教育学院,2016 年,第 160 页。

三、奖学金制度不完善

奖学金制度一直是各高等教育强国开拓国际留学生教育市场的有效武器，起到了重要的导向作用。[①] 我国来华留学生教育政策领域虽已经建立起体系初步完善的奖学金招生与管理制度，但尚不完善。当前我国来华留学生奖学金制度主要存在以下几方面问题：

第一，奖学金资助力度不高。当前，我国为来华留学生提供的奖学金主要以中国政府奖学金为主，其名额和额度仍需进一步增加。以 2012 年的数据为例，中国政府奖学金留学生仅占全部来华留学生的 8.76%，有些省（直辖市、自治区）甚至没有一位留学生获得中国政府奖学金。从 2014 年 9 月 1 日起，中国政府奖学金的生均资助标准提高，但该标准并未考虑地区间的差异。中国东、中和西部的经济发展水平存在较大差异，而中国政府奖学金的生均资助标准却是"一刀切"，这造成了中西部的奖学金留学生生活较为舒适而东部的奖学金留学生生活捉襟见肘的现象。[②]

第二，奖学金政策向发展中国家和"一带一路"沿线国家倾斜，是适应我国当前国家发展战略需要的重要选择，但中国政府奖学金的过度倾斜，容易导致来华留学生奖学金覆盖面有限，从而进一步破坏我国来华留学生结构和质量。2016 年，有 183 个国家和地区的学生获得中国政府奖学金，其中亚洲占比 54.8%，非洲占比 20.5%，而欧洲、美洲、大洋洲占比仅为 15.5%、7.8% 和 1.4%。[③] 这将造成我国来华留学生结构的失衡，不利于吸引更多更优秀的国际学生留学中国，不利于"留学中国"品牌的建设。

第三，我国留学生奖学金经费渠道单一，从中央到地方来华留学生奖学金的设立均以政府为主，少有企业和民间机构为来华留学生提供奖学金。反观美国名目繁多的奖学金，如联邦奖学金、私人基金奖学金、学院

---

① 李云鹏：《中美两国留学生教育结构之比较》，《高教发展与评估》2011 年第 5 期。
② 吕娜：《来华留学教育的发展现状、主要问题与对策研究》，《经济研究参考》2015 年第 9 期。
③ 教育部国际合作与交流司：《来华留学简明统计》，2016 年，第 252 页。

奖学金、系科学奖学金、假期奖学金等，已经形成了政府、高校和私人共同资助的留学生奖学金体系。[①] 近几年来，来华留学人数的快速增长对政府奖学金的名额和数额的增长提出了迫切的需求，如果只是依赖于政府的资助是远远不够的。长此以往，将在一定程度上制约来华留学生规模的扩大，从而影响我国打造全球受欢迎留学目的地国的进程。

第四，奖学金管理与评估机制尚未健全和落实。当前，我国虽已经初步建立起政府奖学金的评审制度，如 2000 年颁布的《高等学校接受外国留学生管理规定》中指出"享受中国政府奖学金来华学习的外国留学生应当接受享受奖学金资格的年度评审；评审工作由高等学校按照有关规定进行；对未通过评审的外国留学生，将根据规定中止或取消其享受中国政府奖学金的资格"。[②] 然而在操作层面上，资助留学生的中国政府奖学金缺乏有效的退出机制，其过程审核均属于通过性审查，故而很多获得奖学金的留学生无忧无虑，而没有获得奖学金的学生又缺乏有效的激励机制。[③]

四、就业创业政策与机制不健全

我国来华留学生教育政策历经 70 多年的大发展，已经在管理与服务制度、招生制度、奖学金制度等方面取得了一定的成效，但是我国针对来华留学生打工、就业、创业和移民方面的政策尤其缺乏，严重滞后于实践发展需要。从国际比较的视角来看，留学生兼职和实习甚至就业移民等在很多国家已经放开，成为吸引留学生的重要因素。如美国移民局规定，留学生可以在校内合法工作，每周可以工作 20 个小时，假期可以工作 40 个小时；英国为吸引留学生，不断简化签证程序，实施就业延长政策，允许留学生毕业一年内留在英国找工作；在新西兰就读的留学生，每周可打工 20 个小时，移民政策则更为宽松，达到"近乎只要在新西兰取得本科学

① 李云鹏：《中美两国留学生教育结构之比较》，《高教发展与评估》2011 年第 5 期。
② 教育部：《高等学校接受外国留学生管理规定》，2000 年 1 月 31 日，见 http://old.moe.gov.cn//publicfiles/business/htmlfiles/moe/moe_621/201001/xxgk_81859.html。
③ 谭敏达：《来华留学教育政策的路径依赖与变革》，《当代教育科学》2016 年第 5 期。

历就可以办理技术移民的程度"。这些国家的政策在刺激、促进留学生流入上发挥了重要作用，但我国的政策在此方面却相距甚远。①

一方面，我国才初步建立起留学生在华就业制度。一直以来，留学生毕业之后无法直接申请外国人就业证和居留许可，必须在国外工作两年后才可申请在华就业，这为我国招揽和吸引优秀留学生带来诸多阻碍。教育部、外交部、公安部2000年1月31日发布的《高等学校接受外国留学生管理规定》中明确指出，"外国留学生在校学习期间不得就业、经商，或从事其他经营性活动"，"外国留学生毕业、结业、肄业、退学后，必须在规定的时间内出境"。② 直到2017年，人力资源社会保障部、外交部和教育部才发布了《关于允许优秀外籍高校毕业生在华就业有关事项的通知》。

另一方面，我国同样缺乏留学生在华打工和实习相关政策及其实施细则。2000年发布的《高等学校接受外国留学生管理规定》和2013年通过的《中华人民共和国外国人入境出境管理条例》虽然都指出留学生在经过学校同意和获得出入境管理机构许可的情况下参与勤工助学和实习，但是实际上截至2017年，除上海外的其他省市均未出台留学生获得实习或打工许可的申请细则。③ 对此，未来我国需要进一步放宽留学生在华打工、实习及就业政策。

五、质量保障机制建设尚处于初步发展阶段

新中国成立以来我国来华留学生教育事业获得了大发展，来华留学生的规模迅速扩大，结构有所优化。但是，在来华留学生教育规模不断扩张的同时，带来了如何提升来华留学生教育质量的严峻问题。来华留学生

---

① 王永秀、谢少华：《关于来华留学教育政策的审思》，《高教探索》2017年第3期。
② 教育部：《高等学校接受外国留学生管理规定》，2000年1月31日，见 http://old.moe.gov.cn//publicfiles/business/htmlfiles/moe/moe_621/201001/xxgk_81859.html。
③ 李锋亮、王亮：《"我想留在中国工作"——外国留学生的在华就业之路》，2017年11月29日，见 http://www.sohu.com/a/207249614_162758。

教育质量直接影响到来华留学生的满意度，进一步影响着我国高等教育的国际声誉和对留学生的吸引力。然而，当前我国尚未建立起一套科学有效的来华留学生教育质量保障与评估认证体系来规范来华留学生教育，严重制约了来华留学生教育事业的健康发展和可持续发展。

影响来华留学生教育质量的环节主要有来华前的招生、入学前的预科教育和入学后的教育。第一，目前我国一些高校存在着一味追求留学生比例或经济效益，降低招生门槛的现象。当前我国来华留学生准入门槛太低，国际学生只需要准备学业证明、成绩单、HSK 等级证书、推荐信、面试（包括网络面试和出国面试）、学习计划、体检表便可以申请中国政府奖学金来华留学。可以说，只要具有一定经济基础的国际学生也往往就能够被录取，作为唯一应试门槛的 HSK 难度也在下降。甚至部分中国考生为了规避高考压力，转换国籍迁回入学，而非学历生录取标准则更低。[①] 第二，当前我国留学生入学考核制度和预科教育体制不完善，大部分学生没有经过严格的考核和预备培训就进入专业学习，无论对老师还是对学生来说，都面临着巨大的挑战。第三，我国高校教育教学中的语言、方式、师资队伍水平等薄弱环节进一步阻碍了来华留学生入学后教育质量的提升。一项针对来华留学研究生的培养质量调查显示，来华留学研究生普遍遭遇语言困境，接近 80% 的来华留学研究生认为语言障碍是其在留学过程中遇到的最大困难。[②] 造成这一问题的主要原因是我国高校当前全英文课程薄弱，英文授课比例较低，留学生教育仍是以汉语作为主导教学语言，在一定程度上影响了学生的听课质量和同任课教师的沟通交流。这项调查还显示，来华留学研究生对中国课堂的教学内容、教学和评价方式的满意度相对较低，对在中国获得高质量的教育这一项期待和收获之间落差较大。很多来华留学生研究生认为中国的教学方式以填鸭式为主，课堂讨论较少，不鼓励学生的课堂参与和批判性思维，评价则以记忆为导向，

[①] 谭敏达：《来华留学教育政策的路径依赖与变革》，《当代教育科学》2016 年第 5 期。

[②] 刘水云：《来华留学研究生培养质量调查》，《学位与研究生教育》2017 年第 8 期。

评价标准过于随意，规范性不强。① 除此之外，高校中教师的英语水平、多元文化价值观念、教学方法和跨文化交际能力也有待提升。

　　针对上述情况，国家曾出台政策进行监控，例如，1996 年国家出台了《关于加强来华接受中医药本科教育留学生教学质量宏观管理的通知》，2007 年出台了《来华留学生医学本科教育（英语授课）质量控制标准暂行规定》，但从实践来看，依靠单个政策对整个来华留学生教育的质量管控，作用终究有限。② 正因为来华留学生教育质量保障机制的缺位，导致我国来华留学生教育的质量与效益不高。其中一大重要体现是，我国在培养杰出人才方面表现平平。我国虽然培养出来一大批为当地建设作出卓越贡献、对华友好的优秀人才，但在具有留学背景的诺贝尔奖获得者等各领域最高成就获得者中，却很少能见到来华留学生的身影。③ 因此，未来我国亟须进一步完善来华留学生教育质量保障体系，全面提升来华留学生教育质量。

① 刘水云：《来华留学研究生培养质量调查》，《学位与研究生教育》2017 年第 8 期。
② 王永秀、谢少华：《关于来华留学教育政策的审思》，《高教探索》2017 年第 3 期。
③ 栾凤池、马万华：《来华留学教育问题与对策探析》，《清华大学教育研究》2011 年第 5 期。

第三章　来华留学生教育政策的理论基础

在教育国际化的刺激下，留学生教育成为世界教育发展的一股热潮，并且被视为将在未来很长时期内对国际格局和国家竞争力产生极为重要影响的重要力量。为了顺应这一潮流，许多国家都从自身国情和教育状况出发出台了有利于扩大本国留学生教育的政策和措施，以期在竞争激烈的国际教育市场中赢得一席之地。2016 年 4 月，中共中央办公厅、国务院办公厅联合印发了《关于做好新时期教育对外开放工作的若干意见》（简称意见），该文件明确提出"加快我国留学事业发展，提高留学教育质量"的目标，同时认为应"通过优化来华留学生源国别、专业布局，加大品牌专业和品牌课程建设力度，构建来华留学社会化、专业化服务体系，打造'留学中国'品牌"来加大留学工作行动计划的实施力度，加快培养来华杰出人才。[1] 这一意见的出台代表了我国政府对于新时期的留学生教育有了更为重要与清晰的战略定位，也反映出来华留学生教育在我国的发展已经到了刻不容缓、箭在弦上的境地。为了制定科学合理的来华留学生教育政策，必须正确认识来华留学生教育的地位和作用，借鉴国外留学生教育的理论成果，构建中国特色的来华留学生教育理论体系。

---

[1]　新华社：《坚持扩大开放，做强中国教育》，《中国教育报》2016 年 4 月 30 日。

第一节　来华留学生教育的地位和作用

　　留学生教育不仅涉及国家政治、经济与文化利益，同时也关乎国际人才资源的占有与争夺，随着经济全球化和信息网络化的趋势愈加明显，世界各国围绕留学生资源的竞争逐步升级。在人才流动与智力争夺日趋激烈的全球化时代，如何利用留学生教育与国际人才资源推动自身教育事业发展已经成为世界各国的现实挑战，从国际与国内的双重视角来说，留学生教育事业的发展同样是我国教育在新时期所应肩负的重要历史使命之一，这是由留学生教育的重要地位决定的。

一、留学生教育是衡量一国教育国际化水准的重要指标

　　传统国际化观点认为，国际化的重点是"人"的流动问题，在这种理念的支配下，个体的跨国流动被视为一种理想教育方式，"人通过移动，在其他国家积累各种经验，会产生超越文化的人与人的相互理解，为世界和平作出贡献，因此被认为是有价值的。"① "许多国家不断促进知识、教育资源与人才的国际流动和有偿共享，促使人才培养与培训在全球范围内整合教育资源，深刻影响了教育的跨国人员流动与国际课程项目流动的方向与主要内容。"② 随着世界经济全球化的发展，世界人力市场和智力资源也逐渐跨越国界，如何吸引更多优秀的全球化人才成为各国提升国际竞争力的关键性要素，这一趋势直接推动了留学生教育的进程。从 20 世纪 80 年代以来，国际化已经成为世界教育发展不可回避的重要趋势，同时也被许多国家视为提升教育质量和促进文化交流的重要途径，留学生的数量和质量则被视为衡量一个国家教育（特别是高等教育）国际化水准的重要指标，能否吸引到足够数量的国际学生前来留学成为考察一所高校是否具有

① ［日］金子元久：《高等教育的社会经济学》，刘文君编译，北京大学出版社 2007 年版，第 267 页。
② 杨启光：《教育国际化进程与发展模式》，社会科学文献出版社 2011 年版，第 92 页。

国际影响力和一流办学水平的现实标准。

在经济全球化和知识信息化的宏观背景下，许多国家都在致力于推进本国高等教育的国际化建设，后者已经成为世界各国共同关注的话题。早在 1993 年，经济合作与发展组织（Organization for Economic Cooperation and Development，以下简称"经合组织"或 OECD）便指出：国际化已经从高等教育的边缘逐渐成为影响高校管理规划、培养目标和开设课程的中心因素之一。[1] 尽管大学从中世纪产生以来，学生、教师、知识和技术的国际流动就是其重要特征之一，但 20 世纪中期，特别是冷战结束以后，高等教育领域的国际化（实际或虚拟形式的跨境流动）已经表现出与传统样态不同的发展特征与内涵——世界各国都在积极构建国际教育体系，力图通过合作办学、国际分校、网络平台等多种形式将教育理念、教育资源、教育模式传播到世界各地以期扩大本国教育的全球影响，增强国家在世界留学生教育市场上的话语权。总体上看，高等教育国际化所反映的仍然是当今世界以民族国家为主要参与力量而形成的教育的世界秩序，少数国家在高等教育国际化道路上起步较早，而大部分国家却姗姗来迟。

尽管高等教育国际化的内涵极为驳杂，国际化的维度也是多元的，但人员的跨国流动（特别是人才的国际化与智力结构）仍然是其中最重要的衡量标准，全球范围内国际学生跨境流动成为高等教育国际化的显著特征和重要趋势，正如有学者所指出的，"派出与接受留学生的层次、质量与规模，从某种意义上说代表了一个国家教育国际化程度的高低，为此，许多国家和高校纷纷采取措施来吸引国际学生，并且将增加国际学生数量作为提高高等教育质量的一种有效途径"。[2] 可以说，留学生教育已经成为高等教育国际化的重要组成部分之一。

---

[1]　尹玉玲：《OECD 视野下的高等教育国际化政策分析——基于跨境高等教育的视角》，《中国高教研究》2011 年第 11 期。

[2]　李梅：《高等教育国际市场——中国学生的全球流动》，上海教育出版社 2008 年版，第 45 页。

　　菲利普·G. 阿特巴赫（Philip G. Altbach）认为："在 21 世纪的今天，学术在范围和方向上的国际化程度不断增强，信息技术、知识经济不断增长的学生、教师、教育项目与提供者的流动以及世界经济的一体化都推动了高等教育的国际化。"[①] 留学生教育既是高等教育国际化的重要组成部分，同时也是推动其向前发展的主要动力之一。"各国和各高等教育机构都将其所吸引的留学生数量作为衡量其所提供教育的吸引力和声誉的一个指标，世界上精英聚集的高等教育机构能够比其他高等教育机构吸引更多的外国留学生，许多大学主动地宣传自己的教育服务和提供的各种课程，目的是从其他国家吸引最优秀的人才。"[②] 王洪才等人认为，"在高等教育国际化过程中，学生流动扮演着一个非常积极的角色，因为它是高等教育实力的显示，同时也是一个国家文化影响力的反映。因此，如何吸引国际学生已经成为当代许多国家高等教育政策的一项重要内容。"[③] 为了推进本国高校的国际化建设，少数教育发达国家纷纷出台促进留学生教育发展的策略。2003 年，日本中央教育审议会将国家开展留学生教育工作的意义总结为"促进各国的相互理解，建立人际网络；培养具有国际视野的日本学生，建设开放并富有活力的社会；推进大学的国际化，强化大学的国际竞争能力；为国际社会作出各方面贡献。"[④] 澳大利亚早在2000年就出台了《留学生教育服务法》（*Education Services for Overseas Students Act*），使其成为世界上第一个颁布有关留学生利益保护法律的国家，该法案明确规定，作为高等教育国际化的重要形式之一，国际学生的跨境教育对澳大利亚高等教育的未来发展具有举足轻重的作用。从世界高等教育国际化的发

---

① ［美］阿特巴赫：《高等教育变革的国际趋势》，蒋凯主译，北京大学出版社 2009 年版，第 108 页。

② ［德］芭芭拉·柯姆：《大学生国际流动对人力发展和全球理解的贡献》，《北京大学教育评论》2005 年第 1 期。

③ 王洪才、戴娜、刘红光：《全球化背景下的国际学生流动与中国政策选择》，《厦门大学学报》（哲学社会科学版）2014 年第 2 期。

④ 唐振福：《日本教育国际化战略研究：基于公私二元结构路径的视角》，经济科学出版社 2012 年版，第 169 页。

展趋势来说，以学生的跨境流动为主要形式的留学生教育活动仍然是各国政府与高等教育机构最为重视并且优先考虑的国际化措施。

总体上看，留学生教育特别是留学生群体的发展状况直接关涉一个国家高等教育国际化的运行成败，也是衡量国际化发展水平的重要指标。有学者指出："大学生的国际流动已经从无序的自发行为进入到有组织的自觉形式，并且成为各国经济竞争、软实力竞争的一个重要方面，学生跨国流动的数量和质量已经成为高校国际化的重要标志。"[1] 将留学生教育作为考察一国高等教育国际化水平的衡量指标已经在世界各国间达成共识，换言之，留学生教育的发展水平基本代表了一个国家在高等教育国际化方面的建设水平。就我国情况来说，尽管经过多年发展，中国在 2015 年已经成为全世界第三大留学目的地国，但留学生占在校生的比例仍然较低，"数据显示，目前我国的国际留学生占中国高校在校生的比例为 0.46%，这一数据仅为美国的九分之一（3.87%），而澳大利亚的国际学生所占比例高达 17.97%，中国大学的国际化水平处于较低水平。"[2] 同时，"按国际通行标准，中国大学要进入世界一流大学之列，外国留学生比例应达到15% 以上。"[3] 从这一角度来说，来华留学生教育的规模和水平已经成为阻碍中国高等教育国际化战略顺利实施的不利因素，因此需要我们加大对来华留学生教育的研究与重视。

二、留学生教育关系着国家利益的实现

留学生教育的重要意义不仅体现在其对一个国家教育发展战略的制定和执行具有极为重要的影响，同样体现在它还直接关系到国家利益的实现与宏观政策推行效果的达成。在全球化时代，不同国家之间的相互依存

---

[1]　中国高等教育学会引进国外智力工作分会：《大学国际化：理论与实践》，北京大学出版社 2007 年版，第 297 页。
[2]　王辉耀、苗绿：《中国留学发展报告（2016）》，社会科学文献出版社 2016 年版，第3 页。
[3]　崔庆玲：《来华留学教育的发展对策探析》，《黑龙江教育：高教研究与评估》2007 年第11 期。

程度日益加深，教育也与经济、金融和科技等领域一样，时刻面临着全球化带来的对于国家利益实现与否的挑战。为了应对这种挑战，许多国家积极倡导发展留学生教育，在整合多方资源的基础上全方位、多层次、高标准地加入国际教育合作与竞争之中，以美国为代表的少数国家目前正在充分利用国内和国外两个市场与两种资源——不但大力推动人员的"走出去"战略，还在积极地实施"引进来"策略——通过吸引外国优秀人才的赴本国留学来相互学习教育领域的先进经验、分享优质教育资源、提升国内教育质量、扩大内需。换言之，在全球化时代，留学生教育已经成为实现国家利益，达成国家目标，促进国家发展的重要途径，也是助推整个社会持续进步的重要力量之一。

就目前世界各国留学生教育的发展而言，留学生群体对一个国家的重要性正在不断上升。英国大学协会（Universities United Kingdom，简称 UUK）认为："截止到 2014 年，非欧盟（outside the EU）学生已经占全英高等教育机构中的学生总数的八分之一，这些学生为英国在许多方面带来现实利益（benefits），他们一方面丰富了大学校园生活的多样性，提升本国学生的国际交往体验；另一方面，他们拓展了学校的课程，同时也为大学与当地社会带来了丰厚的经济利益。"[1] 许多研究者都对留学生教育对国家发展的重要作用进行过探讨，德国学者芭芭拉·柯姆（Barbara M. Kehm）认为："接收留学生非常重要，它具有两个重要作用：第一，大多数学生由于没有出国留学机会或不准备出国留学而在国内读书，他们可以通过与外国留学生的交流而获得了解外国文化的机会，人们用'本土国际化'一词来表述这种现象；第二，通过外国留学生与其留学目的国之间建立的密切联系，可以帮助留学目的国的企业到留学生来源国进行投资。"[2] 加拿大学者简·奈特（Jane Knight）同样认为，"高等教育领域人员存在

---

[1]　Universities UK，"International Students in Higher Education：The UK and Its Competition"，见 https：//www.universitiesuk.ac.uk。

[2]　[德] 芭芭拉·柯姆：《大学生国际流动对人力发展和全球理解的贡献》，《北京大学教育评论》2005 年第 1 期。

国家间流动的趋势，受此影响的利弊取决于一个国家是处于人才流动的净流失还是净流入以及处于某种人才循环的状态，外国学生的招收与流动对流入国的人才市场具有重要影响。"① 总体上看，高等教育国际化特别是以留学生为代表的国际学生的到来，显著增强了本土文化的多元性，同时为一种文化进入其他国家提供了新的机会，并能进一步推动文化融合和经济互补。

就全球竞争的态势来看，优秀人才所代表的国际智力资源对一个国家来说越来越重要，针对学者、专家和精英人员等优质人力资源的争夺成为国家之间展开竞争的主要领域，在这一竞争过程中，留学生以其规模大、经济收益高、可塑性强等特性成为其中最受关注的群体。现代国家的交往实质上是一种双向交流，许多国家都认识到，要增进不同国家的相互理解、为本国在国际社会争取最大利益，就必须有一大批优质的国际型人才，这种人才的最佳培养途径之一就是留学生教育。"大学生国际流动，即接收外国留学生或派遣本国学生出国留学，已经成为高等教育国际化程度的一项重要指标，大学生国际流动已从无组织的或自发的行为进入到依托各种项目的有组织的形式，它与吸引优秀人才、创造财富和人才流失一样，已成为各国经济竞争的一个重要方面。"② 因此，在留学生教育的重要性日渐凸显的时代，大力发展留学生教育不只关乎未来中国能否在国际竞争中站稳脚跟，甚至关乎我国自身国家利益能否得到切实保护。

按照学者戴晓霞的说法，透过发展留学生教育，一个国家可以实现多重目标，"一是扩大本国学生的国际视野和经验，增进对他国语言和文化的认识，培养'全球性能力'；二是提升外国学生对于地主国的了解和感情及对其文化和语言的兴趣；三是建立长期的国际人脉网络，巩固国家

---

① [加拿大] 奈特：《激流中的高等教育：国际化变革与发展》，刘东风等译，北京大学出版社 2011 年版，第 20 页。
② [德] 芭芭拉·柯姆：《大学生国际流动对人力发展和全球理解的贡献》，《北京大学教育评论》2005 年 1 期。

安全和强化外交与经贸联系；四是吸引外来人才，提升学术品质和国家竞争力；五是扩大本国的高等教育规模，增加多样性或解决供需失调与招生不足的问题；六是输出高等教育，赚取贸易顺差。"① 延伸来看，留学生教育的发展能够显著促进一个国家国际服务贸易的发展，"传统上，高等教育被视为'公共产品'或'社会责任'，但随着新的国际贸易协定的出现，高等教育成为一种可交易的商品，或者说在服务贸易总协定里它成为国际上可以交易的一项服务。"② 除经济利益外，教育的交流与合作是提升国家形象的有效途径，也是许多国家进行外交政策投资的一种形式，留学生教育的发展还有助于国家的文化、外交与政治利益的实现，由于我国正处于发展的重大战略机遇期，国际地位日益上升，这也是国家软实力建设的重要时期，留学生教育工作是国家软实力建设的重要组成部分，我们必须从服务于国家发展战略全局的高度，来认识留学生教育的重要性。③

徐海宁认为："留学生对接受国的国际关系产生巨大的作用，对接受国高等教育的发展，特别是高等教育的国际化产生巨大的影响，还给接受国带来了直接和间接的经济收益。"④ 就世界留学生教育的发展态势来讲，留学已经成为一个国家教育对外开放与交流的最重要的依托形式。对于我国来说，发展留学生教育已经成为新时期国家扩大本国国际影响力、争取教育的国际话语权以及推进国家宏观政策的重要方式和手段，积极发展来华留学生教育对于我国实现本国国家利益至关重要。

---

① 戴晓霞：《高等教育的国际化：亚太国家外国学生政策之比较分析》，《教育研究集刊》2004 年第 2 期。

② ［加拿大］奈特：《激流中的高等教育：国际化变革与发展》，刘东风等译，北京大学出版社 2011 年版，第 17 页。

③ 李立国、胡莉芳、周平：《来华留学教育发展趋势与战略选择》，《复旦教育论坛》2010年第 1 期。

④ 徐海宁：《中美日三国留学生教育的状况与政策比较研究》，《河北科技大学学报》（社会科学版）2001 年第 1 期。

第二节　国际留学生教育的理论透视

　　留学生教育理论是人们针对留学生教育活动的出现与发展而试图在理论层面加以把握的产物，早期的留学生教育理论就像留学活动本身一样，既不系统，也缺乏完整的分析框架。从欧洲中世纪大学出现以来，便一直存在着学术人才在不同国家的大学之间互相流动的现象，"大学是国际化的机构，知识是没有国界的，大学历来欢迎来自众多国家的人来学习和任教，大学从起源上来讲就是国际的，大学国际主义的一个方面就是留学生的存在。"[①] 不过总体而言，在很长时期内，学生跨国流动的规模和影响并不大，因此很难得到理论界的关注与探索。成熟的留学生教育理论是20 世纪中后期才出现的，这是因为和平与发展成为这一时期世界的主流趋势，"全球化、信息化的发展使各国在政治、经济和文化等领域的交流与合作日益扩大，知识与人才在全球范围流动，国际化势不可挡且深深影响着各国教育。"[②] 学术人员特别是学生群体的跨国流动在现代社会中变得日益复杂而重要，留学生教育——作为教育国际化的一种特殊形式——自20 世纪 80 年代以来已经成为教育发展的重要趋势之一，也是国际舞台上最为引人注目的教育现象之一。

　　留学生教育特别是留学生的重要性已经逐渐被学界和公众所认可，"留学教育是衡量一国高等教育发展水平的重要指标，发展留学教育可以提升大学的国际化水平及国际声誉，促进世界一流大学建设目标的实现，留学生在活跃校园文化、促进文化多元化中发挥巨大作用，在推动国际经贸、改善外交关系以及传播中华文化、提升国际形象、增强国家软实力等方面也发挥重要作用。"[③] 留学生教育的兴起使得留学生教育理论也逐渐丰

[①]　[美] 阿特巴赫：《比较高等教育：知识、大学与发展》，人民教育出版社教育室译，人民教育出版社 2001 年版，第 219 页。

[②]　王祖林：《我国大学院系国际化实施困境与推进策略》，《高校教育管理》2017 年第 7 期。

[③]　宋华盛、刘莉：《外国学生缘何来华留学——基于引力模型的实证研究》，《高等教育研究》2014 年第 11 期。

富起来，许多学者都从自身的学科与专业背景对留学生教育进行深层次的理论剖析，力图建构起逻辑自洽、思维缜密与结构合理的留学生教育解释框架。从总体上说，当前学界对留学生教育理论的研究和探索与轰轰烈烈的留学生教育实践相比仍显得滞后与无力，似乎每种理论都能够对留学生教育的某一方面进行说明和解释，但却难以全面概括和准确阐发留学生教育兴起、运行及其引发现实影响的整个过程。留学生教育之所以难以在理论上进行解释和说明，是由于"这一现象本身并非单一的教育学问题，仅以教育学的单一视角不能多角度地、多层面地对此进行解释。"① 为了克服这一难题，许多学者借鉴社会学、经济学或统计学等学科的既有理论将这一现象置于更为广阔的社会经济背景下进行讨论，从而极大地丰富了人们对留学生教育的理性认识。在形形色色的有关留学生教育的解释理论中，"推拉理论"（Push-Pull Theory）"人力资本理论"（Human Capital Theory）和"教育服贸理论"（Education service trade theory）对于我们认识和理解留学生教育的兴起与演化具有特殊而重要的意义，它们是当前学界普遍公认的针对留学生教育的最有代表性和解释力的代表性理论。值得指出的是，尽管三种理论都能对我们思考留学生教育的某些领域和层面提供具有创见性的启发，但它们彼此之间在出发点和关注点上并不相同，甚至不同理论之间在某些方面存在着明显的深层冲突（尽管这并不影响它们在各自探讨范围内的解释力），这值得引起我们的注意。

一、推拉理论

推拉理论是当今世界上被人们用来解释留学生教育的原因与动力的较为常见的理论之一，也是学界较为公认的能够对留学生教育进行学理分析的学说之一，这一理论出现的历史并不长，但很快人们就被其框架的简洁性和逻辑的精确性所折服。目前公认的是，学者麦克马洪（Mary E. McMahon）等人首先提出用物理学上的"推力"和"拉力"来描绘和解

① 岳芸：《国际学生流动动因的理论解释：一个综述》，《外国教育研究》2017 年第 2 期。

释 20 世纪中后期出现的发展中国家的人才向发达国家不断迁移的社会现象，这有可能是学界首次尝试用推拉理论来解释人员的跨国流动现象。在这一研究中，麦克马洪运用收集到的二战以后 18 个发展中国家高等教育领域的留学生数据，分析留学生选择目的地的影响因素，得出"生源国经济发展水平、在世界经济中的参与度、对教育的重视程度、国内可获得教育机会以及留学生目的地国的经济资助等都是影响留学生选择的关键因素"的结论。[①] 这一研究成果发表之后，推拉理论很快被学界所接受，成为分析留学生教育的重要解释性理论。

（一）推拉理论的内涵

推拉理论在解释留学活动时聚焦于作为流动者的个体的选择权利，认为分析影响人进行流动的内外因素就能准确地解释流动的整个环节，特别是流动的动机问题，总体上看，这一理论假说是具有一定的说服力的。按照推拉理论的解释，作为流动者的个体在选择留学目的地时不外乎受两种因素的影响，这两种因素分别是"推力因素"（Push Factor）和"拉力因素"（Pull Factor），它们之间通过复杂的运作机制共同对个体的选择产生积极或消极的影响。推力因素指的是留学生输出国（Home Country）（或称生源国、派出国、跨出国）内导致学生选择出国留学的因素，拉力因素指的是留学生输入国（Host Country）（或称留学目的地国、接收国、跨入国）内吸引学生入境求学的因素，一般来说，个体的留学动机、决策和行动受到分别来自输出国和输入国的推力因素和拉力因素的影响。[②]

按照马扎拉尔（Tim Mazzarol）等人的说法，学生选择出国留学是多重因素相互碰撞的产物，"推力因素"在留学生的输出国，它们促使学生决定选择国际教育而不是本土教育；"拉力因素"在留学生的输入国和机

---

① Mary E. McMahon, "Higher Education in a World Market—An Historical Look at the Global Context of International Study", *Higher Education*, Vol. 24, No. 4 (December 1992), pp. 465-482.

② 旷群、戚业国：《赴澳"留学热"探源——基于推拉因素理论的分析》，《高教探索》2016 年第 1 期。

构，它们促使学生选择该国、该机构接受高等教育，国际学生流动现象是推力因素、拉力因素以及学生自身因素综合作用的结果。① 在最理想的状况下，推拉力量中的各种驱动因素往往是相互贴合、彼此对应的，留学生输出国的不利因素（推力）往往就是留学生输入国的有利因素（拉力），因此，利用推拉理论对留学生教育进行解释时，可以清晰地从推力和拉力两个方面入手。具体来说，"推力"主要是指留学生输出国对于留学生而言存在的各种助推其离开本国的因素，这些因素往往是一些消极或不利因素，如本国高等教育质量不佳、就业前景黯淡、政治局势不稳等；"拉力"是指留学生输入国存在的吸引留学生前去就学的各种因素，如优越的就业前景、卓越的教育质量和稳定的经济与社会状况等。此外，影响个体现实选择的推力因素还包括：现实人均收入水平、国家参与世界经济发展的程度、政府对教育发展的重视、输入国本土的教育机会；留学生输入国所具有的拉力因素也包括：输入国的相对经济规模、输出国与输入国的经济关系、输入国在输出国的政治影响力、输入国为留学生群体提供的支持力度。② 总之，无论是推力因素还是拉力因素，两者所包含的因素和内容都极为多元，很难用准确的范围进行清晰框定。

作为国际上研究高等教育国际化的领军人物之一，菲利普·阿特巴赫（Philip G. Altbach）是较早使用推拉理论对留学活动进行分析的学者，同时通过他的努力，推拉理论真正被学界所了解并认同。按照阿特巴赫的说法，国家间的人才流动不是盲目的，而是有一定规律的，各种层次的学术人才流动从方向上说一般都是从南方国家流向北方国家，也就是从发展中国家向发达国家转移，全球的留学生中多达 80% 的人来自发展中国家，而他们基本上都是到发达国家留学。发展中国家共有八种推力因素，发达国家则具有七种拉力因素，这些因素共同塑造了留学生教育市场的世界格

---

① Tim Mazzarol, Geoffrey N. Soutar, *The Global Market for Higher Educatio*, Cheltenha: Edward Elgar Publishing, 2001, p.35.

② 方守江：《中国学生国际流动：驱动力及风险防范》，博士学位论文，华东师范大学，2010 年。

局。"与发展中国家相比，发达国家所具备的拉力因素包括：更诱惑的工资待遇，优越的工作条件，有机会处于世界科学和学术中心等；而在发展中国家所具有的推力因素中，很重要的一项就是学术自由容易遭遇限制，另外，学术任命和晋升方面的任人唯亲乃至腐败使得大学氛围极为糟糕，此外，发展中国家的高等教育普遍面临着资源短缺和师生比不合理。"[1] 阿特巴赫的分析着眼于学术因素对留学生选择的影响，尽管有夸大学术因素作用的嫌疑，但总体上看仍然是能够站得住脚的。就现实发展来看，随着知识经济时代的到来，学术因素对于留学生选择目的地国的影响作用在不断增强，学术吸引力的强弱已经成为留学生选择留学目的地国的最重要影响因素。少数西方国家——如美国——准确把握这一有利时机，大力拓展了自身的留学生教育。"由于美国具有庞大的和强大的大学体系，由于英语是学术交流的主要语言，由于大部分在全世界发行的刊物和许多最重要的学术著作是在美国出版的，还由于外国的许多学者和决策者在美国学习过，因此，美国大学对于留学生群体具有巨大的吸引力。"[2] 作为世界最有影响力的留学目的地国的美国，其"拉力"效益不仅影响到发展中国家的学生，甚至对西欧的工业国以及东欧国家的留学生同样存在。

（二）推拉理论与跨境教育

近年来，随着学界对"跨境教育"（Cross-border Education）研究不断推进，人们对于留学生教育以及推拉因素在其中的作用的认识更加深入，利用推拉理论来解释跨境教育是当前留学生教育领域的新兴研究热点问题。跨境教育是近年来世界各国普遍关注的一个新的教育增长点，越来越多的国家认识到"边境"和"界限"的概念对于包括教育在内的许多领域和部门越来越重要，联合国教科文组织（United Nations Educational, Scientific and Cultural Organization，简称 UNESCO）与经合组织等国际机

———————

[1]　[美] 阿特巴赫：《高等教育变革的国际趋势》，蒋凯主译，北京大学出版社 2009 年版，第 30 页。

[2]　[美] 阿特巴赫：《比较高等教育：知识、大学与发展》，人民教育出版社教育室译，人民教育出版社 2001 年版，第 78 页。

构针对教育在当前的发展情况，提出应对"跨境教育"这一概念进行重新审视。在《跨境高等教育提供质量指南》（*Guidelines for Quality Provision in Cross-border Higher Education*）中，经合组织（OECD）认为"跨境教育"是指"教师、学生、项目、院校／提供者、课程材料在跨国家管辖边界的情况下进行的高等教育"，这种教育可能包括"高等教育的公立或私立部门、营利或非营利院校，它涵盖了广泛的模式，从面授到远程学习不等。"①"跨境教育"主要涉及跨出国和跨入国两个主体，按照"推拉理论"的解释，每个主体对于教育和人才的影响力（即推力和拉力）并不相同，这种差异会对最终的教育结果和人才流向产生不同影响（见表 3-1）。

表 3-1　影响跨境教育的因素

推力因素（跨出国）	拉力因素（跨入国）
提供出国留学奖学金	向海外留学生群体提供留学奖学金
教育质量不佳	教育质量优异
研究设施匮乏	研究设施优良
高等教育资源匮乏	高等教育资源充沛
政治与社会环境不佳	政治与社会环境优越
高含金量的国外学位	广阔的就业市场
民族或种族歧视	获取国外生活经验
对当地教育氛围不满	教育氛围良好

资料来源：董泽宇：《来华留学教育研究》，国家行政学院出版社 2012 年版，第 39 页。

推拉理论在现实中受到学界的重视，在众多研究者的努力下，推拉理论衍生出许多不同的分析维度。一般而言，在根据推拉理论对跨境教育进行探讨时，人们通常会选择"经济""政治""教育"和"文化"四个维度（见表 3-2），其中的每一种维度都有"推力因素"和"拉力因素"影

---

① UNESCO, OECD, "Guidelines for Quality Provision in Cross-border Higher Education", 2017-01-20, 见 http://www.unesco.org/new/en/education/themes/strengthening-education-systes/higher- education/quality assurnce/。

响留学生目的地国的选择。以经济维度为例，留学生在选择跨境留学目的地国时往往将未来的事业发展和预期经济收益作为主要着眼点，而以美国、英国和加拿大为代表的发达国家则无论从经济水平和就业机会来说，都会对留学生产生极大的吸引力和诱惑力；同时，留学生的输出国则多为经济不发达或是就业机会较少的发展中国家，相较于发达国家来说，本国经济不景气推动着那些优秀人才向其他国家不断流动。就当今世界的留学生教育现状来说，假如仅以经济作为衡量指标，除美国外，几乎所有国家都很难实现对各大洲各个国家的留学生产生强吸引力，多数国家的留学目标市场还是周边国家（和地区）或是与本国经济存在较高联系和互动的国家。有学者对内地赴香港和澳门等地求学的学生进行跟踪调查，结果显示：经济、教育和个人因素是导致学生求学港、澳的最主要因素，其中重要作用的因素就是奖学金、教育质量、地理位置、有机会到其他国家留学、入学容易、文凭在就业市场上的价值等。[1]"许多学生利用私人资金或奖学金支付留学费用，他们在其他国家能够获得更多的择校机会，而在自己的祖国，教育机会和教育资源的增加并不能与学生的期望保持一致，与此同时，接受留学生的机构、国家和地区都设置了奖学金或交流项目以鼓励学生流动。"[2] 根据李梅等人的研究，留学活动的影响因素非常复杂，"就（留学资源）需求方而言，包括各种各样的学生与家长、各自不同的学业能力与动机、不同的社会经济地位与经济支付能力、过剩需求与差异需求、不同的经费来源（自费与奖学金）；就供给方来说，涉及各国各机构的政策理念（政治、经济、学术、社会与文化）及其所提供的两种主要供给：即补充供给和差异供给。"[3] 推拉理论为人们认识跨境教育提供了一种清晰的逻辑框架，使得我们能够对纷繁复杂的跨境教育现状有所把握。

---

[1] 刘扬、王慧、孔繁盛：《外国学生缘何留学中国——基于北京高校调查的实证研究》，《高等教育研究》2013 年第 5 期。

[2] ［英］皮特·斯科特：《高等教育全球化：理论与政策》，周倩，高耀丽译，北京大学出版社 2009 年版，第 29 页。

[3] 李梅：《高等教育国际市场——中国学生的全球流动》，上海教育出版社 2008 年版，第 5 页。

表 3-2　跨境高等教育发展动因表

基本动因	现有动因	日益重要的动因
文化	国家文化认同 不同文化间的理解 公民身份的发展 社会与社区团体的发展	**国家层面** 人力资源发展 战略联盟 创收与商业贸易 国家建设 社会与文化发展和相互理解 **院校层面** 国际形象与声誉 质量提高与国际标准 学术和教职员工的发展 经济创收 战略联盟 研究与知识产品
政治	对外政策 国家安全 技术辅助 和平与相互理解 国家认同 地区认同	
经济	经济增长与竞争 劳动力市场 财政动机	
教育	扩展学术视野 院校形象与地位 提高质量 国际学术标准 科研与教学的国际化	

资料来源：[加]奈特：《激流中的高等教育：国际化变革与发展》，刘东风等译，北京大学出版社 2011 年版，第 31 页。

（三）推拉理论的现实演进

学界运用推拉理论解释留学现象经过了一个不断探索的过程，"基于早期的推拉力模型建立的内外因素互动的推拉模式进一步发展了推拉因素理论，该模式认为个体出国留学的行为是外因与内因结合的结果，外因触发内因，使个体产生留学动机；个体在外部推拉因素的影响下，考虑自身条件（包括学生和家庭主观因素和客观条件）从而选择留学国家和就读学校。"[①] 斯蒂芬·周（Stephen Choo）等人调查了中国大陆和台湾地

---

① 李梅：《高等教育国际市场——中国学生的全球流动》，上海教育出版社 2008 年版，第 59 页。

区等四个亚洲国家和地区学生出国留学的主要影响因素，认为以下四种因素对学生留学将产生决定性影响：第一，海外高校提供的教育质量比本土高校高；第二，学生在本土获得入学机会的能力的强弱；第三，更好地认识西方社会的心理；第四，毕业后移民机会。[①] 按照斯蒂芬·周的说法，推拉理论在解释留学活动时存在局限性，它没有很好地分析学生维度，没有体现学生及其家庭对留学选择的影响，而后者才是留学活动的真正主体。

推拉理论在后来发展过程中经历了某种变革，其内容也得到不断充实，目前已经形成所谓的"四因素说"，这一理论认为留学生的输出国，不但有助推留学生出国学习的"推力"，同时也存在吸引学生留在国内学习的"拉力"；与此同时，留学生输入国既存在支持国际学生来本国学习的"拉力"因素，同时也存在排斥国际学生的"推力"因素，"在国外毕业的学生回国后经常感到难以重新适应本国国情，其部分原因是他们在国外接受的先进训练可能不易被尚欠发达的本国经济体系所吸收。"[②] 同时，学生及家庭因素对于留学活动来说同样占有重要地位，从某种层面上说，如果没有这一因素的支撑，即使输入国提供的拉力再大或是流出国提供的推力再强，都很难导致留学行为的发生。总体上看，随着理论探讨的逐步深入，目前人们已经初步达成共识，即影响留学生作出留学选择的因素是多元的，即使面对同样的"拉力"与"推力"，每一个体及其家庭作出的选择都并不相同，任何理论在面临实践时都要洞察自身的局限性。

了解和熟悉"推拉理论"对于我们筹划来华留学生教育工作大有裨益，"推拉因素共同存在于输出国和输入国之内。特别是在分析来华留学生问题时，我们需要将传统的一元的推拉理论拓展至二元的推拉理论，关

---

① Stephen Choo, Tim Mazzarol, Geoff Soutar, "The Selection of International Retail Franchisees in East Asia", *Asia Pacific Journal of Marketing and Logistics*, Vol. 14, No. 4 (October 2007), pp. 380-397.

② [美] 阿特巴赫：《比较高等教育：知识、大学与发展》，人民教育出版社教育室译，人民教育出版社 2001 年版，第 5 页。

注同时存在于来源国和目的国内部的推力和拉力。"① 一般来说，按照当今世界留学活动的发展规律，个体在选择留学目的地国时越来越看重目的地国所提供的产品与服务的水平，换言之，"留学母国所能提供的高等教育的质量以及大学本身的学术声望已经成为影响留学活动的最重要因素，留学生选择留学国家主要会考虑一所大学的科研实力、学校的学术氛围与所获文凭和证书在就业市场的认可度等因素，这无疑启发想要发展留学事业的国家应大力提升本国高等教育的吸引力和竞争力，从'内功'上着眼。"② 具体来说，作为一个留学后发国家，我国应认真研究影响国际学生来华留学的"推拉因素"，对于那些积极的"拉力因素"，应不断加大投入，保持其优势；对于一些消极的"推力因素"，应仔细分析形成这些因素的原因，并且在最大程度上消除我国作为一个留学目的地国的"劣势"。陈文等人对东南亚非华裔青少年来华留学的动因进行了分析，认为以下因素在其中具有重要影响力，其排序情况为：第一，受中国文化的吸引；第二，中国经济发展快速，来华留学对自己事业有利；第三，中国大学条件良好；第四，留学成本较低，比较容易获得中国政府的奖学金；第五，中国与母国地理相近；第六，中国与母国文化习俗相似；第七，中国政治社会稳定。③ 国内近期一项基于推拉理论对北京高校留学生的调查表明，对中国文化的兴趣、看重在中国的工作与发展机会、中国高等教育的质量、入学机会等是拉动留学生的重要因素。④ 上述这些因素应该可以归为中国作为潜在留学目的地国的"拉力因素"，应作为经验积极进行拓展。

在我们大力推进来华留学生教育事业的同时，也应对那些不利于甚

---

① 宋华盛、刘莉：《外国学生缘何来华留学——基于引力模型的实证研究》，《高等教育研究》2014 年第 11 期。

② John J. Shaw, *International Marketing: Analysis and Strategy* (*Fourth edition*), New York: Routledge, 2004, p.3.

③ 陈文、李钊、邓禹：《东南亚华裔青少年来华留学的动因分析》，《世界民族》2013 年第 4 期。

④ 刘扬、王慧、孔繁盛：《外国学生缘何留学中国——基于北京高校调查的实证研究》，《高等教育研究》2013 年第 5 期。

至阻碍中国作为留学目的地国的因素进行分析和思考，这些"推力因素"中有些能够通过政策或经济手段予以克服，有些属于自然或不可控原因很难通过人为因素进行干预，无论是何种性质的因素，我们都要对此有着清晰的认识。宋华盛等人利用推拉理论对来华留学生的影响因素进行了分析，发现"从宏观层面来看，来源国与目的国之间的关系，例如双边经贸关系、地理距离、免签协议等，这些因素对学生流动所产生的影响不可忽视。中国经济水平、中国经济潜力、双边经贸关系、中国科技水平、中国教育水平、双边学历互认等因素对留学生来华有显著的促进作用，而地理距离远、文化差异大等因素有显著的负面作用；发展中国家与发达国家学生在来华留学选择上所考虑因素存在较大差异，发展中国家学生较发达国家学生更容易受到中国方面诸因素的影响，发达国家学生更多受本国因素的推力来华留学。"在这些因素中，如地理因素属于自然因素很难进行改变，但文化与经济因素则属于发展性因素，我们能够通过各方面的调整来进行适度改变，这也是推力理论作为一种解释性理论能够对实践产生影响之所在。

二、人力资本理论

如果说推拉理论主要从留学的国家角度（输出国和输入国）来解释留学活动的形成原因与发展过程，是属于较为宏观的认识视角，那么与之相对应，当从留学生个体及其家庭选择的微观角度来探讨留学活动时，那么我们的认识视角将会发生根本性转化，而这种转化有时候对于我们深刻把握留学活动是极有启发意义的。从经济学或者理性人的微观视角来分析留学活动，历来是理论界探讨这一事物的重要进路，相对于推拉理论的无所不包，理性人取向的研究将留学活动聚焦于个体的主观动机，强调留学活动像其他任何一种人类活动一样都是个体基于自己的理性算计之后，为在最大程度上实现自身利益而进行的现实选择，换言之，留学活动之所以会发生，主要就是利益因素（不仅是经济利益）影响下的结果。从某种层面上说，"人力资本理论"就是这样一种试图从微观层面把握留学生教育的代表性理论，它从个体利益与留学的相互关系着手来探讨留学活动，与推拉理论的直接性与明晰性不同，人力资本理论属于明显的外借性理论，是教育从其他学科借用的经典理论的典型代表，因此当人们在用这一理论分析留学活动时就需要进行一系列形式和内容上的转化。

（一）人力资本理论的内涵

人力资本理论最早产生于二战后的经济学者对于国家经济发展中"产出"和"投入"之间不均衡问题的探讨，"人力资本指的是通过投资活动而在人自身中形成的各种生产知识与技能的存量总和。"[①] 它是相对于物力资本而言的，是附着在劳动者身上的，通过劳动者的劳动体现出来并促进社会经济增长发展的一种经济价值资本，主要涵盖劳动者的知识、技能等要素。[②] 随着相关研究的不断充实，学界对于人力资本的研究逐渐系统化与理论化，从而在借鉴一般资本理论研究成果的基础上形成科学的"人力资本理论"。从西奥多·W. 舒尔茨（Theodore W.Schultz）到加里·S. 贝克尔（Gary Stanley Becker），再到 20 世纪 90 年代之后的保罗·罗默（Paul M.Romer）与罗伯特·卢卡斯（Robert E.Lucas Jr）等人，在众多学者与专家的努力下，人力资本理论得到不断丰富与完善，由于这一理论和教育特别是高等教育在研究对象和研究假设等方面具有较强关联性，因此在教育理论界产生了巨大而深刻的影响。

舒尔茨认为，教育是形成各国人力资本的重要因素，投资于教育的收益会比投资于其他方面的收益要高，国家尤其是发展中国家需要通过教育投资来增加其综合国力。按照舒尔茨的界定，人力资本投资的范围和内容主要包括五个方面：卫生保健设施和服务，包括影响人的预期寿命、体力和耐力、精力和活动的全部开支；在职培训，包括由商社组织的旧式学徒制；正规的初等、中等和高等教育；不是由商社组织的成人教育计划，特别是农业方面的校外学习计划；个人和家庭进行迁移，以适应不断变化

---

① 张凤林：《人力资本理论及其应用研究》，商务印书馆 2006 年版，第 1 页。
② 张茂聪，李睿：《人力资本理论视域下高校教师的流动问题研究》，《高校教育管理》2017 年第 5 期。

的就业机会。① 按照人力资本理论的设想，任何对人力资本的投资都将会对个体、家庭甚至国家产生增值作用，青年在教育、培训和迁移等方面的投资都属于人力资本投资。"在一个全球竞争日益激烈的时代，大学教育被视为我们这些知识主导型社会中的关键因素和助推器，这就是说，与其对物质或金融资本进行投资以获取经济收益，不如对人力资本进行的投资——增加人们的知识、观念以及使用符号与代码的能力，后者将更有效。"② 人力资本理论重视人的知识与技能的习得，认为国家的经济增长需要不断投资教育领域，强调由于不同国家的人力资本禀赋和知识积累的基础不同，因此各国的教育与人才领域应该对外开放，提升自身人力资本储量，"人力资本理论的成功在于它将资本的概念运用于人，将人的本质进行资本化，揭示人的能力发展的内生机制，使许多经济领域的估算问题迎刃而解。在西方，学者们普遍认为劳动者的流动促成了人力资本的形成，这种流动实现了生产要素的均衡配置，使得经济良性发展。"③

按照人力资本理论的解释，由于社会上普遍存在着资源的分散性与稀缺性，因此，要想获得更多的经济资源和更高的社会地位，每一位社会成员在现实发展中要持续进行针对个人的各项投资才能实现自身能力的保持和增长，在这种情形下，"资本"的概念和运作规律可以运用于个体。人力资本理论强调人的"资本"主要体现在个体本身的属性上，特别表现为个体的能力和素质，包括掌握的知识、获得的技能、拥有的资历、具备的经验和卓越的熟练程度等，人本身像其他一切有形化或无形化的资本一样，对其进行适当的投资便应当且能够获得预期的回报。一般来说，对人的资本进行投资的主要方式就是通过获得各种类型的教育机会和过程来实现，"作为促进社会流动的机构，大学本身是个人生存与发展机会的分配工具，同时大学与教育系统的其他部分共同增进了个人的生存与发展机

① ［美］西奥多·W.舒尔茨：《人力资本投资：教育和研究的作用》，蒋斌等译，商务印书馆 1990 年版，第 31 页。
② ［英］罗杰·金：《全球化时代的大学》，赵卫平主译，浙江大学出版社 2008 年版，第 3 页。
③ 谢晋宁：《雇员流动管理》，南开大学出版社 2001 年版，第 11 页。

会，基于阶级、种族和性别之上的等级制度已经变得越来越不重要，而基于学历证书的新歧视模式将会产生更强大的影响力。"① 人力资本理论目前已经成为我们认识教育的国际化和人才的国际流动的重要理论工具，越来越多的人认识到这一现实，即包括留学生教育在内的学校教育是现代社会人力资本开发最重要的形式之一。

（二）人力资本理论与留学生教育

目前学界对于教育与人力资本之间的关系的研究已越来越丰富，大家普遍认识到投资教育是保障人力资本增值的重要手段，"对学校教育、在职培训、人员流动以及职业信息的投资可以提高人们既得能力的价值生产率，并且促使人们发展各种计量手段来测试能够量化的劳动力质量变化。"② 依据人力资本投资理论，一个国家的教育投资包括政府、社会、个人等多方面对教育的投资，"政府投资主要指政府通过财政拨款、对教育机构的税收减免和对学生资助等形式对教育的投入活动；社会投资主要指企业和社会团体通过资助和捐赠等方式对教育的投入活动；教育个人投资主要指个人为自己获得受教育机会而进行的必要的资金投入，包括所缴学费、杂费、生活费、家庭教育储蓄等形式对教育的投入活动。"③ 在部分国家中，教育已经被视为提升个体人力资本的最佳途径，戚业国认为人们之所以进入教育更多的是将这一选择看作是一种资本上的投入，是走上了一条"把不同的人配置到社会不同职位最合法和最容易为人接受的途径"，人们对上大学的追求本质上是对社会分层和流动的追求，接受高等教育成为实现阶层上升的手段。④

教育是实现人力资本投入的重要手段，不同于一般的教育活动，留

① ［英］皮特·斯科特：《高等教育全球化：理论与政策》，周倩、高耀丽译，北京大学出版社 2009 年版，第 167 页。
② ［美］西奥多·W. 舒尔茨：《人力资本投资：教育和研究的作用》，蒋斌等译，商务印书馆 1990 年版，第 17 页。
③ 方守江：《中国学生国际流动：驱动力及风险防范》，博士学位论文，华东师范大学，2010 年。
④ 戚业国：《民间高等教育投资的跨学科研究》，复旦大学出版社 2001 年版，第 84 页。

学生教育是一种更高级和更复杂的教育形式，也是人力资本投入的重要手段，并且对整个世界的经济发展起着重要作用。"人才和劳动力的国际流动，实际上是在国际范围内人力资源的重新配置和优化过程，某些国家因经济总量不足或产业结构失调而形成的人力资本过剩（即受过教育者的大量失业），必然造成边际生产率下降，是人力资源的巨大浪费；如果这些教育失业者能适时迁往他国获得就业和更好的发展机会，那么将提高该国的边际生产力，从而促进经济增长。……这种跨国的人才流动是调节国际范围内人才余缺的重要途径，是增加世界经济总量或福利的重要手段。"[1] 一般而言，留学生教育的意义主要是表现在其对个体及其家庭的价值方面，"每个人或家庭在每一时期所拥有的资源又是一定的，从而是有限的，因此，对于教育投资便有一个选择和最优化的问题。"[2] 人们进行教育投资的主要目的是为了积累自身的人力资本，增加其未来收益，进而实现个人终生福利的最大化。从人力资本投资的角度看待留学生教育事务，能够发现留学活动与个人（及其家庭甚至所处社会）的理性选择密切相关。"学生的跨国或跨境流动是典型的人力资本投资行为……出国留学实际上是政府或个人家庭对他人或学生个体进行的人力资本的投资，目的是为了获得某种效益（现在的或未来的），得到某种满足（货币与非货币的），这是一种以支付当前的投资成本来获取未来收益为目标的投资行为。对于政府而言，选派一定数量学生或学者到其他国家学习进修，就是一种人力资本的投资过程，是人力资源生存的重要途径。对于家庭和个人来说，出国留学和国内投资教育相比，接受国外教育可以提高受教育者的知识水平和素质水平，增加受教育者的未来预期收入、职业选择的机会和流动的适应能力。学生跨国或跨境接受教育投入成本较高，但获得的潜在收益也较大。"[3] 换言之，留学生的选择从根本上是一种投资行为，用短期的

① 曲恒昌：《WTO 与我国的留学低龄化》，《比较教育研究》2002 年第 12 期。
② 张凤林：《人力资本理论及其应用研究》，商务印书馆 2006 年版，第 182 页。
③ 方守江：《中国学生国际流动：驱动力及风险防范》，博士学位论文，华东师范大学，2010 年。

国外学习经历换取未来本人在就业机会、未来发展和素质提升等方面的益
处。"就个人生存而言，拥有国际经验并能够流利运用重要的全球通用语
言（尤其是英语）是极其有利和完全必要的，这一趋势既与个人的职业规
划休戚相关，也与国家的远大抱负密切联系。"①

　　一般来说，"留学是各种文化与意识形态相互渗透的过程，通过对另
一种文化的了解和比较，可以对自己的传统和文化有更深一层的认识，并
获得开阔的眼界，海外学习可以使学生充分体验多元文化的差异和乐趣，
提高外语语言应用能力，获得丰富的国际经验，许多人相信，要在未来
的就业市场有所成就必须具备国际经验与知识。"② 在日本学者金子元久
（Kaneko Motohisa）看来，近代以留学形式为中心的大学教育交流走过一
条不断演化之路——从最源头的以"国家派遣"型留学走向当前多元化留
学方式并存的发展现状。按照他的理解，目前所谓的第二代留学形式，主
要分为"通过个人负担，试图参与国际劳动市场以获得专业性学历资格为
目的的'个人负担、职业志向'型留学；以在外国拓宽视野和学习语言学
为目的，在本国大学学习过程中到外国短期留学的'短期留学'型留学，
还有运用远程通信技术实现的'虚拟型'留学，这些留学活动的主要目的
都是增强个人的技能和本领，从而在未来社会中展示出更强的竞争力。"
从总体上看，个体之所以选择去发达国家（留学生输入国）留学，主要是
为了获得更精深的专业知识、更优越的研究条件和更有利的职业发展，人
们通常认为留学能够帮助个人"获取新的知识和能力"，"提高外语水平"，
"熟悉新的教育方法、科学设备和实验机构"，"增加购买新的图书和软件
的机会"，"建立新的人际关系和专业网络"，"熟悉另外一个国家的机构
及其职能"，"促进个人发展并建立自信"。在各种主观与客观因素的推动
下，"出国留学实际上成为政府或个人家庭对他人或学生个体进行的人力

---

① ［英］皮特·斯科特：《高等教育全球化：理论与政策》，周倩、高耀丽译，北京大学出
版社 2009 年版，第 29 页。

② Sarah Pichert，Barbara Turkington，*Internationalizing the Undergraduate Curriculum*：*A
Handbook for Campus Leaders*，New York：American Council on Education，1992，p.37.

资本的投资，目的是为了获得某种效益（现在的或未来的），得到某种满足（货币与非货币的），这是一种以支付当前的投资成本来获取未来收益为目标的投资行为。"① 尽管留学给个人及其家庭在教育、经济和社会等方面带来的收益难以衡量，但这种人力资本上的提升成为推动留学生教育事业发展的重要因素。

（三）人力资本理论与个体留学选择

从人力资本理论的视角来认识和反思留学活动，能够发现许多极为重要的现实问题的真正答案，如留学活动的推动力问题。"只要潜在（但可预期）的流动收益高于流动所产生的成本，学生就会发生流动行为，决定流动收益的因素主要为来源国和目的地国之间的工资水平差异，但根本上还是两国间的经济发展水平，留学活动的出现为个体成功跨越不同国家间的经济鸿沟提供了可能性。"② 留学生在过去常常被视为一个没有差异的群体，目前这种传统观念正在慢慢被打破，越来越多的人认识到这一事实，即"个人的留学动机，个人对不同的大学组织和研究模式的反应，个人的健康和调节变量对留学生都很重要，他们不仅因属于不同国家而区别开来，而且身居不同群体之中，社会等级、种族、宗教及其他背景因素将对留学生产生影响。"③ 在经济全球化深入发展的时代，从投资和获益角度分析留学生教育是认识这一古老又新兴事业的重要维度，"学生及其家庭作为教育消费者，在承担更高教育成本的同时，也拥有更大的自主选择权，可以选择不同国家、不同地区、不同体制、不同类型、不同教育机构所提供的教育服务，以获取作为位置商品的各种学历和学位。"④

---

① 方守江：《中国学生国际流动：驱动力及风险防范》，博士学位论文，华东师范大学，2010 年。

② Richard Mchugh，James N.Morgan，"The Determinants of Interstate Student Migration：a Place-to-place Analysis"，*Economics of Education Review*，Vol. 3，No.4（March 1984），pp. 269-278.

③ ［美］阿特巴赫：《比较高等教育：知识、大学与发展》，人民教育出版社教育室译，人民教育出版社 2001 年版，第 212 页。

④ 李梅：《高等教育国际市场——中国学生的全球流动》，上海教育出版社 2008 年版，第 4 页。

按照人力资本理论的分析，个体及其家庭选择出国留学的目的不外乎以下两种：一是物质利益上的获益；二是精神消费上的冲动。从前者来说，人们之所以想要参与留学是因为他们预期可以通过留学这一途径增进自己的人力资本含量，从而在未来获得更高的收入与更好的生活水平。无数事实表明，个体进入高水平教育机构进行留学能够有效地增加收入与回报，"从一所著名大学所获得的文凭很可能增加学生未来的工资收入，也可能在现有工资水平上打开更多通向更好工作机会的大门。"① 换言之，人们把留学作为一种能产生较高回报的投资行为。从后者来说，人们进行留学活动不只是为了物质利益上的获益，还出于通过留学充实自身精神世界和提升生命层次，从而带来心理上和情感上的满足与愉悦，这意味着留学活动不只是一种单纯的投资行为，更是一种能够获得某种快乐的消费行为。从现实情况来看，对于不同类型的人以及不同种类的留学活动而言，这两种动机的强弱程度是大相径庭的。"一般来说，家庭的收入水平越低，文化底蕴越浅薄，其对留学教育需求的物质动机可能更强一些，反之则相反；而就同一类型的家庭和人们而言，对于专业教育和职业教育的需求与对于一般基础学科教育的需求相比，其物质动机往往更强一些。在人文科学中，对于实用性较强的经济管理、会计营销、金融贸易等等专业的需求与对于和个人天赋特长条件密切相关的音乐、体育、艺术等等专业的需求相比，其物质动机也表现得更为明显。"② 总体上看，家庭经济条件和个体出身状况会影响个体的留学选择，"学生家庭所处的社会阶层是影响其留学决策的重要因素，家庭经济条件较好、社会地位较高的学生更可能出国留学，并不为目的国的生活成本所担忧，从某种意义上讲，出国留学成了一种社会选择的过程。"③ 留学像其他投资活动一样，不同经济阶层的群体

① Dominic J. Brewer，Eric R. Eide，Ronald G. Ehrenberg，"Does It Pay to Attend an Elite Private College? Cross-Cohort Evidence on the Effects of College Type on Earnings"，*The Journal of Human Resources*，Vol. 34，No. 1（January 1999），pp. 104-123.

② 张凤林：《人力资本理论及其应用研究》，商务印书馆 2006 年版，第 179 页。

③ 王传毅、陈晨：《"一带一路"沿线国家学生来华读研的影响因素——基于宏观数据的分析》，《高校教育管理》2018 年第 3 期。

对同一事物的价值判断回应有着较为明显的差异。

三、教育服务贸易理论

与推拉理论和人力资本理论不同，尽管教育服务贸易理论在近些年成为解释留学生教育事务发展的重要理论，也对人们理解留学生教育极有启发，但这一理论并不成熟，或者说并没有形成一种逻辑自洽、结构紧密的理论体系。教育服务贸易理论的产生是以"新自由主义"思潮兴起为背景，这一思潮"引发了新的市场意识形态，它假定市场力量是实现机构类型、教育服务项目以及活动的多样性的较好途径，提倡经济理念而不是社会、文化的目标，相信自由市场和自由贸易可以带来更多元的途径来促进高等教育多样化，通过竞争能够产生新的教育供给者与资源，从而促进高等教育大众化。"① 新自由主义强调应减少政府干预、放弃福利国家，彻底拥抱自由而竞争的市场经济，在这一理论的刺激下，许多国家正在采取市场化、分权化和私有化的政策，从而迎来服务贸易的大发展，在众多因素的刺激下，教育已经不再是独立于市场交易的"象牙塔"，而是深入嵌套其中，并为世界贸易与经济发展格局所影响。教育服务贸易理论是一种相对来说较为新潮的学说，尽管通过学者的不懈努力，这一理论目前正在形成较为系统的结构与内容，但很少有代表性人物或流派有资格说真正完整阐述了这一理论，这是借用教育服务贸易理论来分析留学生教育时应注意的。

(一) 教育服务贸易理论兴起的现实背景

教育服务贸易缘起于世界发展中的全球化趋势，"全球化是跨越国家界限的资本、技术和信息的复杂整合，这种整合形成了日益相互依赖的世界市场，直接的影响是越来越多的国家和公司除了在全球经济中进行竞争外没有其他的选择，日益增多的国际贸易和越来越相互依赖的资本市场表

---

① 李梅：《高等教育国际市场——中国学生的全球流动》，上海教育出版社 2008 年版，第23 页。

明过去 20 年间，全球化的进程大大加速。"① 这是一个世界各地的联系日益紧密的趋势，也是众多领域和部门不断被卷入世界市场的过程，其内容极其复杂，"全球化有多种形式，当代主流形式的全球化是由发达国家所主导的，国际货币基金组织（International Monetary Fund，IMF）、世界银行（World Bank，WB）、世界贸易组织（World Trade Organization，简称 WTO）等主要国际组织与跨国公司共同推动的过程，它并不局限于经济方面，而是表现为一个多维的社会变革过程。"② 教育是深受全球化影响的一个领域，作为贸易的教育正在世界范围内蓬勃发展，"自 20 世纪八九十年代以来，全球性的教育国际化快速发展，其由北美、西欧及日本等国家和地区所主导，形成了所谓'输出国'格局，而新兴的中等收入国家和发展中国家则成为国际优势高等教育资源的'输入国'或'购买国'。"③ 教育服务贸易理论的出现充分体现出，教育在全球化与市场化的双重作用下，表现出来越来越明显的商品化特征的趋势。

实际上，学术人员的国际流动在教育领域出现已有数百年的历史，但直到 20 世纪 80 年代以后，国际社会意识到应制定一套符合多边贸易规则的国际贸易法则，从而以商业贸易的形式将教育规范下来，由此教育越来越成为一种可交易的商品。"一个国家对进口教育服务感兴趣，并对服务贸易总协定的市场准入作出了相应的承诺，其背后的原因有很多，其中最重要和最紧迫的原因是该国有限的国内供给能力难以满足国民对高等教育日益增长的需要，因此依靠国内或国际的私营教育提供者来满足这一无法满足的需求显得很有吸引力。"④ 另外，部分国家之所以从事教育贸易服

---

① ［美］戴维·查普曼、安·奥斯汀：《发展中国家的高等教育：环境变迁与大学的回应》，范怡红主译，北京大学出版社 2009 年版，第 22 页。

② ［加拿大］奈特：《激流中的高等教育：国际化变革与发展》，刘东风等译，北京大学出版社 2011 年版，第 1 页。

③ 江波、钟之阳、赵蓉：《面向未来的高等教育国际化发展》，《高校教育管理》2017 年第 4 期。

④ ［加拿大］奈特：《激流中的高等教育：国际化变革与发展》，刘东风等译，北京大学出版社 2011 年版，第 181 页。

务主要着眼于营造一个充满竞争性和选择性的教育环境，从而更新传统的管理模式和教学方法，从而改善本国教育系统。在知识经济时代，教育特别是高等教育作为培养知识生产者与传播者的活动，能够帮助不同国家建立一种政治、经济和科技领域中的联盟关系。对于教育出口一方而言，其重要的目的是获得经济利益和国际影响力，"出售教育服务和项目是收入来源多样化的重要方式，可以弥补日益减少的公共经费和支持，在那些有着稳定的出生率或生产能力过剩的国家，一个有吸引力的选择就是利用市场化出口过剩的教育服务，此外，发展战略性政治经济联盟的潜力对于输出国和输入国都非常看重，这样教育部门就成为其他服务部门国际贸易的一个渠道。"[1]

随着全球化的日趋深入，越来越多的国家已经意识到，仅靠自身力量已经无法实现人才的培养与教育的升级，教育场域的供需矛盾日渐加深，"一旦教育在一个国家境内出现供需失衡，就会在更广的范围内，在国际市场上寻求供需配置，教育消费者经过 WTO 贸易规则的供需配置后，共同形成教育产品的市场地位、声誉和质量。"[2] 在全球化时代，围绕教育的服务贸易越来越盛行，许多国家不得不投入到这一潮流之中，"为了适应世界各地留学生服务机构、无数个访问学者项目、语言训练及其他国际项目等的需要，留学行业已经发展起来，提供这些项目的大学和组织需要胜任的专业人员，就这个行业来说，获利很可能刺激了人们的行动。"[3] 2001 年 12 月，中国正式加入世界贸易组织，并且签署包括《服务贸易总协定》（*General Agreement on Trade in Services*，简称 GATS）在内的多款多边贸易协定。由于留学生教育作为教育服务贸易的一种重要内容而被纳入《服务贸易总协定》的框架体系之中，因此中国的留学生教育事

---

[1]　[加拿大] 奈特：《激流中的高等教育：国际化变革与发展》，刘东风等译，北京大学出版社 2011 年版，第 181 页。

[2]　李梅：《高等教育国际市场——中国学生的全球流动》，上海教育出版社 2008 年版，第 57 页。

[3]　[美] 阿特巴赫：《比较高等教育：知识、大学与发展》，人民教育出版社教育室译，人民教育出版社 2001 年版，第 216 页。

业面临着新的问题与挑战。

(二)教育服务贸易的内涵

教育服务贸易是指"国家与国家之间、地区与地区之间出于经济目的，在教育的一定领域，以特定的方式进行的教育服务的输入和输出，教育服务贸易理论主张消除各种教育服务贸易的壁垒，推进现代国际教育服务贸易的自由化；主张消费者有权选择优质的教育，享受优质的教育资源，通过教育服务跨境消费，从而形成全球教育服务贸易市场。"①简言之，凡是不同国家与不同地区之间围绕着经济利益而在教育领域内发生的买卖与交易行为都可以被视为教育服务贸易的现实表现，"教育服务贸易最初是由贸易部门使用的一个术语，主要用于那些商业性、营利性的跨境教育活动——虽然事实上不完全是这样。"②许多学说都对教育服务贸易理论有重要影响，也间接地支持了这一假说，其中的代表性说法包括高等教育本质上是一种商品，它可以在不同国家之间进行买卖；高等教育是一种私人收益的服务，它不应由公共为其付费。从总体上看，教育服务贸易的理论基石是：教育活动本质上是商品和服务的一种特殊形式，它遵循市场规律和交换规则，人们应该自由地在市场上选择最适合自己需要和能力的教育服务，教育领域的服务与贸易的自由化将有助于经济全球化的发展。

将教育视为服务贸易的一种形式，这种认识的出现历史较为短暂。传统上人们更习惯于把教育活动看成是社会公共事务之一，它应由代表公共利益的各级政府和社会团体所负担，教育事务的参与者都应是非营利性的，个体也不应以追求利益（特别是经济利益）的心态来对待和参与教育。从历史演化的视角来说，教育的服务贸易化是随着教育实践的发展而逐渐产生并完善起来的，其中《服务贸易总协定》的出台和推行起到关键性作用。《服务贸易总协定》是世界上第一个涵盖国际服务贸易的全球性的多边协议，由世界贸易组织制定和执行，该协定拥有具有法律约束力的

---

① 肖思汉：《中国小留学生父母教育观念研究》，硕士学位论文，华东师范大学，2010年。
② ［加拿大］奈特：《激流中的高等教育：国际化变革与发展》，刘东风等译，北京大学出版社2011年版，第4页。

一套规则所组成，其目的旨在进一步推进服务贸易自由，消除现有贸易中的各种障碍并确保增加贸易法规的透明度，这一协定已经推出了一套新的准则和原则来管理包括进口和出口的任何服务（其中包括教育），并制定了四种主要贸易方式的服务。①《服务贸易总协定》坚持的基本信念是服务与贸易领域的自由化与开放化将有助于世界经济的整体进步，并且有利于人类社会的健康发展，这一协定将鼓励并支持将自由市场的游戏规则运用到教育领域，将教育视为一种重要的进出口产业，同时在一定程度上忽视各国在文化和教育上的自主性以及社会经济发展水平上的差异性，"跨国公司、政策制定者、营利性的赞助者以及发达国家的商业操作者控制了将教育作为一种可交换的服务的讨论，而不是教育家、教师以及学生。"② 受《服务贸易总协定》的推动，市场力量开始成为影响教育供给的重要因素。由于服务贸易总协定是一个自愿性协议，因此协定签署国可以自行商定哪些部门适用于服务贸易总协定的规则，在这一协定出现以前，尽管教育领域同样存在着广泛的跨境联系，但这些联系并没有受到国际贸易规则的约束，并且也尚未被看成是商业贸易，服务贸易总协定的引入就像一针催化剂一样，它促使各国教育部门不得不去检视贸易规则对教育政策的影响程度以及当前的教育框架能否应对不断发展的跨境教育问题。

一般来说，教育服务贸易大体上可以分为四种主要类型：（1）跨境支付（cross-border supply），指的是供给方从一个 WTO 的成员国向另一个成员国内的消费者提供教育服务，比如远程教育和在线学习等；（2）境外消费（consumption abroad），指的是一个 WTO 成员国的供给方在本国境内向另一个国家的消费者提供教育服务，比如海外留学与境外培训等；（3）商业存在（commerce presence），指的是一个 WTO 成员国服务提供

---

① ［加拿大］奈特：《激流中的高等教育：国际化变革与发展》，刘东风等译，北京大学出版社 2011 年版，第 104 页。

② 李梅：《高等教育国际市场——中国学生的全球流动》，上海教育出版社 2008 年版，第 26 页。

者在另一个成员国境内通过设立法人或分支机构向该国消费者提供教育服务，比如海外分校与合作办学等；（4）自然人流动（presence of natural persons），指的是 WTO 成员国服务提供者到另一个成员国境内提供个体临时性服务，比如聘请外籍教师或接受国际访问学者等。从教育服务贸易的模式类型（详情见表 3–3）来看，留学生教育主要属于"境外消费"模式，它的特征是消费者流动到教育提供者所在国，通过消费等活动实现贸易交往，留学具有重要的经济价值，"关于留学，也有'宏观经济学'和'微观经济学'，较大的经济现实，如关于留学生的学费、开支、对大学的好处等政策已经得到了人们的广泛注意；世界上大多数留学生是自费的，留学生的生活费和学费将给接受国带来可观的经济收益。"① 留学生的付费学习及其生活消费能够增加不同国家间的贸易往来，客观上助推了经济的全球化趋势。

表 3–3　高等教育服务贸易的四种模式

模式名称	特点	代表	流动形式
跨境支付	服务涉及跨境，交易双方无须跨境	网络教学；远程教育；虚拟教育	项目跨境流动
境外消费	个人跨境消费	出国留学	人员流动
商业存在	服务提供者到消费者所在地建立机构提供服务	海外分校；联合办学；特许项目	机构流动
自然人流动	服务提供者到消费者所在地提供服务	教师或培训人员到国外提供服务	人员流动

资料来源：OECD, *Internationalisation and Trade in Higher Education：Opportunities and Challenges*, Paris：Centre for Educational Research, 2004, p.35.

按照教育服务贸易理论的观点，"市场机制通过教育作为位置商品的价值体现、等价交换与供需配置，在跨境教育中起着基础性的作用，接

———

① ［美］阿特巴赫：《比较高等教育：知识、大学与发展》，人民教育出版社教育室译，人民教育出版社 2001 年版，第 211 页。

收国、派出国、国际机构制定的法规与政策框架，成为教育供需双方在市场环境中发挥主体作用的制度环境和组织保障。"[1] 美国国际销售协会（American Marketing Association，简称 AMA）将国际销售看成是涉及创意、商品及服务的跨国计划、执行、定价、推广及分配，并透过交换过程满足个人与组织目标的行为。[2] 国际销售的物品主要包括"商品"和"服务"两种，无论是谁，想要实现销售目标就必须对所涉及国家的政治环境、经济制度、法律条文、文化背景和金融体系有深刻的调查和理解，从而依据各种现实条件来制定相应策略，从而达成国际销售的目标。留学生教育活动在某种程度上同样可以被视为将"教育"作为一种"商品"或"服务"来销售给外国学生，因此，其在本性上与国际销售活动存在相似性，作为销售物品的"留学生教育"具有以下四个特性：无形性（intangibility）、不可分割性（inseparability）、异质性（heterogeneity）和易逝性（perishability），在进行策略规划时，必须对本身和竞争者的情况以及市场需求进行了解。按照教育服务贸易理论的描述，留学生教育的输入国与输出国之间存在着巨大的认知差异，"对于教育输出国及其机构而言，国际教育是一个潜力巨大的服务贸易产业，要想在激烈的国际竞争中取胜，机构需要制定市场战略，包括确定自己的比较优势与资源条件，进行市场定位与细分，锁定和分析自己的目标市场与人群，确定竞争对手；对于国际教育消费者而言，国际教育是一种位置商品，学生和家长往往将教育与海外学历、学位视为今后能够给自己带来经济收益、社会地位和在就业市场上的竞争优势的位置商品。"[3]

从现实发展来看，教育服务贸易的确已经成为一股势力强大的潮流，各国尽管在具体政策上存在差异，但大多注意到发展教育的对外贸易功

---

① 李梅：《高等教育国际市场——中国学生的全球流动》，上海教育出版社 2008 年版，第 4 页。

② John J. Shaw，*International Marketing：Analysis and Strategy*（*Fourth edition*），New York：Routledge，2004，p.3.

③ 李梅：《高等教育国际市场——中国学生的全球流动》，上海教育出版社 2008 年版，第 60 页。

能。"教育是目前服务贸易协定中 12 个服务部门之一，这一事实有力证明
了教育项目与服务的进出口是潜在获利的贸易领域，新的国际和地区贸易
协定规定了一些旨在减少贸易壁垒的规则，试图增加国际跨境教育的商
业贸易成分。"[1] "自 1995 年以来，WTO 所倡导的教育贸易自由化把高等
教育与其他第三级教育纳入全球贸易框架，为跨国教育的发展提供了国际
性的制度保障，在该框架指导下，教育领域逐步开展了远程学习革新、学
生的国际化流动、学术的流动以及在海外异地设立分校等教育服务贸易活
动。"[2] 正如所预料的一样，在服务贸易总协定将所有国家带入高等教育的
全球市场框架中的同时，它也有可能剥夺了某些国家的教育自主权，"自
由贸易规则向教育领域延伸将促使一些国家开放国内市场，向那些签署了
服务贸易总协定的国家的考试服务公司、远程教育提供者和其他组织开
放，而要对这些国外机构进行规制和管理则十分困难。"[3] 从总体上看，全
球范围内的教育跨境贸易已经在以多种形式展开，作为国外教育产品和服
务的主要接受方，发展中国家所感受到的服务贸易总协定的冲击最为直接
和强烈。

（三）反思作为服务贸易的教育

将教育视为一项服务贸易目前已经得到越来愈多的人的认可，它不
仅在理论层面对人们理解留学生教育有所启发，同时在实际生活中产生了
难以预估的影响。在这一理论的指引下，那些有志于出国学习的学生在进
行选择海外留学目的地国选择时渐渐地会以"消费者"或"投资者"的心
态考虑"消费价值"（即"性价比"）或"投资回报率"问题，以最终作出
就读目的地国、院校、课程选择的决定。[4] 为了服务或者满足这些需求，
少数留学发达国家主动调整本国留学生教育政策，将留学生教育与服务贸

[1]　[加拿大] 奈特：《激流中的高等教育：国际化变革与发展》，刘东风等译，北京大学出
　　版社 2011 年版，第 104 页。

[2]　杨启光：《教育国际化进程与发展模式》，社会科学文献出版社 2011 年版，第 172 页。

[3]　[美] 阿特巴赫：《高等教育变革的国际趋势》，蒋凯主译，北京大学出版社 2009 年版，
　　第 38 页。

[4]　岳芸：《国际学生流动动因的理论解释：一个综述》，《外国教育研究》2017 年第 2 期。

易相整合，以服务业和商业的逻辑来对待留学生教育问题，最终引起留学生教育在性质上和内容上的改革。

根据教育服务贸易理论的设想，"留学教育最明显和最直接的受益者是学生，除留学生本身外，也存在其他受益群体。留学者个人并没有占有其所受留学教育的全部收益，相反整个社会因他所受的留学教育而受益，而且社会上的其他人获得的（社会）收益要远远超过他个人获得的利益（私人收益）。所以，重要的是应该看到留学教育不仅使留学生个人获益，而且使整个社会普遍受益。此外，还有从留学教育中受益的第三个重要的群体：从事教学行政管理和提供服务的人们。所以留学教育政策对留学生个人、教育组织及其任职人员、整个社会有着极为不同的影响。"① 因此，在许多国家里，政府实际上是教育市场化的主要推手和最大动力源，"政府并不认为（留学）是人才外流，而是一种有利的出口形式——有时这种出口正是在政府与政府间谈判的基础上进行的——由此赚得了大量价值很高的硬通货，同时缓解了由于国内政治上的变化无常而造成的受教育者的失业问题。"② 当今世界中的许多留学发达国家都在努力协助本国公司，在全球扩展自身利益，从而加剧了全球教育的不公平程度。阿特巴赫曾将当今世界上的高等教育国际市场看成是一种变相的"新新殖民主义"（new neocolonialism），这是指高等教育部门已经完全受制于利益和市场驱动，而跨国公司、媒体集团和少数处于领导地位的大学则都是一些新新殖民者（new neocolonialist），对许多国家来说，招收留学生，无论是直接的还是间接的，都被视为一种赢利的途径，许多国家向留学生收取高额费用。在有些国家，留学生群体拿着微薄的报酬，却为这些国家提供大量所需要的研究和教学服务。③

国际化领域的专家简·奈特（Jane Knight）认为"国际化为高等教育

---

① 田玲：《留学教育效果评估理论框架的探讨》，《清华大学教育研究》2002年第2期。
② ［美］库姆斯：《世界教育危机》，赵宝恒等译，人民教育出版社2000年版，第9页。
③ ［美］阿特巴赫：《高等教育变革的国际趋势》，蒋凯主译，北京大学出版社2009年版，第26页。

带来了许多新的机会，包括增加接受高等教育机会、建立国家和区域之间
的战略联盟、生产和交换新知识、毕业生和专业人员的流动、人力资源和
院校的能力建设、创收、提高学术质量和增进相互了解等。"① 学生的跨境
留学成为国际化的重要组成部分，其作用也正逐渐受到人们的认可。"无
论是 WTO 以协议条款的形式把教育服务列入服务贸易范畴，还是经合组
织以跨境教育提供的概念来消弭争议，在世界范围内国际学生教育的经济
属性基本得到了确认。"② 留学生教育作为教育服务贸易和教育国际化的一
种重要形式，也因各国政府的推动而赢得发展良机，"留学服务是重要的
教育服务贸易方式，也是今后高等教育政策领域中必须加以重视的服务领
域，随着中国对外国的开放，教育领域中的服务贸易功能会日趋突出。"③
然而，包括留学生教育在内的教育服务贸易的发展也给主权国家间的国际
关系带来冲击，"大部分国家总是会将国家主权的重要性凌驾于教育之上，
教育与国家历史、语言、文化特性、民族经济发展以及社会融合紧密相
连，教育被看成国家政策制定的内在领域。"④ 以教育国际化为代表的教育
贸易目前已经成了一门重要的"产业"，"在一些国家，留学生本身成了大
学收入的一项重要来源，它们为大学提供了收入，填补了一些生源短缺的
系或大学的位置，提供科研以及教学的廉价劳动力。"⑤ 近年来，我国政府
基于各种考量也在大力推动来华留学生教育工作，经济收益同样是我国政
府推动来华留学生教育的着眼点之一，"自从 WTO 把教育服务列入贸易
范畴以后，即在世界范围内确认了留学生教育的经济属性，为留学生招生

---

① ［加拿大］奈特：《激流中的高等教育：国际化变革与发展》，刘东风等译，北京大学出
版社 2011 年版，第 113 页。
② 高立平：《来华留学教育发展的现状及未来发展路径》，《中国成人教育》2010 年第
21 期。
③ 覃壮才：《面向东盟的来华留学教育政策路径选择》，《比较教育研究》2006 年第 9 期。
④ 李梅：《高等教育国际市场——中国学生的全球流动》，上海教育出版社 2008 年版，第
26 页。
⑤ ［美］阿特巴赫：《比较高等教育：知识、大学与发展》，人民教育出版社教育室译，人
民教育出版社 2001 年版，第 4 页。

的市场运作方式确立了合法性与合理性的依据。既然是一种服务贸易，就应该接受其属性并学会市场规则中的运作方式。"①　接收留学生能为我国带来丰厚的经济收益，但随着来华留学生教育事业的发展，我国与其他国家间围绕着教育贸易活动所产生的摩擦和分歧也在加剧，如何利用本国留学生教育优势，尽可能借助国际教育服务贸易的平台来平稳健康地发展来华留学生教育，将是我国未来留学生教育工作值得研究的问题。

很难对教育服务贸易的开展作出一种善恶或是好坏的价值判断，因为这一领域涉及的因素极为复杂，同时各国的具体情况和问题差异显著，教育服务贸易面临的情况就像全球化本身一样，充满着不确定性，"由于各国的意识形态、政治力量、国家投入的差异，这个全球化并不是一个同质化的过程，而是一个充满差异甚至紧张感的过程，它的一个最为突出的问题是产生了一种新的社会分化，新的全球网络的逻辑同时具有'吸纳'与'排斥'这两个方面，这种逻辑吸纳、整合一切对这个网络有价值的东西，而拒绝、摆脱一切对它没有价值或贬值的东西，而吸纳或排斥的标准则是依据全球网络体系中处于支配地位的资本、信息和权力。"②　尽管教育服务贸易在不断增长，但教育领域仍然是 WTO 成员国之间承诺较少的领域，这或许是由于各国政府都希望在追求国内教育优先发展和教育对外服务贸易持续扩张之间保持某种协调性和平衡感。总体上看，各个国家对于发展教育服务贸易大多持审慎态度，多数国家强调应对此时刻保持警惕，这样能确保教育贸易增长不会削弱国家对高等教育转型付出的努力。

奈特善意地提醒人们："21 世纪以来，贸易协定明确规定教育科研作为一个可营利的贸易部门，我们要进一步认识贸易自由化可能给高等教育，特别是跨国流动的学生、研究人员、教授以及教育项目和院校、教育

---

① 郭玉贵：《从对美国来华留学生教育分析探索教育国际化的创新机制》，《世界教育信息》2012 年第 7 期。
② ［美］曼纽尔·卡斯特：《比较视野中的全球化与社会变迁》，载俞立中主编《智慧的圣坛》，华东师范大学出版社 2008 年版，第 215 页。

提供者带来的新机遇和潜在的风险。"① 不平等是留学贸易上不可避免的一部分，"实际上，对于留学对第三世界国家所产生的影响，对于留学的直接与长期的花费，对于留学对当地经济的影响等，人们是一无所知的，在一些国家，出国学习的学生比在国内学习的人还要多，这与一大群学生相关的经济因素也是相当重要的，留学微观经济学对于第三世界的个人及其家庭也都有影响。"② 总体上看，与世界上其他类型的服务贸易一样，留学生教育同样身处一个经济、政治和科技不平等的时代背景里，从服务贸易角度而言，留学生教育尽管是一种寻求共赢的活动，但总会有一方处于主导性地位，而这种地位导致了双方交易的非公正性。

留学生教育的兴起是教育在全球化时代实现自身改革与突破已有困境的现实缩影。传统上，出国留学是大学阶段所特有的现象，"大学同时在好几种不同背景发挥作用，它们根植于各自的文化传统之中并受到国际联系的影响，同样，它们也是国际知识系统的组成部分，大学面向世界，同时又要立足国内，这是一个实质性的问题。"③ 然而随着社会进步和教育发展，当今世界的留学生教育活动已经不局限于高等教育阶段，而是突破诸多限制，成为一种跨年龄、跨学段、跨学科的总体趋势。留学生教育活动在实践中的"革命"逼迫留学生教育理论要紧跟时代步伐，从而发挥其解释与指向的作用，正是在这一背景下，以"推拉理论""人力资本理论"和"教育服贸理论"为代表的众多留学生教育理论应运而生。从总体上看，当前众多的留学生教育理论对于人们认识和理解留学生教育的发生机理和运行逻辑发挥了积极性作用，推拉理论、人力资本理论和教育服务贸易理论均对留学生教育的理论建构提供了有益启发，也为我们深入理解留学生教育实践提供了可供参考的解释框架，它们基本上能够实现理论对实

---

① ［加拿大］奈特：《激流中的高等教育：国际化变革与发展》，刘东风等译，北京大学出版社 2011 年版，第 2 页。

② ［美］阿特巴赫：《比较高等教育：知识、大学与发展》，人民教育出版社教育室译，人民教育出版社 2001 年版，第 211 页。

③ ［美］阿特巴赫：《比较高等教育：知识、大学与发展》，人民教育出版社教育室译，人民教育出版社 2001 年版，第 26 页。

践的解释作用。但如果我们以更高的理论标准来审视现有的这些留学生教育理论，则需要对其价值和作用进行重估与反思。实际上，当前的留学生教育理论尽管从不同的视角解释了留学生教育现象的某一侧面，然而，相较于轰轰烈烈与蓬勃发展的留学生教育活动来说，上述理论总有难以令人满意的缺陷之处。

首先，上述理论大多将留学生群体看成是单一整体来考察，忽视了留学生群体内部的异质性。以相对比较成熟的高等教育阶段的留学生教育活动为例，这一阶段的教育存在的历史最长，人员以成年人群体为主，但其内部仍存在极大差异，"由于本科教育与研究生教育在目标、功能以及就业态势上存在着较大区别，影响学生出国接受本科教育和接受研究生教育的因素可能有所不同。"[1] 相较于高等教育阶段的留学活动而言，影响低龄学生出国留学的因素更加复杂，这些因素之间的差异很难被化约。

其次，影响留学生作出选择的因素往往是微观因素与宏观因素的结合，上述理论则普遍关注某一方面而难以进行全面分析。以推拉理论为例，学者在应用这一理论解释留学活动时，往往只关注输出国的推力因素和输入国的拉力因素，忽视了输出国的拉力因素和输入国的推力因素。即使将双向的推拉因素都考虑在内，这种思考也只是涉及影响留学生教育的外在因素。对于教育服务贸易理论来说，这种理论更多地关注宏观层面，往往导致对微观层面的各个机构和个体行为选择的考量不足。

再次，留学生教育本身存在着巨大的不确定性，试图对这一事物进行理论分析和解释注定会面临着一个理论不断修正的挑战，而上述理论则普遍缺乏一种理论修正机制与能力。留学活动不是单纯的教育活动，它是一个凝合政治、经济、文化、科技甚至军事等因素的综合产物，这就使得留学生教育理论在探讨相关问题时始终面临一种困境，即我们要讨论的是何种背景下的留学生教育。对于处于和平时代的留学生教育来说，经济状

---

[1]　王传毅、陈晨：《"一带一路"沿线国家学生来华读研的影响因素——基于宏观数据的分析》，《高校教育管理》2018 年第 3 期。

况和学术追求或许是决定个体留学选择的重要因素，而在动荡年代，政治关系与军事考虑就有可能成为决定留学生教育存亡的关键力量。所有的留学生教育理论几乎仍停留在描述和解释层面，尚缺乏对留学活动本质的探讨。

无论从何种维度来看，以留学生教育为代表的国际化都已经成为当今世界高等教育发展的重要趋势。加拿大学者简·奈特（Jane knight）认为："国际化是塑造高等教育并使其能够应对 21 世纪挑战的主要力量之一，也是 21 世纪全球环境复杂性、多样性和差异性的产物，高等教育国际化是一个不断发展的过程，并且已经成为全球化时代高等教育发生深刻巨变的推动者与回应者。"① 尽管存在着解释上的矛盾与争论，但无可否认的是，留学生教育已经并且还将对中国教育产生重要影响。

第三节　来华留学生教育的理论构建

当前中国正进入一个社会转型与经济转轨的新时期，在这一变动不居的时代，机遇与挑战共生，无论是想把握机遇，还是要应付挑战，国家都需要人才特别是高素质的国际化人才的参与。为此，我们必须积极参与国际人才竞争，吸引、保持和利用更多的国内外高层次人才，只有做好人才工作，我们才会有足够的信心去参与国际竞争。经济全球化所助推的教育国际化正深刻改变着我们的教育现实，"教育国际化的最主要的内容和表现形式之一就是留学。留学，对留学者来说，是人力资本增值的最有效途径；对流入国来说，是积累高级人才，建立高级人才储备库，有效实施人才国际配置和优化的最有效手段和途径。"② 长期以来，我们在一定程度上轻视甚至忽视了来华留学生教育工作的重要意义，将主要精力长期投放到国内人才队伍建设方面，应当说，这种取向对于我国这样一个长期处于

① ［加拿大］奈特：《激流中的高等教育：国际化变革与发展》，刘东风等译，北京大学出版社 2011 年版，第 1 页。
② 曲恒昌：《WTO 与我国的留学低龄化》，《比较教育研究》2002 年第 12 期。

发展中国家阶段的后发国家曾经是必要甚至是唯一的选择。然而，当我国的经济发展已经取得明显进步，国际竞争力和国际地位得到明显提升的时候，这样的一种发展趋向就显得格局不足，我们应当有信心参与世界人才资源的争夺，搜寻更多能够满足我国未来发展需要的国际化人才。值得指出的是，国际人才的招揽和聘用绝非一朝一夕之事，这是一项系统工程，需要各方面各部门、各行业与各领域的相互配合，从某种方面来说，来华留学生教育事业就是这项工程的一项"子项目"，也是我们在可预计的时间范围内能够通过努力所实现的项目。总体上看，想要进一步完成来华留学生教育的国家目标，让来华留学生教育事业真正服务于国家的宏观战略和国家利益，就必须在理论层面达成社会共识，从而使得各个部分形成合力，共同致力于来华留学生教育事业的发展。

一、开放包容是推进来华留学生教育事业发展的理念基础

留学生教育事业是一个国家文明开放的标志，也是一个社会友好包容的重要衡量维度。联合国教科文组织认为，"留学问题是相互关联的经济、社会及政治因素所引起的更大范围的地区和国际流动的一部分，也是世界上许多地方的经济、社会和整治情况的反映。"[①] 相对于普通教育来说，留学生教育对于一个国家的教育开放程度的要求更高，这就要求我们在推进留学生教育事业发展时应始终坚持开放包容的理念，打破头脑中固定僵化的教育模式，通过借鉴他国的留学生教育经验，实现国际教育优秀经验的共享与共用。

留学生教育的发展不只是关涉政府的行为，也是社会众多力量共同促进的结果。"在这个全球化的时代，长期以来作为政治聚焦核心的国家，如今却被公认为只是众多行为主体之一，其他行为主体包括非政府组织、跨国公司、地区和全球贸易组织、国际救援组织以及跨国性的妇女政治

---

① 赵中建：《全球教育发展的研究热点：90 年代来自联合国教科文组织的报告》(第 2 版)，教育科学出版社 2003 年版，第 129 页。

运动和环境保护组织等。"① 长期以来，我国的来华留学生教育作为外交和政治活动的延伸，很难享有自身发展的独立性。实践证明，这样一种封闭保守的发展路径已经远远不能满足我国新时期对国际性人才的需求，甚至可以说，来华留学生教育相对于轰轰烈烈的国内教育改革来说都是比较沉寂的一片领域，这与我国所致力成为世界性大国的战略目标是相违背的。

面向未来，我们应树立开放包容的心态来审视来华留学生教育工作，"来华留学政策的调整应该突破已有思维模式，摆脱内在政策的路径依赖，在实现表层目的前提下更关注深层目的。比如在招收留学生时既要注重国际友谊与合作交流，又要大力推进留学教育产业化和文化输出；既要重视政治效应，又要获得经济利益。"② 具体来说，一方面将留学生教育的教育性本质予以凸显；另一方面，我们应秉持改革开放的心态对来华留学生教育的现行体制进行重新设计，谨慎借鉴世界主要留学目的地国的措施和策略，将来华留学生教育办成一面展示我国教育成就与国民开放友好姿态的"镜子"。"国际交流与合作的重要内容是不仅把国外的文化引入本国，同时也要把本国的优秀文化成果推广到国外，让外国人认识、理解、尊重进而吸收本国优秀成果。"③ 值得指出的是，在现有条件下，我们应适当允许在来华留学生教育体制方面进行深度改革，同时也要有面对改革所导致的难以预料的失误的准备，在世界留学生教育市场的格局长期被少数西方国家所笼罩的前提下，我们既要学会利用自身优势，积极通过国家力量来展示和宣传自身优势，也应积极有为，向世界宣扬我们开放的态度与包容的理念。

---

① ［美］鲍尔等：《剑桥二十世纪政治思想史》，任军锋、徐卫翔等译，商务印书馆 2016 年版，第 6 页。

② 谭敏达：《来华留学教育政策的路径依赖与变革》，《当代教育科学》2016 年第 5 期。

③ 詹春燕：《高等教育国际化策略——英国经验及其启示》，《湖北社会科学》2008 年第 4 期。

二、竞争与合作并存是发展来华留学生教育的指导原则

在经济全球化和信息网络化的时代，几乎所有事物都已经通过各种途径与世界上的其他地方所联系，世界上已经不存在完整意义上的未开垦的"处女地"；换言之，无论是我们想要扩大来华留学生教育的规模，还是要增强我国教育的对外辐射力，都必须面临残酷的国际竞争。面向未来，我国无疑需要与以美、英等国为代表的留学生教育发达国家进行留学生资源的争夺，这已经成为我国迈向留学生教育强国所难以避免的现实挑战。为此，我们必须树立勇于竞争的参与心态，同时在竞争中寻找与各种力量合作的机会，以竞争与合作的双重手段为来华留学生教育的发展赢得空间。

竞争与合作并存已经成为未来留学生教育发展的主导趋势，也是我国发展来华留学生教育的指导原则。"人口流动、知识经济和服务贸易增长等因素促使民族国家纷纷通过国际教育活动来培养和聘用高质量的人才与脑力劳动者，为了增强科技和经济竞争优势，一国从外国聘用最聪明学生和最优秀学者的压力与兴趣同时增加。"[①] 各国围绕留学生所展开的激烈竞争正在日益增强，然而这一情形并不代表着相互竞争的力量间不存在合作的可能性，相反，由于某些现实因素的影响和制约，相互竞争的国家在一定程度上必须通过合作才能实现各自的目标。尽管美国作为世界上吸引留学生最多的国家并且在短期内仍将保持其强劲的吸引留学生的能力，因此它是我国未来开展来华留学生教育时的主要竞争对手，但这并不是说中国和美国之间不存在合作的基础。事实上，纵观美国 20 世纪 50 年代以来在留学生教育方面的主要措施，能够清晰地发现：美国政府一直致力于推动本国学生出国留学，并且努力为学生出国留学制定各种优惠政策。在这种情况下，我们可以积极与美国政府和高校合作，通过出台配套措施吸引美国学生来华留学（如"美国十万强计划"等）。正如郭玉贵所言，"如果

[①] [加拿大] 奈特：《激流中的高等教育：国际化变革与发展》，刘东风等译，北京大学出版社 2011 年版，第 31 页。

可以吸引更多美国学生来华留学并攻读学位，将对其他国家的学生来华留学起到引领和示范效应，也更容易达到使来华留学人员生源国别和层次类别更加均衡合理的要求。从国际关系的深层次和国家发展的长远角度来考虑，如能吸引更多美国学生来华留学攻读学位，将对中国的政治、文化、社会、经济、教育等领域的国家利益产生效益。"①换言之，如果我们能够因势利导地利用其他国家的留学生教育措施，是能够在很多层面与其进行深入合作，通过不断开辟新的留学生教育增长点为来华留学生教育提供更多的发展资源和成长机会。

从根本上说，来华留学生教育与我国经济发展存在着内在关联，中国经济面的持续向好是吸引外国学生来华留学的最根本动力。我们应积极增强本身在留学生教育市场上的竞争力，在做好我国高等教育体系与来华留学生教育配套政策建设的基础上，可以一方面参与激烈的国际留学生教育市场竞争，另一方面要和其他国家开展留学生教育领域内的合作，在竞争中求生存，在合作中求双赢，这应是未来我国来华留学生教育的指导原则。

三、加强制度建设是来华留学生教育发展的根本保障

教育机构特别是普通高校是承担来华留学生教育工作的具体单位，也是关系到来华留学生教育工作能否顺利实现目标的重要力量。长期以来，受制于政府主导的管理模式，我国高校在对待留学生招收与服务工作时多有顾虑，很难积极地处理留学生教育事务。事实上可以说，僵硬固化的传统来华留学生教育机制已经成为阻碍新时代中国来华教育发展的藩篱，想要在理论上和现实中切实推进来华留学工作，就必须打破制度陈规的理念，不断以新思想、新观念和新思维来指导来华留学生教育制度建设。

---

① 郭玉贵：《从对美国来华留学生教育分析探索教育国际化的创新机制》，《世界教育信息》2012 年第 7 期。

值得指出的是，除了一些高水平大学以外，大多数高校在留学生教育工作上的消极态度在很大程度上是由于目前的管理制度所决定的。要激发高校对来华留学生教育工作的积极性，"必须改革高校管理体制，明确高校的职能定位，政府应退出对高校的微观管理，高校则要尽快建立法人治理结构。"① 从历史发展的视角来说，我国在来华留学生教育工作的思想认识、体制机制和运行管理方面均面临一些问题，因此有必要总结经验教训，完善政策措施，通过制度建设进一步规范留学生的管理与服务工作。长期以来，我国的来华留学生教育事业缺乏宏观制度层面的顶层设计，在具体规范上多是以出台临时性措施予以应对，这种处置模式已经产生许多弊端，使得无论是来华留学生教育的国内参与者，如高校、地方政府和社会团体，还是来华留学生教育的国外相关者，如潜在的留学生群体和流出国政府等都很难得到一种稳定而持久的预期心理，后者则会对留学生教育事业产生极为重大的影响。高立平认为："从政治的角度把招收国际学生作为国家战略，已经是各国政府的普遍共识。我们要积极主动地制定来华留学发展战略和有效的战略执行策略，做好来华留学教育的发展规划和结构设计，进一步理清政府、大学、社会机构的角色，分层运作，来华留学教育的发展，要从政治、文化的层面以国家战略的高度来认识，要从经济、市场运作的层面以有效的策略来实施。"② 无论是来华留学生教育的观念设计，还是路径探析，最重要的是将这些学理性分析变成实践探索，换言之，来华留学生教育事业发展的关键步骤是建立起完善的制度与机制。

来华留学生教育制度建设的前提是相关法律法规的建立，从这一角度来说，我国来华留学生教育的前期工作存有疏漏。杨既福等人认为，"除了《教育法》和《高等教育法》简单提及了来华留学教育外，《高等学校接受外国留学生管理规定》是当前我国针对来华留学教育效力层次最高的规范性文件，但《高等学校接受外国留学生管理规定》大部分为原则性

---

① 柳学智：《中美留学制度比较》，党建读物出版社 2016 年版，第 322 页。
② 高立平：《来华留学教育发展的现状及未来发展路径》，《中国成人教育》2010 年第 21 期。

规定，制度供给严重不足。《留学中国计划》提出要加强制度建设和政策保障，但是六年来，部门规章以上层次的规范性文件寥寥无几。因此，行政主管部门应着力加强配套制度建设，以《高等学校接受外国留学生管理规定》为统领，尽快建立健全来华留学教育参与主体、学历认证、国际推广、质量保障等有关配套制度和机制。"① 我们认为，有关来华留学生教育制度体系的建立是一个长期过程，它必须扎根于整个国家对于来华留学生教育的功能定位之上，同时也必须考虑国内外留学生教育市场的实际发展状况，最后还要通过国家立法的形式予以确认。从这一方面说，尽管近些年来我国已经出台了有关来华留学生教育的相关管理条例，但这些条例多是政府法令法规形式，还没有上升到法律层面，更没有形成稳健高效的制度机制。事实上，所有的制度设计，其背后必须有坚实合法性的支撑，而在现代社会中，合法性的重要来源就是国家立法，从这一方面来说，围绕着来华留学生教育的立法活动或许应该及早地提上日程，以便为成熟的来华留学生教育制度的形成提供前提基础。

总体上看，学界对留学活动在理论层面的探索相较于实践来说仍然难言丰富，理论是灰色而暗淡的，而实践之树常青，这种理论与实践之间的复杂关系绝不仅是由于理论工作者的粗心或是不用心，而是由留学生教育活动本身的复杂性所导致的，这样一种涉及亿万个体（及其家庭）、暗含无数相关因素的活动要想通过简单的理论层面的概括与总结予以解释无疑是极为困难的。对于任何一种留学生教育理论而言，几乎都是在一种艰难的现实基础上企图通过梳理与分析既有材料去把握这种复杂事物的某一个层面或是维度，假如我们能够达成这一目标，便是为留学生教育理论大厦的建构作出了一份微小贡献。

---

① 杨既福：《我国来华留学教育制度溯源、反思与进路》，《中国成人教育》2016 年第 24 期。

第四章　来华留学生教育政策的国际经验

　　国际学生流动已经持续数百年，但早期主要体现为一种自发的、零散的、局限的或带有殖民特征的教育交流活动。在人类社会进入 21 世纪之后，留学生教育经过数百年的衍变以及近 30 年的市场化变革和迅猛发展，在全球化的大浪潮下，迅速成为一种世界性的潮流和趋势。在当今教育国际化迅猛发展的大背景下，世界各国，无论是发达国家、新兴工业化国家抑或是发展中国家，均重点关注留学生教育政策的颁布与实施。其中，美国、英国、澳大利亚、加拿大、德国、法国、日本、俄罗斯等发达国家，以及韩国、新加坡等新兴工业化国家，均将留学生教育，特别是对留学生的招揽，作为具有国家战略意义的重大决策，以在国际留学生教育市场竞争中占据优势地位。本章重点阐述世界主要留学目的地国留学生教育政策的历史演进，分析其吸引留学生的现行政策及其成效，并深入探究世界主要留学目的地国留学生教育政策的基本经验、面临挑战以及趋势展望。在国际留学生教育市场竞争白热化的当下，反思世界主要留学目的地国留学生教育政策的历史、现状和前瞻，有助于我国认清当前留学生教育的局势，在教育国际化的浪潮中博采众长、激流勇进。因此，本章重点关注东道国吸引留学生的政策，而非各国派遣留学生的相关政策或举措。

第一节 世界留学生教育政策的历史演进

随着世界政治和经济格局的不断变化，留学生教育的动因、模式、规模等经历了不同阶段的变迁与发展，其政策重点也随之不断演变。留学生教育由一种单纯的学术及人文交流活动，发展为世界主要发达国家扩大其文化、政治、经济影响力的重要手段。特别是第二次世界大战结束之后，美国、英国、澳大利亚、加拿大、法国、德国、俄罗斯、日本、韩国、新加坡等纷纷制定了一系列政策扩大留学生教育的规模，以提升自身全球影响力和获取巨大的经济效益。

从历史和全球视野看，世界留学生教育政策的演进大致可以分为五个阶段：(1) 萌芽时期（中世纪时期），学生流动自中世纪欧洲大学建立之际就已经出现，国际化是大学与生俱来的鲜明特征；(2) 形成时期（殖民地时期——二战前），西方资本主义国家借助留学生教育加强对殖民地国家和其他国家的统治，但此时的留学生教育政策仍处于初创发展阶段；(3) 发展时期（二战后——20 世纪 70 年代末），这一时期欧洲国家出于援助的目的开始招收大量的前殖民地国家或发展中国家的学生，政治取向成为留学生教育政策的主要价值导向；(4) 成熟时期（20 世纪 80 年代——20 世纪末），这一时期区域内部乃至全球范围的学生流动更加频繁，留学生教育政策的价值导向开始从政治取向转向市场取向；(5) 提升时期（21 世纪以来），这一时期全球留学生规模空前壮大，各国纷纷采取一系列规范化、专业化的政策举措大力发展留学生教育。

一、中世纪时期：学术取向的留学生教育政策

大学自中世纪在欧洲产生时，就是一个具有行会性质的由学者组成的社团，享有高度的自治权和学术自由。同时，中世纪大学是具有国际性的学者社团，来自世界各国（当时主要是欧洲各国）的学生和教师聚集在

这里共同探索学问、追求真理，[①] 学生和学者的国际流动频繁，并形成了巴黎大学、波隆那大学和牛津大学等极为著名的学术中心。例如，意大利的波隆那大学，就是由于当时最知名的罗马法学者伊尔内留斯（Irnerius）在波隆那讲学，吸引了大批来自欧洲各国的游学青年而形成。法国的巴黎，由于著名学者阿尔拉尔的声望，12 世纪初成为欧洲重要的学术中心，大批青年从欧洲各国慕名而来，据说最鼎盛时有 5000 多人听他讲课。与阿尔拉尔观点不同的学者也在这里安营扎寨，公开与他辩论。巴黎大学就是在这样的环境中应运而生。[②] 大学的师生来自欧洲各个国家，这使得中世纪大学的人员构成超越了特定的民族和国家，具有一定的国际性。[③] 但中世纪时期的留学生教育政策仍处于萌芽时期，这一时期的留学生教育活动是学术取向的，也是零散的、自发的、非制度性的个体行为，且主要集中于欧洲地区。中世纪后期，随着民族意识和国家观念的日益加强，民族国家和地方政权不断兴起和壮大，并和教会联手不断加强对大学的控制和影响。在此背景下，大学由国际性组织逐渐沦为服务于民族国家的地方性机构，[④] 大学的国际性减弱。

二、殖民地时期—二战前：殖民取向的留学生教育政策

在西方殖民扩张时期，留学生教育开始成为宗主国推行殖民统治的重要工具。例如，18—19 世纪，英国一方面将本国高等教育模式"移植"到印度，另一方面吸引殖民地国家的贵族子弟赴英留学，以培养一批能够忠诚于宗主国的政治精英。19 世纪末 20 世纪初，在工业革命的推动下，世界各国的联系愈来愈紧密，同时也使得世界格局发生重大变化，英国等西方资本主义国家借此机会确立起在世界范围内的统治地位。在此背景下，国际学生流动再次活跃起来，开启了近代留学生教育的先河，美、

---

① 刘宝存：《大学的真谛》，《天津市教科院学报》2004 年第 5 期。
② 吴式颖：《外国教育史教程》，人民教育出版社 1999 年版，第 121 页。
③ 吴式颖：《外国教育史教程》，人民教育出版社 1999 年版，第 122 页。
④ 朱治军：《从国际性到地域性：中世纪大学特征嬗变》，《山东高等教育》2015 年第 8 期。

德、法等国也开始积极建立起留学生教育政策。20世纪初，在美国政府、开创性学术机构和非营利组织（包括美国国际教育协会）的支持下，美国首次为外国学生和学者创造了一条进入美国大学的途径，^① 开创了国际教育交流的先河。20世纪初期，美国联邦政府利用"退款兴学"的形式，将战后所得的赔款用于吸引相关国家学生赴美留学。此外，德国、法国等也开始重视对留学生的招收和管理。在整个19世纪至20世纪初期，德国是世界各国学生寻求现代和研究型高等教育经验的学生的主要目的地之一。^② 1906年，德国留学生达到3556人，占其学生总数的8.2%，法国以2879名留学生的数量紧随其后。^③ 但是之后由于经济危机的影响以及右翼势力的兴起，德国留学生数量开始减少并被法国反超。1930年，留学生占法国大学学生总数的比例达到22%，而德国则下降到只有4%。^④ 总之，这一时期，欧美发达国家开始有意识地招收留学生，并为留学生进入本国学习探索发展新政策和新路径。

三、二战后—20世纪70年代末：政治取向的留学生教育政策

二战结束之后，西方发达国家开始对发展中国家实行带有政治性目的的教育援助，招收大量亚、非、拉国家的学生，期望借此提升自身国际影响力，促进世界人民的交流与理解。例如，美国在战后提出"富布莱特

---

① Allan E. Goodman, Robert Gutierrez, "The International Dimension of U.S. Higher Education: Trends and New Perspectives", in *International Students and Global Mobility in Higher Education: National Trends and New Directions*, Rajika Bhandari, Peggy Blumenthal (eds.), New York: Palgrave Macmillan, 2011, p. 83.

② Christian Bode, Martin Davidson, "International Student Mobility: A European Perspective from Germany and the United Kingdom", in *International Students and Global Mobility in Higher Education: National Trends and New Directions*, Rajika Bhandari, Peggy Blumenthal (eds.), New York: Palgrave Macmillan, 2011, p. 72.

③ Mike Byram, Fred Dervin, *Students*, *Staff and Academic Mobility in Higher Education*, England: Cambridge Scholars Publishing, 2009, p. 50.

④ Mike Byram, Fred Dervin, *Students*, *Staff and Academic Mobility in Higher Education*, England: Cambridge Scholars Publishing, 2009, p. 51.

计划"（Fulbright Program），经历了 1946 年的《富布莱特法》（*Fulbright Act*）、1948 年的《美国信息与教育交流法》（*United States Information and Educational Exchange Act*）、1961 年的《教育与文化交流法》（*Mutual Educational and Cultural Exchange Act*）的变迁，长期为赴美的留学生和研究人员提供资助，开创了美国政府资助留学生的新时代。法国则积极为第三世界国家提供教育援助，特别是将非洲法语区国家留学生视作国家发展的重要机遇，以维持法国在这些法语国家中的影响力并开发非洲国家的潜在市场。[1] 根据联合国教科文组织（United Nations Educational，Scientific and Cultural Organization，简称 UNESCO）的统计数据，1968 年，法国的留学生总数达到 36500 人，居世界第二，仅次于美国，占全世界留学生总数的 8.5%，占本国注册大学生总数的 7.2%。[2] 从 1975 年的数据来看，法国留学生的来源国主要以第三世界国家为主，其中马格里布国家占比 25%，撒哈拉以南的非洲国家占比 23%，亚洲国家占比 20%。[3] 德国同样秉承教育发展援助的理念，将留学生教育视为外交战略的重要组成部分，其 60% 的留学生来自发展中国家。[4] 此外，20 世纪 50 年代，英国、澳大利亚等英联邦国家则通过了"科伦坡计划"（Colombo Plan），旨在利用资金援助、教育培训、技术合作等多种援助方式维持自身在亚洲的政治经济影响。例如，澳大利亚出于援助的目的招收来自亚太地区发展中国家的学生，包括受澳大利亚政府资助的留学生和自费留学生。其中，自费留学生

---

[1]　Borgogno Victor，Streif-Fénart，"L'accueil des étudiants étrangers en France：évolution des politiques et des représentations"，2019 年 7 月 20 日，见 http：//journals.openedition. org/urmis/415。

[2]　William D Carter，*Les études à l'étrangeret le développement de l'enseignement*，*Principes de la planificaon de l'éducaaon*，IIPE，les Presses de l'UNESCO，1974，p. 15.

[3]　Alain Coulon，Saeed Paivandi，"Les étudiants étrangers en France：l'état des saviors"，2019 年 3 月 19 日，见 http：//www.ove-national.education.fr/wp-content/uploads/2019/01/ 872e_rap_tr_ove.pdf_-1.pdf。

[4]　Otto Benecke Stiftung，*Ausländerstudium in der Bundesrepublik Deutschland*，Baden：Nomos Verlagsgesellschaft Baden-Baden，1987，p. 21.

与澳大利亚本国学生享受相同的入学要求和学费标准。①　与此同时，苏联则积极地向社会主义阵营国家提供军事、经济以及教育援助，大量接收来自社会主义阵营国家和发展中国家的学生到苏联学习，以扩大苏联政治理念和意识形态在世界范围内的影响力。由此可见，这一时期西方发达国家的留学生教育政策已经初步建立并进一步发展，政治取向成为贯穿留学生教育政策始终的基本价值取向。

四、20 世纪 80 年代—20 世纪末：市场取向的留学生教育政策

在 20 世纪 70、80 年代两次石油危机引发的世界性经济危机的大背景下，英、美等工业化国家都出现了严重的经济衰退，通货膨胀居高不下，失业人数激增。为此，1979 年撒切尔夫人（Margaret Hilda Thatcher）上台执政后，摒弃了 60 年代所采取的差别化收费制度，即取消对留学生的政府资助，开始向留学生征收高额学费，甚至为增加本国财政收入而不断提升留学费用。②　这标志着英国实现了从教育援助到教育贸易的转变，开始走教育市场化的道路，进入留学生教育的全费时代。与此同时，澳大利亚的留学生教育也正在经历一场相同的从"援助"向"贸易"的转变。1979 年，澳大利亚政府开始对自费留学生收取"签证费"，后被称之为留学生学生费（Overseas Student Charge，简称 OSC），约占大学学费全额的10%，并且这笔费用从 1982 年开始逐年上涨，到 1988 年达到最高水平，占学费的 55%。最重要的是，澳大利亚政府在听取了杰克逊委员会（The Jackson Committee）关于"将教育视为一种出口产业"的建议后，于 1985

---

① Tony Adams，Melissa Banks，Alan Olsen，"International Education in Australia：From Aid to Trade to Internationalization"，in *International Students and Global Mobility in Higher Education：National Trends and New Directions*，Rajika Bhandari，Peggy Blumenthal（eds.），New York：Palgrave Macmillan，2011，p.108.

② 20 世纪 60 年代之前，英国对留学生收取与本国学生相同的学费，并为一小部分留学生提供与本国学生相当的政府资助。留学生数量的激增加重了政府的财政负担，对此1967 年英国开始进行留学生学费制度改革，决定实行差别性收费，即对留学生收取比本国学生更高的学费标准。

年引入一项新的留学生政策，允许之前没有被纳入援助计划名额中的留学生可以无限制地报名入学，只要他们符合入学条件并支付全额费用，并随后颁布了《教育服务出口政策》，以便利招收全额收费的留学生。[①] 此外，加拿大也于 20 世纪 80 年代开始减少政府对留学生教育的投资，不断提高留学生收费标准，以实现经济效益和减轻高校财政危机。这意味着西方发达国家已经逐渐开始转变思路，实现了留学生教育政策从政治取向为主向市场取向为主的价值导向转变，并已经开始采取政策措施抢占国际留学生教育市场。

与此同时，以 1987 年伊拉斯谟计划（Erasmus Program）为标志，英、德、法等国开始致力于加强欧共体内部的学生流动，大学间松散的交流被国家主导下长期可持续性的区域合作所替代。此外，20 世纪 80 年代开始，日本作为新兴工业化国家，也抓住了教育国际化这一必然趋势，颁布相关政策举措扩大留学生教育的规模。例如，1983 年 8 月，日本文部省设立的"面向 21 世纪的留学生政策恳谈会"向政府提交了《关于面向 21 世纪的留学生政策的建议》的提案，明确提出"留学生十万人计划"，即在 20 世纪末使在日留学生总数达到 10 万人。因此，这一时期西方发达国家的留学生教育政策开始步入市场化成熟阶段，以日本为代表的亚洲新兴工业化国家也开始初步意识到引入留学生教育政策的重要性。

五、21 世纪以来：多元取向的留学生教育政策

自 20 世纪 80 年代以来，随着市场化机制被引入高等教育领域，西方发达国家的留学生教育发展理念从教育援助转向教育服务贸易。进入 21 世纪以后，伴随着知识经济的兴起，各国也由传统经济发展模式下对自然资源的争夺转向对知识和人才资本的竞争。在此背景下，留学生教育

[①] Tony Adams, Melissa Banks, Alan Olsen, "International Education in Australia: From Aid to Trade to Internationalization", in *International Students and Global Mobility in Higher Education: National Trends and New Directions*, Rajika Bhandari, Peggy Blumenthal (eds.), New York: Palgrave Macmillan, 2011, p.109.

市场的竞争更是进入白热化阶段，英国、美国、德国、法国、日本、澳大利亚、俄罗斯、加拿大、韩国、新加坡等国均将留学生教育作为国家重要战略决策。具体来看，世界各个国家一方面制定专门的留学生教育政策扩大留学生规模，如 1999 年英国时任首相布莱尔（Anthony Charles Lynton Blair）推出的"国际教育首相倡议计划"（Prime Minister's Initiative for International Education，PMI，以下简称"首相倡议计划"）以及 2006 年开始实施的第二期"首相倡议计划"①。另一方面，各国政府出台了一系列优惠政策吸引留学生，包括放宽签证与移民政策、扩大奖学金资助范围、提升大学的管理与服务水平、积极开展国际教育营销计划、打造留学生教育品牌等等。其中值得特别注意的是，新加坡、韩国等新兴工业化国家，在 21 世纪之前仍是一个留学生输出大国，对留学生缺乏吸引力，在 1997 年亚洲金融危机的冲击下，迅速意识到引进国际人才对本国经济转型发展的战略意义。但囿于本国缺乏一个高质量、具有国际吸引力的高等教育体系，新加坡另辟蹊径，于 1998 年提出名为"双翼构想"（The Idea of Twin Wings）计划，② 以打造区域教育中心（education hub）。韩国则于 2003 年成立了仁川自由经济区以积极引进海外一流名校，并于 2004 年提出"留学韩国计划"（Study in Korea Project）。由此可见，21 世纪以来，全球留学生教育政策已经进入多元取向的新阶段，学术取向、政治取向、市场取向、人才取向交织在一起形成多元取向的留学生教育政策，而且世界各国，特别是西方发达国家和亚洲新兴工业化国家，已经形成模式化、趋同化和成熟的留学生教育政策和举措。

---

① 第一期"首相倡议计划"旨在扩大留学生规模，以期为英国带来长期的政治和经济效益；第二期"首相倡议计划"则在持续增加留学生数量的同时，还开始关注提升留学生的满意度，以打造留学生教育品牌。

② "双翼构想"（The idea of Twin Wings）具体分两步走计划：一是按照新加坡知识经济发展和经济结构调整的要求，实施"十所顶级大学计划"（Top 10 Universities），即"在10 年内新加坡引进至少 10 所世界一流大学"；二是发展国际教育服务贸易，扩大新加坡留学生规模。

第二节　世界留学生教育的现行政策与成效

随着经济全球化的迅速发展，资本、商品和人员实现了更大范围内的自由流动，劳动力市场开放程度也越来越高。全球一体化趋势对各国公民的跨文化理解与交流能力提出了前所未有的要求，在此背景下，人们对高等教育人才培养提出新的要求，要求高等教育学生除了需具备过硬专业素养以外，还应同时具备参与国际合作与竞争所需的跨文化能力。此外，日益增长的以知识为基础和以创新为驱动的经济体对技能的需要更是刺激了全世界对高等教育的需求，但一些国家教育能力的发展尚不能满足日益增长的国内需求。此外，新兴经济体不断累积的财富进一步使得日益壮大的中产阶级子女有能力到国外寻求教育机会。与此同时，经济因素（如国际航班的费用），技术因素（如互联网和社交媒体的传播以维持跨境联系）和文化因素（如英语作为共同的工作和教学语言）促使国际流动比过去更为便利和可行。① 在此背景下，学生的国际流动愈来愈普遍，高等教育国际化的步伐进一步加大。世界各国纷纷采取多种政策措施发展留学生教育，全球留学生教育规模空前壮大。

一、世界留学生教育的现行政策

留学生不仅给输入国带来巨大的经济收益，同时还能带来长远的政治、经济和社会效益。因此，美国、英国、澳大利亚、加拿大、法国、德国、俄罗斯、日本、韩国、新加坡等主要留学目的地国率先制定政策，通过简化留学生入学程序、放宽留学生签证政策、设立各项高额奖助学金、保障留学生权益等手段，旨在大力吸引留学生，积极开拓留学生教育市场。了解并分析各国招募留学生的政策对于进一步了解世界留学生教育的

---

① OECD, *Education at a Glance 2018*；*OECD Indicators*，Paris：OECD Publishing，2018，p.223.

发展现状具有重要的意义。总体而言，世界留学生教育的现行政策主要包括招生政策、奖学金政策、签证政策及管理与服务政策。

（一）招生政策

在教育国际化竞争日益激烈的当下，优质留学生的选拔与招揽被世界各国视为留学生教育中的重要内容，留学生生源的争夺仍旧方兴未艾。为了提高本国高等教育部门在世界范围内的声誉，吸引更多的国际学生前往留学，各国政府首先从战略和全局的高度充分认识到留学生教育的重要性，在政府层面出台相关法律法规、政策措施及战略计划，同时积极联合各个部门、主体实施多样化招生营销方案。

首先，国家层面的政策法规和战略规划从宏观和全局的角度引导留学生招收的走向。俄罗斯联邦于 2009 年出台《2011—2020 年俄罗斯联邦教育出口服务构想》，明确了俄罗斯联邦在向外国公民提供教育服务方面的原则、主要目的和目标，旨在提高俄罗斯教育系统在全球和区域教育空间的吸引力。此外，世界各国，特别是非英语国家，非常关注国家层面中长期规划对留学生教育发展的导向作用。例如，法国作为 2018 年全球第一大非英语国家留学目的地国，[①] 计划从 2018 年起到 2027 年的十年间吸引超过 50 万名留学生，以提升法国高等教育的国际吸引力。同样，在 2015 年，韩国政府也提出了"到 2023 年在韩留学生达到 20 万人，占高等教育在校生的比例达到5%"的宏大目标[②]，旨在大力提升韩国在全球教育服务市场中的地位。另外，日本也于 2008 年提出"30 万名留学生计划"，即通过完善留学生招收和管理制度、简化留学生签证流程、推进大学国际化建设、提升留学生体验、增加奖学金名额、落实留学生就业创业机制等措施，实现至 2020 年接收 30 万名留学生的目标。

其次，各国政府积极联合各大高校及其他代理机构开展招生与宣传

---

① Campus France, "Chiffres clés 2018", 2019 年 10 月 10 日，见 https：//www.campusfrance. org/fr/ressource/chiffres-cles-2019。

② ICEF, "Korea aims for 200000 foreign students by 2023"，2015 年 10 月 13 日，https：// monitor.icef.com/2015/10/korea-aims-for-200000-foreign-students-by-2023/。

工作。英国的高等教育国际化发展水平居世界领先地位，除了一直以来坚持的广泛开放、欢迎留学生的理念之外，英国政府还协同多所高等学校和个别机构在留学生教育的宣传与推广过程中发挥着重要作用。英国政府曾耗资 1.135 亿英镑，将教育品牌宣传活动纳入政府统一协调的活动中，由多个部门共同合作，通过把教育品牌战略与文化、媒体和体育相关的视觉宣传活动结合起来，将教育与旅游业和工业推广活动联系在一起，共同打造英国教育品牌。同时，作为第三方非政府公共部门的英国文化协会（British Council），通过建立庞大的代理体系、支持高等教育国际援助计划、构建国际教育合作平台等多种形式支持和推动英国高等教育提供者走出英国，在世界范围内推销本国"高等教育产品"，借此招揽到大量的留学生。此外，为了吸引更多的留学生前来学习，法国政府也委托第三方机构就"法国对外国学生的形象和吸引力"等主题定期展开追踪调研，帮助政府制定有效的招生策略。

最后，各国在不遗余力地采取各种有力举措吸引留学生前往本国深造或交流之外，还采取区域层面的倡议促进学生的跨境流动。通过欧盟、北美自由贸易协定、东盟等区域组织或条约，国际学生流动在愈来愈全球化的同时，也表现出区域流动的特点。1999 年，欧洲 29 个国家在意大利博洛尼亚共同提出了一项欧洲高等教育改革计划，即"博洛尼亚进程"（Bologna Process）。该计划旨在将欧洲内几十个国家的力量凝聚起来，在加强欧洲在全球经济中的地位和竞争力的同时，让欧洲高等教育在各个国家之间更具同质化和可比性，增加欧洲高等教育对国际学生的吸引力，以增加与美国、澳大利亚、加拿大等英语国家竞争的筹码。在此背景下，法国、德国、俄罗斯等欧洲国家纷纷加入"博洛尼亚进程"（Bologna Process），一方面大力改革本国传统高等教育学制，与国际通行的学制制度接轨，极大地方便了学生的国际流动；另一方面通过引入学分制，与参与宣言的欧洲国家互相承认学历，简化学位认证工作等举措，更好地吸引了大量优秀的国际人才，扩大了本国留学生的招生规模。

（二）奖学金政策

英国学者阿纳兹·宾萨迪（Arnaz Binsardi）、弗朗西斯·埃库鲁戈（Frances Ekwulugo）的研究表明，设立留学生奖学金是除降低学费以外吸引留学生的最好方式，[①] 尤其是吸引高层次留学生的有效措施。因此，在教育国际化日益加深、留学生教育蓬勃发展的大趋势下，世界各国出台多项奖学金政策，试图吸引更多、更优质的留学生资源，为本国的经济、社会发展提供智力支持。各国推出的奖学金政策主要表现出以下几方面的特点：

第一，奖学金设立主体的多元化。在多种动机的驱动下，高校、企业及社会团体纷纷参与到留学生奖学金的设立中，留学生奖学金资助主体多元化特征初步显现。在英国，留学生奖学金按出资主体可以划分为三类：一是政府奖学金，主要由政府机构出资设立，奖学金一般金额较大；二是国际奖学金，主要由海外国家政府、社会团体或企业出资设立；三是高校奖学金，主要由高校根据自身发展特点设立，奖学金金额一般较小。由此可见，英国政府、高校团体以及海外机构共同承担了设立留学生奖学金和留学生资助的任务。在德国，留学生除了可以享受免学费的制度以外，还可以向德意志学术交流中心、各基金会及商业机构申请奖学金。资助主体多元化的特点不仅为留学生在德国的学习、研究和生活提供了重要的经费保障，而且也为德国留学生教育的发展乃至德国社会的进步提供了助力。在韩国，自 21 世纪韩国积极推进留学生教育政策以来，政府各有关部门根据自身特点设立了专项奖学金。除留学生教育主管部门——教育科学技术部以外，其他有关政府部门也分别设立了专项奖学金，如文化观光部的东亚艺术人力培养奖学金、情报通信部的 IT 奖学金。[②] 自 20 世纪

---

① Arnaz Binsardi，Frances Ekwulugo，"International marketing of British education: research on the students' perception and the UK market penetration"，*Marketing Intelligence & Planning*，Vol. 21，No. 5（September 2003），p. 323.

② 梁美淑：《21 世纪以来中韩外国留学生教育政策的重要进展与展望》，《世界教育信息》2008 年第 9 期。

50 年代起，日本政府也积极推进留学生奖学金政策，经过几十年的发展，当前日本提供给留学生的奖学金种类繁多，主要有日本政府（文部科学省）奖学金、日本学生支援机构（Japan Student Services Organization，简称 JASSO）奖学金、地方政府及相关国际交流团体奖学金、民间团体奖学金，除此之外还有各学校提供的学校奖学金。①

第二，奖学金资助范围涵盖广泛。近年来，英国政府资助留学生的范围从明显倾向英联邦国家到逐步关注弱势国家的留学生群体，奖学金辐射范围日益广泛。2019 年 9 月 5 日，加拿大政府推出一个新的奖学金项目（New Full Study in Canada Scholarships），涵盖对象涉及阿塞拜疆、不丹、科摩罗等新兴发展中国家，旨在建立更广泛的合作伙伴关系。② 新加坡南洋理工大学设置的全额本科生奖学金面向所有留学生，即申请者不限国籍，申请成功者将获得全额学费减免、每学年 6500 新元的生活津贴、500 新元的书本津贴以及 2000 新元的住宿津贴等。该奖学金吸引了大量优秀留学生前往新加坡攻读本科学历，也是南洋理工大学最重要的本科奖学金。

第三，奖学金项目的多样化。英国高等教育机构在教育质量方面一直享誉全球，但同时学费也十分高昂。不过这并没有阻挡优秀留学生前往英国留学的脚步，因为英国拥有名目众多的奖学金项目。英国留学生奖学金名目繁多、形式多样，不但包括传统意义上的奖学金项目，还有以比赛的形式设立的奖学金以及技术合作与培训奖励。不同类型的奖学金申请方式不同，考查的标准也不尽相同。留学生或者凭借自身学术条件申请传统奖学金项目，或者通过某方面的竞赛取得相应名次得到奖励。③ 德国学术

---

① 段世飞、傅淳华：《日本留学生奖学金体系的发展历程、成效与特点探究》，《河北师范大学学报》（教育科学版）2020 年第 3 期。

② Government of Canada，"New full study in Canada scholarships for international students"，2019 年 9 月 30 日，https：//www.educanada.ca/scholarships-bourses/news-nouvelles/2019/2019-09-05.aspx？lang=eng。

③ 赵楠：《全费时代至今英国留学生政策的演变研究》，硕士学位论文，华中科技大学高等教育研究所，2019 年，第 71—72 页。

交流中心（Deutscher Akademischer Austauschdienst，简称 DAAD）也设立了本科、博士、博士后、实习、语言课程、暑期学校等各个不同学术水平的奖学金计划。[①] 在日本，奖学金制度除了政府出资设立的国费奖学金外，还有政府与高校共同出资、针对家庭贫困的优秀留学生实施的"学费减免制度"。此外，日本各地方公共团体及近 300 个各类民间团体和企业等都有针对自费留学生的奖学金资助政策。上述国家为留学生提供了多种获取奖学金的渠道，大大减轻了本国高昂的学费及生活费用带来的压力，对留学生来说有着巨大的吸引力。

（三）签证政策

签证问题，主要包括入学签证和工作签证，是国际学生留学申请所必须考虑的环节。因此，各国的签证政策是影响本国留学生规模的重要因素之一，签证政策是否合理对于推动留学生教育的发展具有举足轻重的作用。一方面，加拿大、法国、德国、澳大利亚、日本和新加坡为鼓励国际学生前来留学，制定了宽松而便利的入学签证和工作签证制度。在入学签证方面，法国高等教育部联合内政部推出多项简化签证的新政策，如大使馆将优先处理留学生签证；开通"法国签证"电子门户网站，方便学生查询需提交的资料以及注册进展，等等。法国从 2019 年中旬开始实行签证审批电子化，学生不再需要前往法国移民局（Office Français de l'Immigration et de l'Intégration，简称 OFII）办理签证手续。2016 年，澳大利亚政府内政部正式推出简化学生签证审理框架，该框架适用于所有签证类别申请者，进一步提升了签证审理速度和便利性，减少了许多复杂的程序，并通过更有针对性的方法加强了签证的完整性，为澳大利亚本国国际教育行业的发展提供了有力的支持。自 2000 年起，日本政府针对来日留学入境和居留相关手续烦琐的状况，通过减少必须提交的文件资料，简

---

① Christian Bode, Martin Davidson, "International Student Mobility: A European Perspective from Germany and the United Kingdom", in *International Students and Global Mobility in Higher Education: National Trends and New Directions*, Rajika Bhandari, Peggy Blumenthal (eds.), New York: Palgrave Macmillan, 2011, p. 74.

化了签证相关办理流程和手续。日本政府还于 2009 年出台"就学留学一体化"法案，取消在留资格中"就学"和"留学"的区别，赴日留学签证和就学签证的期限分别延长 3 个月，既便于留学生提前赴日办理入学手续，也避免签证有效期维持不到毕业的担心。在工作签证方面，德国政府在新修订的《居留法》中规定，留学毕业生可以在学习结束后获得有效期为 18 个月的工作签证。在此期间，留学生可以不受限制地从事任何类型的工作。总而言之，上述国家为了能够为国际学生提供高效的签证服务，不断改进服务、改革政策，逐步简化入学与工作签证程序。

相比较而言，有一些国家在留学生签证的管理上仍然有较大的改善空间。例如，俄罗斯和韩国在签证政策上仍然存在程序复杂、手续烦琐、资料要求过多等制度障碍。韩国出入境管理机构等对留学生还是处于"管制"阶段，"服务"意识相对淡薄，对留学签证要求材料过多。[1] 俄罗斯的留学签证制度也十分不便捷。留学签是一次签，只有入境满三个月后才可申请办理多次签。这大大增加了留学生办理相关留学手续的难度。俄罗斯对入境申请目的的严格把关，也使得国际学生在签证申请方面存在较大的制度阻碍，限制多多。并且，留学生在俄罗斯联邦学习期间进行勤工助学等也是不被允许的。这一条例不仅影响了一些经济方面存在困难的学生赴俄学习的意愿，也不利于留学生熟悉俄罗斯联邦的就业市场，成为吸引人才在俄罗斯联邦移民定居的重要阻碍之一。

（四）管理与服务政策

随着留学生教育政策的不断成熟，一些国家针对留学生制定了相应的管理政策和服务保障措施，旨在保障留学生的权益。在学生权益保障方面，澳大利亚是首个颁布留学生保护法的国家。由一系列的相关法律和法规构成的留学生教育服务体系（Education Services for Overseas Students，简称 ESOS），形成了一整套完整的法律框架，规范了院校向持学生签证

---

[1] 高绿路：《韩国高等院校留学生教育的现状及其政策研究》，硕士学位论文，山东师范大学教育学院，2010 年，第 43 页。

在澳留学的留学生提供教育服务的行为。该保护法自 2000 年颁布以来，规范着澳大利亚各院校对留学生提供的教育与培训服务质量并监督其履行对留学生所负的责任。从 2012 年 7 月 1 日起，澳大利亚政府正式开始执行学费保障计划（Tuition Protection Service，简称 TPS），并且建立相应的学费保障基金来为留学生提供权益保障。根据学费保障计划，若留学生就读的学校倒闭，留学生可以要求退还学费或相关政府部门会出面帮助留学生寻找相对应的学校与专业课程，协助留学生在澳大利亚的后续学习安排。

为保障留学生利益和新加坡教育品质，新加坡推出了留学生利益保护政策——"消协保证标志教育认证计划"（Case Trust for Education，简称 EduTrust）和"学生利益保护计划"（Student Protection Scheme）。其中，消协保证标志教育认证计划于 2004 年出台，旨在表彰拥有健全学生福利保护措施和高水准工作机制的私立教育机构，这些机构拥有以下特点：透明的收费制度；明晰的学生索赔措施和体系；品质承诺公开化；确保教学和行政人员训练有素。这一教育认证计划使私立教育机构改进学生福利措施和福利标准，直接关系到私立机构是否有权招收留学生，[①] 被认为是新加坡政府向留学生进一步承诺其保护学生福利和利益的一种姿态。学生利益保护计划包括两个子计划，即学费户头计划和学费保险计划。该计划规定，学生支付给私立教育机构的学费将直接交到指定银行，由银行代学校保管。该计划旨在当私立教育机构因为破产或被取缔而无法继续运作的情况下，确保留学生的学费免受损失；同时，也可在私立学校依据新加坡法院判决向学生偿付罚款或退还学费时，作为武器保护学生的利益。其具体操作方式为：学生支付给私立教育机构的学费交给政府指定的托管银行，如果符合发放条件，由托管银行向私立教育机构支付学费，一旦私立教育机构破产或被取缔，银行将中止付款。通过学生利益保护计划，学生的利

---

① 陈娟：《20 世纪 90 年代以来新加坡高等教育国际化探析》，硕士学位论文，厦门大学教育研究院，2007 年，第 56 页。

益能够得到有效的保障，有利于提高新加坡私立院校的信任度，增加留学生对新加坡私立教育的信心，有益于吸引留学生前往学习。

二、世界留学生教育取得的成效

近40余年来，出国留学已经成为一种势不可挡的潮流和趋势，深刻推动着高等教育形态的发展与变革。对于学生个体来说，出国留学是获得高质量的教育机会，提升自身能力，以及在日益全球化的劳动力市场中提高就业能力的一种关键方式。对于东道国来说，留学生是重要的创收方式，因为留学生往往支付比国内学生更高的学费甚至注册费，他们在留学当地的生活费也为当地经济作出重要贡献。从长远来看，受过良好教育的留学生毕业后可能会融入东道国劳动力市场，从而为当地创新和经济作出贡献。① 对于派遣国而言，向发达国家派遣留学生一方面有利于为利用国外优质高等教育资源为本国培养高端人才，以弥补本国高等教育能力的不足；另一方面，尽管人才流失被视为发展中国家之殇，但是也有不少研究表明，移民海外的人才往往与祖国保持着密切的联系，对母国的经济发展、技术创新、学术交流都起到积极的作用。在此背景下，国际学生流动受到世界各国政府的广泛政策关注。传统和新兴留学目的地国纷纷制定各项政策吸引留学生以及优秀留学毕业生，发展中国家则明确鼓励本国公民到拥有高质量高等教育机构的国家留学。在这种双重推动下，全球留学生数量达到一个空前的规模。

（一）全球留学生的规模与趋势

关于"留学生"这一概念，英文通常用"foreign student"或"international student"表示，但两者涵盖的范围有所不同，并且不同的国家或国际组织往往采用不同的方法进行统计。因此，如果不澄清概念的内涵，不解释数据背后的统计方法，将无法了解数据背后的真正含义，而给读者

---

① OECD, *Education at a Glance 2019*: *OECD Indicators*, Paris: OECD Publishing, 2019, p.229.

带来误解和疑惑。具体来看，根据经济合作与发展组织（Organization for
Economic Co-operation and Development，简称 OECD）的阐述，国际学生
是指离开母国到东道国学习的个人，他并非东道国的永久居民或常住居
民；外国学生指的是所有离开原籍国到另一个国家学习的个人，他们可以
是东道国的长期或永久居民，甚至出生在东道国。[①] 本节留学生的统计口
径与 OECD 的定义保持一致，除特别说明外（如无法获得国际学生的数
据而采用外国学生的数据以外），所有关于留学生的数据指的是国际学生。
此外，国际流动学生又可分为学分流动学生和学位流动学生。学分流动指
的是学生在母国高校的教育框架内出国学习，旨在获得学分，而并不获得
东道国的学历学位；学位流动指的是学生到留学目的地国作为普通学生注
册入学，其目的是在东道国毕业并获得学位。

　　联合国教科文组织（UNESCO）和经济合作与发展组织（OECD）进
行了大规模的数据收集工作，以收集所有国家的流动性数据，但它们仍
面临许多公认的局限性。第一，在数据收集和数据发布之间通常会存在
时滞性。第二，由于数据主要是通过教育部收集的，因此它们并不总是
能记录私立学校的入学人数。其导致的结果是国际学生被低估了，因为
私立学校是许多国家中发展最快的教育部门。第三，根据联合国教科文
组织（UNESCO）和经济合作与发展组织（OECD）使用的定义，数据中
仅统计入学时间为一年或一年以上的学生。由于来自美国、日本和欧盟
（EU）的国际流动学生经常在国外学习的时间不足一学年，因此可以放心
地假设，全球流动的实际学生人数大大超过了联合国教科文组织统计的数
据。[②] 此外，需要特别注意的是，OECD 的数据是根据留学目的地国家的
入学人数获得的，即定期收集参加相关高等教育课程的学生记录，且只涉

---

① 注：如无特别说明，本节采用的数据均为 OECD 所统计的关于国际学生和外国学生的
　　流动数据。

② Rajika Bhandari，Peggy Blumenthal，"Global Student Mobility and the Twenty-First
　　Century Silk Road：National Trends and New Directions"，in *International Students
　　and Global Mobility in Higher Education：National Trends and New Directions*，Rajika
　　Bhandari，Peggy Blumenthal（eds.），New York：Palgrave Macmillan，2011，pp. 3-4.

及经合组织及其伙伴国作为接收国的学生流动，无法跟踪经合组织及其伙伴国以外的流动，未向经合组织或联合国教科文组织统计研究所报告的国家的学生人数也不包括在内。并且，经合组织关于国际学生的统计数字不包含远程教育和线上学习。因此，就其原籍国而言，外国学生的数量也可能被低估了。

尽管联合国教科文组织（UNESCO）和经济合作与发展组织（OECD）的数据统计工作存在某些局限性，但根据两者统计的数据，仍然可以为我们提供一个相对及时、全球统一、可以比较的数据，帮助我们从较长的历史阶段了解国际学生流动的规模和态势。总体而言，过去40多年里，全球留学生人数增长整体呈指数增长的趋势（具体见图4–1）。全球流动学生数量从1975年的约80万人[1]增长到2017年的530万人[2]，增长了6倍多。

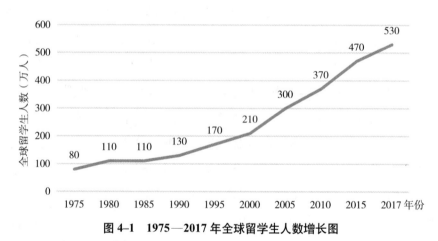

图 4–1　1975—2017 年全球留学生人数增长图

数据来源：根据 OECD2011 和 2019 年《教育概览》数据整理而来。

从更短的时期来看，进入 21 世纪以来，全球高等教育领域的学生流

---

① OECD，*Education at a Glance 2011*：*OECD Indicators*，Paris：OECD Publishing. 2011，p.320.

② OECD，*Education at a Glance 2019*：*OECD Indicators*，Paris：OECD Publishing，2019，p.229.

动数量从 1998 年的 200 万人增长到 2017 年的 530 万人,^① 全球年均增长率约为 5%。具体地看，全球留学生人数于 2001—2002 年、2007—2008 年、2013—2014、2015—2016 年度达到一个峰值，增长率分别为 13.64%、10%、10% 和 8.51%，并在峰值之间保持一个相对平稳的增长趋势（见图4-2）。

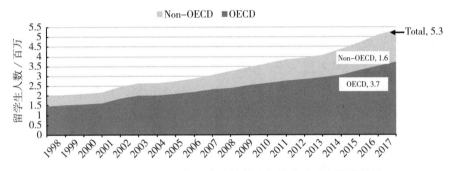

图 4-2　1998—2017 年世界高等教育留学生注册人数增长图

数据来源：OECD, *Education at a Glance 2019：OECD Indicators*，Paris：OECD Publishing，2019，p. 231.

（二）全球留学生的流动情况

全球留学生的流动规模和趋势表明了各国高等教育系统的吸引力。其中，各国所占国际留学生教育市场份额指数可作为重要的参照指标。2017 年，经合组织国家或地区共有 370 万国际学生注册了高等教育课程，美国、英国、澳大利亚、俄罗斯、德国、法国、加拿大、日本、韩国在国际留学生教育市场中占据的份额分别为 22%、10%、9%、6%、6%、6%、6%、4%、2%。英语国家总体上是最有吸引力的留学目的地，仅美国就接受了 98.5 万名留学生，占经合组织和合作伙伴国家国际教育市场总份额的 22%（约占全球流动学生人数的 18%），英国、澳大利亚和加拿大紧随其后，分别接受了 436000 名、381000 名和 210000 名留学生。^② 此外，留

---

① OECD, *Education at a Glance 2019：OECD Indicators*，Paris：OECD Publishing，2019，p.230.

② OECD, *Education at a Glance 2019：OECD Indicators*，Paris：OECD Publishing，2019，p.234.

学生人数占所有高等教育学生总数的比例也表明了一个国家留学生的流入量。在经合组织国家中，留学生平均占高等教育阶段总入学人数的 6%。具体到各个国家来看，澳大利亚招收的留学生占本国高等教育学生的比例最大，达到了 21%，英国、加拿大、法国、德国、美国、日本、俄罗斯、韩国招收的留学生占本国各级各类高等教育学生总数的比例依次下降，分别为 18%、13%、10%、8%、5%、4%、4%、2%。① 值得关注的是，日本是经合组织和合作伙伴国家中首选的亚洲留学目的地国家，2017—2018学年接收了 164000 名留学生，略高于中国的 157000 名外国学生，在经合组织和合作伙伴国家的国际教育市场中占 4% 的份额，在全球约占 3% 的份额。②

　　除了对国际学生选择的留学目的地国进行分析外，掌握国际学生来源国的分布情况，也有助于我们了解国际学生流动的路径、影响因素及其特点。OECD 的数据显示：(1) 来自亚洲的学生构成了最大的留学生群体，2017 年，亚洲留学生达到 210 万人，占经济组织国家全部流动学生的 56%。有证据显示，三分之二的亚洲学生集中汇聚于五个国家，即美国、英国、澳大利亚、加拿大和日本。(2) 国际学生的第二个主要来源地区是欧洲，占经合组织国家所有流动学生的 24%。但这种流动的很大一部分是在区域内部，也就是说欧洲学生更倾向于留在欧洲，这一比例达到了在欧盟 23 个国家、地区注册的流动学生总数的 42%。③ (3) 日本和韩国作为新兴留学目的地国家，主要接收的是亚洲地区的学生，相关数据显示，来自亚洲的留学生分别占日本、韩国总留学人数的 93% 和 91%。(4)俄罗斯作为一个主要的留学目的地国，2016 年招收了 25 万名外国学生，其中三分之二来自与苏联有历史联系的邻国：阿塞拜疆 (6%)、白俄罗斯

①　OECD，*Education at a Glance 2019*：*OECD Indicators*，Paris：OECD Publishing，2019，p.233.

②　OECD，*Education at a Glance 2019*：*OECD Indicators*，Paris：OECD Publishing，2019，p.236.

③　OECD，*Education at a Glance 2019*：*OECD Indicators*，Paris：OECD Publishing，2019，pp.236-237.

（6%）、哈萨克斯坦（28%）、土库曼斯坦（7%）、乌克兰（9%）和乌兹别克斯坦（8%）。[①] 总的来说，国际学生流动的路径及其特点证明了地理距离、社会文化、语言差异、政治关系以及历史关系等因素的重要作用。

（三）全球留学生的结构分布

除了国际学生的规模、流动情况以外，学历层次、专业结构等分布情况也是衡量国际学生流动现状的重要指标，有助于我们了解全球留学生教育的发展状况及其表现出的特点和问题。

从留学生的学历层次上看，除少数情况外，各国招收的留学生占本国高等教育注册学生总数的比例往往随着教育层次的提高而逐渐增加（具体见图4-3）。在经合组织国家中，留学生平均占高等教育总入学人数的6%，但具体到各个不同层次上看，本科层次的留学生比例为4%，硕士层次的留学生比例为13%，博士层次的留学生比例则达到22%。从各个国别来看，也基本表现出相同的规律。其中，赴澳留学生群体中，本科层次留学生占澳大利亚本科层次学生的比例为14%，硕士和博士研究生层次相应占比分别为48%和32%；此外，英国本科层次留学生占比13%，硕士研究生层次占比34%，博士研究生层次占比42%；加拿大本科、硕士、博士层次留学生分别占相应层次学生总数的11%、16%、33%；法国本科、硕士、博士层次留学生分别占相应层次学生总数的7%、14%和40%；此外，美国本科层次留学生占比虽仅为4%，但硕士和博士层次占比分别达到13%和26%；俄罗斯本科、硕士、博士层次留学生分别占相应层次学生总数的5%、7%、7%。[②] 可以看出，全球本科层次的留学生比例仍然相对较低，各留学目的地国高校倾向于保证本国国民的本科入学机会，而重点招收更多高层次的留学人才，尤其是博士阶段的留学生，他们可以为本国高等教育的科研创新甚至社会经济发展作出突出贡献。

---

① OECD，*Education at a Glance 2018：OECD Indicators*，Paris：OECD Publishing，2018，p.222.

② OECD，*Education at a Glance 2019：OECD Indicators*，Paris：OECD Publishing，2019，p.233.

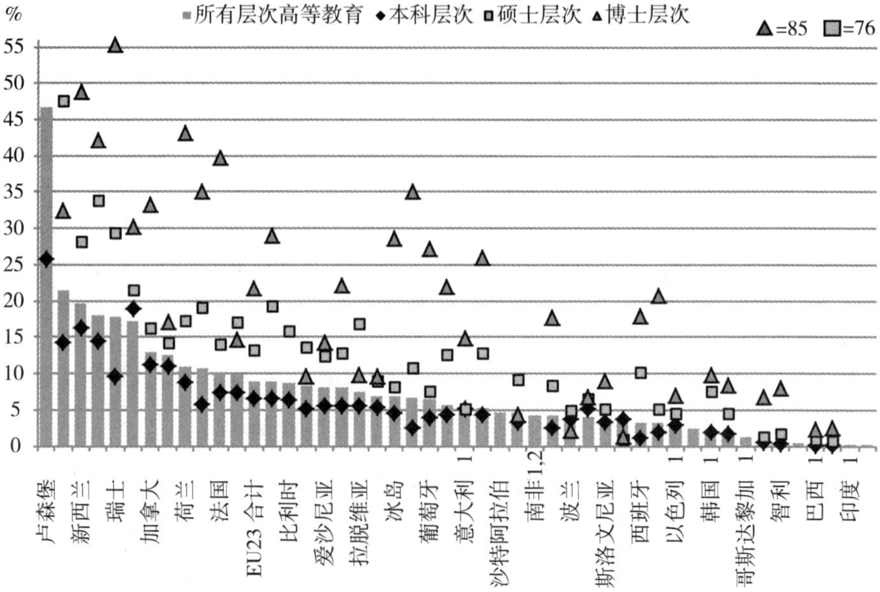

图 4-3　不同层次留学生占本国高等教育总入学人数的百分比①

数据来源：OECD，*Education at a Glance 2019*：*OECD Indicators*，Paris：OECD Publishing，2019，p. 233.

　　从留学生的专业结构上看，留学生偏向于选择人文社科和工科类专业。以 2019 年 OECD《教育概览》（*Education at a Glance* 2019）公布的数据来看，2017 年，商业、管理和法律，工程制造和建筑，艺术和人文等三大专业类是 OECD 国家招收留学生最多的专业领域，分别占据留学生总数 27%、18% 和 14% 的份额。除此以外，社会科学、新闻和信息、健康与福利、自然科学、数学和统计学、信息通信技术、教育、服务、农业、林业、渔业和兽医等专业留学生的比例分别为 11%、9%、8%、7%、3%、2%、1%。具体到各个国家来看，除极少数例外（如德国），各留学大国招收最多留学生的专业都是商业、管理和法律类专业，该类专业留学生分别占澳大利亚、英国、法国、韩国、加拿大、美国、德国留学生总

① 注：所有层次高等教育包括了短期交流的留学生；国家名称后标有 1 表示使用的是该国外国学生的比例，而不是国际学生的比例；标有 2 表示使用的是 2016 年数据。

数的 51%、33%、30%、30%、29%、24%、18%。值得注意的是，科学、技术、工程和数学（Science，Technology，Engineering，Mathematics，简称 STEM）类专业也是非常受国际学生欢迎的留学专业，在经合组织国家招收的全部留学生中，约有三分之一的留学生攻读 STEM 专业。例如，德国招收的 STEM 专业留学生占本国留学生总数的比例达到 48%，其中，自然科学、数学和统计学类专业留学生占比 9%，信息通信技术类专业留学生占比 9%，工程制造和建筑类专业留学生占比 30%。排在德国之后的是美国，进入 STEM 专业领域的留学生比例达到 41%，自然科学、数学和统计学，信息通信技术，以及工程制造和建筑类专业留学生占比分别达到 9%、11%、20%。除此以外，在加拿大、法国、英国、澳大利亚、韩国等国家就读 STEM 专业的留学生占本国留学生总数的比例分别达到 38%、33%、32%、27%、20%。①

第三节　世界留学生教育政策的经验、问题与走向

从世界范围来看，留学生教育在经历了几百年的发展，特别是 20 世纪 80 年代以来的迅猛发展之后，已经形成一个成熟的政策体系。全球留学生增长趋势总体上保持了高速增长的态势，英国、美国、澳大利亚、加拿大、法国、德国、俄罗斯等传统留学大国在留学生招生政策、教育与管理政策等方面积累了丰富的经验，中国、日本、韩国、新加坡等新兴留学目的地国也一跃成为全球接收高等教育留学生的重要增长极。另一方面，当前贸易保护主义抬头、逆全球化思潮暗涌，留学生教育政策也显现出一些全球性问题，这些问题给留学生教育的发展前景带来极大不确定性。

一、世界留学生教育政策的总体经验

通过对世界留学生教育政策的演进过程、总体现状及其所取得成效

---

① OECD，*Education at a Glance 2019*：*OECD Indicators*，Paris：OECD Publishing，2019，p.243.

的分析，我们比较清晰地看到了主要留学目的地国家在长期发展和实践过程中已经形成了较为成熟的政策经验。并且，不同的国家和地区表现出了较为统一的招揽国际学生的政策举措，其总体经验主要包括：根据国家社会经济发展的多元化需求发展留学生教育；完善留学生教育政策法规，确保留学生教育事业的持续健康发展；整合多主体力量，采取多样化政策举措，吸引留学生以及留住优秀毕业留学生。

（一）适应国家社会经济发展的多元化需求

从世界主要国家的发展经验上看，留学生教育被赋予重要的战略地位，留学生群体被视为推动国家政治、经济和科技发展的重要资源。无论是在政治、经济、学术抑或是人力资源动因的驱动下，吸引国际学生已经成为世界众多国家高等教育政策的一大重要特征。

具体来看，世界各国出台的留学生教育政策的动因比较多元。其中，学术因素是诸多国家建立和完善留学生教育政策的一大重要动因。对于高等教育机构而言，招揽一定比例的留学生对于大学本身的学术发展来说尤为重要，拥有多元化的学生群体有助于实现大学的国际化，能够帮助学生形成多元观点、增进跨文化理解和丰富学习体验。同时，随着世界大学排行榜在国际上愈来愈盛行，以及各大具有影响力的大学排行榜均将国际化程度作为重要指标之一，扩大国际学生和国际教职员工的比例对于大学排名和声誉提升显得尤为重要。尽管学术动因在发挥着重要作用，但是政治和经济动因主导了留学生教育政策领域的话语主权。从政治和外交角度上看，留学生教育被视为教育外交和提升国家软实力的重要手段。例如，德国联邦政府最近通过了一项明确的"国际化倡议"。外交部长将国际文化、教育和科学政策称为外交政策的"第三支柱"，其重要性可与政治或经济问题相提并论。[①] 此外，教育作为一种出口商品，为学校和所在国的国民

---

① Christian Bode, Martin Davidson, "International Student Mobility：A European Perspective from Germany and the United Kingdom", in *International Students and Global Mobility in Higher Education：National Trends and New Directions*, Rajika Bhandari, Peggy Blumenthal (eds.), New York：Palgrave Macmillan, 2011, p. 75.

经济作出了巨大的贡献。因此，留学生教育往往被视为能为国家带来大量收入的出口产业而受到政策制定者的广泛关注。在美国，2017 年留学生的生活费和学杂费为美国经济贡献了 424 亿美元，并创造了超过 45.5 万个就业机会；留学生也为英国、澳大利亚和加拿大等主要东道国的经济分别作出了 319 亿美元、247 亿美元和 155 亿美元的贡献。① 此外，出于发展知识经济和创新驱动型经济的需要，一些国家将吸引并留住留学生作为弥补本国技能人才空缺以及人口老龄化导致国内人口减少的重要手段。奉行这种理念的国家既包括德国、法国、加拿大、日本等出生率下降以及人口老龄化国家，也包括俄罗斯、中国、韩国、马来西亚等新兴经济体。由于留学生群体对于留学目的地国经济发展、科技进步、科研创新的重要贡献，因此享受到东道国的政策倾斜和优惠。

（二）制定持续稳定的留学生教育发展政策

为了在竞争日益白热化的留学生教育市场中占据重要位置，促进留学生教育的可持续发展，建立完善的政策支持体系是非常必要的。通过分析各主要留学目的地国为吸引留学生而颁布的诸多政策法规，可以发现，各国留学生教育政策表现出极大的相似性，并且能总结出一套行之有效的模式。具体包括：将留学生教育纳入国家重要战略计划，设立奖学金资助计划吸引优秀的国际学生，完善留学生管理与服务政策提高留学体验，以及完善移民和签证制度吸引大量的国际人才。这也凸显了近年来留学生教育发展的一个重要趋势：各国政府在促进国际教育营销与合作方面发挥了积极的作用，甚至发挥了主导作用，政府不仅是留学生教育资金的重要来源，而且是留学生教育发展的动力和主导力量。②

---

① Rajika Bhandari, *Global Competition for Talent：A Comparative Analysis of National Strategies for Attracting International Students*, Institute of International Education & WISE, 2019, p. 9.

② Christian Bode, Martin Davidson, "International Student Mobility：A European Perspective from Germany and the United Kingdom", in *International Students and Global Mobility in Higher Education：National Trends and New Directions*, Rajika Bhandari, Peggy Blumenthal (eds.), New York：Palgrave Macmillan, 2011, p. 75.

　　具体地看，首先，许多国家已经制定了明确的留学生教育战略规划，以吸引国际学生并鼓励教育交流。除了日本的"30万名留学生计划"以外，新加坡曾提出到2015年吸引15万名留学生的国际化战略，德国计划于2020年将在德国学习的留学生人数提高到30万名，马来西亚则提出到2020年吸引20万名留学生的目标，并希望到2025年将这一数字提升到25万名，加拿大也计划在2025年接收45万名留学生。其次，留学目的地国经常通过提供奖学金、助学金和学费补贴等方式吸引优秀的国际学生。例如，美国政府的富布赖特计划（Fulbright program）是一项长期运行的大型政府赠款计划，旨在加强美国与世界各地国家之间的联系，同时也使获得该奖学金的学生和学者群体受益。在某些发达国家，政府奖学金计划被视为一种发展援助，以提供给发展中国家的学生。[①] 此外，改善签证（包括留学签证和工作签证）及移民制度也是发达国家普遍采用的吸引和留住国际人才的一种传统做法。例如，德国允许来自非欧盟国家的留学生毕业后居留18个月，并且有一部分国际毕业生利用这段时间在德国找到适合的工作得以留下来。此外，对于在另一个国家攻读完整学位的留学生和短期交换生来说，获得海外实习或工作相关经验有利于他们获得所在国或回国后的工作机会。因此，实习或实践机会是驱动全球学生流动性的重要因素。在美国，留学生在完成相关阶段学习以后可以申请最长12个月的与主修领域相关的短期实习，即选择性实习训练（Optional Practical Training，OPT）。其中STEM领域的学生最长可以工作36个月。据统计，2017—2018学年，超过100万名的赴美留学生中有19%参加了选择性实习训练。与这些国家相反，近年来，英国改变政策以限制留学生毕业后的工作签证，在英国学习的印度学生人数有所下降。[②]

① Rajika Bhandari, *Global Competition for Talent：A Comparative Analysis of National Strategies for Attracting International Students*, Institute of International Education & WISE, 2019, p. 10.
② Rajika Bhandari, *Global Competition for Talent：A Comparative Analysis of National Strategies for Attracting International Students*, Institute of International Education & WISE, 2019, p. 12.

（三）采取多样化举措吸引和留住优秀留学生

全球范围内对高技能人才的竞争正在成为国际学生流动的强大推动力。欧洲、日本等面临老龄化问题的国家正与北美、澳大利亚争夺全球顶尖人才，因为所有这些国家和地区都迫切需要填补其知识经济中的人力资源缺口。而招揽留学生，尤其是如果他们毕业后留在留学目的地国，是一种利用全球人才库支持本国创新经济发展以及应对人口老龄化、弥补本国高技能人才缺失的有效方法。同时，上述国家必须与亚洲、拉丁美洲和非洲的新兴经济体竞争，这些新兴经济体可能更需要这些高技能人才。① 因此，各个国家采取政府部门、高校、社会机构等多主体相互协作的方式，不仅在国家层面颁布相关战略计划、奖学金政策和宽松的签证和移民政策，还在区域层面通过双多边合作战略加强国际交流与合作，在院校层面完善留学生支持与服务、开设英语授课的课程与项目以及打造留学生教育品牌，还在社会层面采用多种媒介开展市场营销活动，这些多样化举措在吸引国际学生方面通常被证明是成功的。

具体地看，欧洲各国通过区域层面的"伊拉斯谟＋"（Erasmus+）等计划提高学生和教职人员的流动性，每年有数十万名师生通过该项目进行跨国流动。此外，非英语国家在致力于改进和营销本国高等教育部门的同时，还将开设英语课程和项目作为吸引留学生的一种高效手段，以吸引世界更大范围内的留学生。毫无疑问的是，教学语言是国际学生选择留学目的地国的重要因素。由于英语在全球的通用程度，美国、英国、澳大利亚、加拿大等国家在留学生招揽方面拥有独特的优势。对此，法国、德国、俄罗斯、日本、韩国等非英语国家在积极采取多种举措推广本国语言以吸引国际学生的同时，鼓励高校提供英语授课的高等教育课程甚至完整的学位项目，以弥补本国教学语言无法吸引说英语的国际学生的缺陷。据泰晤士高等教育的报道，韩国近三分之一的大学课程都是用英语授课的，

---

① Hans de Wit，Irina Ferencz，Laura E. Rumbley，"International Student Mobility：European and US"，*Perspectives：Policy and Practice in Higher Education*，Vol.17，No.1（January 2013），pp. 17-23.

许多大学都开设了专门的国际校园，其中韩国高等科学技术学院（Korea Advanced Institute of Science and Technology，KAIST）超过 80% 的课程是用英语授课的。[①] 除此以外，还有一些非常活跃的非营利部门在吸引国际学生方面发挥着关键作用。以美国为例，包括国际教育协会（Institute of International Education，简称 IIE）、全国外国学生事务联合会（the National Association for Foreign Student Affairs，简称 NAFSA）、美国教育委员会（American Council on Education，ACE）、美国大学招生咨询协会（National Association for College Admission Counseling，简称 NACAC）、美国大学注册及录取协会（American Association of Collegiate Registrars and Admissions Officers，简称 AACRAO）等在内的组织均积极参与国际教育管理与服务工作。英国文化协会（British Council）和德国学术交流中心（Deutscher Akademischer Austauschdienst，简称 DAAD）也在留学生教育中发挥关键作用。最后，值得注意的是，英国、澳大利亚等将留学生教育作为重要出口产业的国家还通过建立强大的代理体系来帮助招募国际学生。

二、世界留学生教育政策面临的问题与挑战

经过数百年的发展，世界留学生教育已经形成了较为完善的政策体系，并取得了显著成效。但同时，在全球问题凸显的当下，世界留学生教育政策还存在着诸多问题，正在面临前所未有的挑战。

（一）欧美发达国家表现出收紧留学生教育政策的趋势

在传统和新兴留学目的地国关注留学生入学人数及其增长率的热情高涨的同时，我们不禁开始反思，留学生教育政策的未来发展趋势如何？全球留学生教育规模是否能够如过去几十年那般实现高速增长？事实上，教育系统内外部诸多因素均可以对留学生教育政策发展和留学生增长趋势

---

① Times Higher Education，"Best universities in South Korea 2021"，2020 年 9 月 10 日，见 https：//www.timeshighereducation.com/student/best-universities/best-universities-south-korea。

产生重要的影响。并且，近年来逆全球化潮流更导致留学生教育政策的前景未明。总的来看，当前影响留学生教育政策制定的不确定因素远多于以前，这些变数可能会影响未来几年的全球学生流动趋势。特别是国家签证法规、反移民政策、学费上涨、私人提供者缺乏质量控制以及顶尖研究型大学从数量向质量的转变是可能导致留学生人数减少的重要因素。① 具体来看，美国、英国、澳大利亚等东道国相继对留学生实施了严格的签证制度，其很可能导致留学生人数的大幅下降。此外，两国摩擦或者频发的留学生安全事件也可以导致留学生人数增长速度的短时放缓。另一方面，留学生寻求海外教育经验的动因往往是本国高等教育机构的能力不足，这驱使一大批具有足够经济基础或者卓越学术能力的个人在世界范围内寻找最好的学习机会，以提升自身在全球化时代下劳动力市场中的优势地位。但是近年来，随着发展中国家不断发布相关政策措施提升本国高等教育部门能力水平，以及亚洲国家在发展教育枢纽方面的成就，这些国家向外输送留学生的增长速度可能正在放缓。此外，2020 年初以来新冠肺炎疫情的全球蔓延更导致诸多国家暂缓留学生教育政策的进一步发展，给留学生的增长带来诸多不确定性。

（二）资源紧张情况下留学生教育政策的驱动力不足

近两年来，欧美发达国家的反移民情绪开始急遽上升，使得背后相关的重要问题不可避免地浮现出来，即留学目的地国是否能够适应留学生规模的急速扩张，全球留学生教育政策是否能够进一步实现跨越式发展。留学生人数的快速增长，对需要提供必要支持和服务的院校和资源有限、无法吸收这一增长的当地社区都是挑战。城市地区可能会面临人口过剩或拥堵的问题，而农村或偏远地区可能需要努力适应外国居民的大量集中。②

---

① Hans de Wit，Irina Ferencz，Laura E. Rumbley，"International Student Mobility：European and US"，*Perspectives：Policy and Practice in Higher Education*，Vol.17，No.1（January 2013），pp.17-23.

② Rajika Bhandari，*Global Competition for Talent：A Comparative Analysis of National Strategies for Attracting International Students*，Institute of International Education & WISE，2019，pp. 50-51.

此外，由于留学生往往比本国学生支付更高的学费，因此对于减轻高等教育机构的财政问题来说更为高效。为此，有人担心留学生人数的不断扩张可能使得高校倾向于优先招收可以带来更高收入的留学生，而挤压了本国学生的资源和名额。① 对此，一些国家的解决措施是收紧留学生学习和工作签证，实现从追求留学生数量向质量的转变。如新西兰越来越注重改善留学生的体验和提升留学生教育的质量，而不仅仅是追求留学生的规模。

另一方面，对于发展中国家来说，他们由于一直是留学生的"提供者"，参与国际留学市场的竞争使得它们可能面临两难的困境，即提高本国高等教育系统的能力，以满足本国人民不断增长的高等教育入学机会的需求，同时还要容纳不断增长的留学生的问题。② 另外，由于英语的通用性地位，许多亚洲和欧洲国家不得不引入越来越多的英语课程甚至整个学位项目，以求得短期内留学生规模的迅速壮大。但是，从长远来看，这种做法是有代价的，不仅巩固了英语在全球范围内的主导地位，更是对本国语言的一种侵蚀。更重要的是，英语项目不利于让学生了解东道国的语言、文化以及提升跨文化沟通和合作能力，与留学生教育的本质和初心背道而驰。因此，未来这些非英语国家可能会面临"国际化"和"本土化"之间的利弊权衡，从而放缓留学生教育政策制定的步伐。

（三）逆全球化思潮暗涌使得留学生教育政策前景未明

尽管留学生教育政策的建立和完善看似是一种纯粹的教育行动，但同时也受到地缘政治、文化距离、国家外交方针以及移民签证制度的影响。在当前全球政治环境不确定和逆全球化思潮暗涌的背景下，地缘政治

---

① OECD, *Education at a Glance 2019*：*OECD Indicators*，Paris：OECD Publishing，2019，p.229.

② Rajika Bhandari, Peggy Blumenthal, "Global Student Mobility and the Twenty-First Century Silk Road：National Trends and New Directions", in *International Students and Global Mobility in Higher Education*：*National Trends and New Directions*, Rajika Bhandari, Peggy Blumenthal (eds.), New York：Palgrave Macmillan, 2011, p.12.

变化的不确定性，以及留学生来源国和东道国政治、外交以及教育方针的变动，使得留学生教育政策的发展趋势往往是很难预见的。特别是近几年国际政治格局正在面临巨大的动荡，民族主义和民粹主义在欧美国家兴起，这种变动可能会影响未来几年全球留学生教育政策的变动。具体来看，2016年6月23日，英国脱欧派在公投中获胜的结果对英国学生流动产生了不可估量的影响，特别是给未来英国与欧洲国家之间的高等教育交流与合作政策带来诸多不确定性。与此同时，特朗普上台之后美国的政治转变正在削弱其对国际学生的吸引力，美国政府对移民和签证的各种限制政策使得美国未来留学生教育政策的发展方向未明，引发了国际学生的普遍担忧。尽管很难在短期内预测上述热门留学目的地国的政治方针变化会在留学生教育政策领域产生怎样的效应和影响，毫无疑问的是，这种国际政治变化将使得未来的全球留学生教育政策出现一些值得关注的新动向。

（四）新冠肺炎疫情全球蔓延给留学生教育政策带来诸多不确定性

2019年底以来，新冠肺炎疫情大流行导致了有史以来最大规模的教育系统中断，影响了全球560万名留学生。当前疫情的全球蔓延也对留学生教育政策的进一步提升造成了前所未有的破坏。高等教育机构的大规模关闭以及面对面教学活动的暂停，包括学生签证在内的大使馆签证服务的暂停，边境和机场的延长关闭，预示着大多数国家将在难以预估的较长时间内收紧留学生教育政策，国际学生流动将在一段时间内保持不景气。此外，从政策结果上看，对留学生而言，疫情导致数以万计的留学生滞留在留学目的地国，等待线上或线下教学秩序的恢复，或因机场或边境关闭而难以返回本国，还可能面临沉重的经济负担；对留学目的地国而言，疫情对不同国家的影响程度有所不同，英国、澳大利亚、加拿大、美国等依赖留学生作为重要收入来源的留学生教育大国遭受的损失尤为严重。据估计，在澳大利亚、美国和英国这三个主要留学生接收国，新冠肺炎疫情将带来数十亿美元的收入损失以及无法预估的危机。一些专家认为，至少需要五年时间才能恢复到危机前的国际流动水平。① 一言以蔽之，新冠肺炎疫情的全球蔓延将给未来较长时间内留学生教育政策的制定和实施带来巨大的挑战。

三、世界留学生教育政策的发展趋势

事实上，预测世界留学生教育政策的发展趋势是十分困难的，尤其当它受到国家战略以及国际形势等诸多不可控因素的影响。但总的来说，未来国际留学生教育市场的竞争会愈演愈烈，越来越多的国家将重视留学生教育；在欧美国家收紧留学生教育政策，以及亚洲国家强化教育对外开放政策的背景下，国际学生流动趋势将呈现出越来越复杂化和多样化的格局；未来留学生教育政策将实现从单一追求市场规模向规模与质量并重的方向转变；发展中国家也表现出新的留学生教育政策关注点，即重视人才回流政策和制度的完善；此外，国际教育政策正在经历新的变革，新型跨境教育形式正在快速增长。

（一）留学生教育政策受到越来越多国家的广泛关注

进入新世纪以来，对知识和人才的竞争已经成为当今国际竞争的关键所在。在这种全球人才竞争日益激烈的背景下，留学生教育市场的生源争夺战愈演愈烈。各国纷纷争先恐后地颁布一系列与留学生教育相关的战略规划和政策指南，以在国际留学生教育市场中占据有利位置。特别是日本、韩国、新加坡等亚洲国家，自20世纪末就已经认识到要想彻底摆脱受制于西方发达国家的局面，缩小与西方发达国家的距离，必须实现本国经济结构调整和知识经济发展。而这种经济转型首当其冲的问题是人才，即培养和吸引更多优秀的高层次人才。因此，21世纪的留学生教育中一个与留学生数量的增长同样值得关注的事实是，传统的留学目的地国——美国、英国、德国、法国和澳大利亚，正面临着来自俄罗斯、中国、新加

---

① UNESCO，*COVID–19 and Higher Education*：*Today and Tomorrow*，United Nations Educational，Scientific and Cultural Organization，2020，pp. 12-19.

坡和马来西亚等国家的日益激烈的竞争,向国外派遣大量学生的国家也越来越多地成为留学生的接收国。近年来,中东、亚洲和其他地区教育"枢纽"的发展更为流动学生提供了新的留学目的地选择。①

正因为非传统留学目的地国逐渐成为备受国际学生青睐的留学目的地,传统留学目的地国留学生人数的增长趋势变得平缓。从结果上看,根据美国国际教育协会(Institute of International Education)2019 年发布的最新数据,2001 年,世界前六大留学目的地国是美国、英国、德国、法国、澳大利亚和日本,分别占据 28%、11%、9%、7%、4% 和 3% 的市场份额。而到了 2019 年,国际学生的流动方向变得越来越多样化,美国、英国、德国的留学市场份额出现了下滑,分别为 21%、9% 和 5%;与此同时,中国、加拿大和俄罗斯开始跻身全球前七大留学目的地国行列,占据的份额分别为 9%、8% 和 6%;此外,澳大利亚和日本招收的留学生占全球流动学生总数的比例也有所上升,达到了 8% 和 4%。② 由此可见,尽管美国高等教育中的留学生人数仍然居高不下,但选择其他国家的留学生人数的明显上升表明,美国的受欢迎程度已经有所动摇。③ 另外,英国脱欧(Brexit)削弱了欧盟高等教育的向心力和影响力,在一定程度上反映了全球一体化的倒退,对全球范围内的学生流动产生了深远影响,也引起了英国高校和学者的普遍担忧。但是,总的来说,美国、英国和澳大利亚等英语国家以及少数欧洲国家仍然在留学生招揽方面处于上风。未来,随着越来越多的国家开始重视留学生教育政策的引入和完善,在全球范围内吸引

---

① Hans de Wit, Irina Ferencz, Laura E. Rumbley, "International Student Mobility: European and US", *Perspectives: Policy and Practice in Higher Education*, Vol.17, No.1 (January 2013), pp. 17-23.

② IIE, "2019 Project Atlas Infographics", 2020 年 7 月 12 日, 见 https://www.iie.org/Research-and-Insights/Project-Atlas/Explore-Data/Infographics/2019-Project-Atlas-Infographics。

③ Rajika Bhandari, *Global Competition for Talent: A Comparative Analysis of National Strategies for Attracting International Students*, Institute of International Education & WISE, 2019.

国际人才、特别是留住顶尖学术人才的竞争将越来越激烈。

（二）全球留学生教育政策出现新的发展动向

随着西方在世界范围内的主导地位及其政治、军事和文化影响正逐渐下降，一个多级化和去中心化的世界正在崛起，[①] 这也对世界留学生教育格局产生了直接而巨大的影响。全球流动学生的"全球饼图"正在继续扩大，更多的国际学生不再只是被少数几个国家所吸引，而是在更大范围的国家中学习。[②] 特别是进入21世纪以后，随着新兴留学目的地国开始重视留学生发展战略和政策的制定，以及随之而来越来越多的学生在非传统留学目的地国寻求教育经历，历史上从南到北、从东到西的全球留学格局正在发生变化，留学生规模持续扩大并呈现出多元化流动趋势。从东道国教学语言的角度上看，国际留学生教育市场开始从英语国家的长期主导地位向多极化趋势演变，传统英语留学目的地（如英国、美国和澳大利亚）的国际学生流入量的增长正在放缓，德国、俄罗斯、日本、中国等非英语国家开始成为重要的高等教育国际学生接收国。这种国际学生整体流动方向的变化，让我们看到了留学生教育积极的一面。流动路径的多样化让越来越多的留学生派遣国也变成了接收国，使得原本固化的单向流动关系有所改善。与此同时，随着美、英等西方国家民粹主义和民族主义的返潮，这些国家未来留学生教育政策的发展前景不明朗。此外，尽管很难预测加拿大、德国以及亚洲国家能否在这场政策变动中抓住机遇，使得全球留学生群体大量从美、英等传统留学国家流向新兴留学目的地国，但毋庸置疑的是，英国脱欧和美国收紧留学生教育政策，将会影响国际留学生教育格局的变动，国际学生流动趋势将呈现出越来越复杂化和多样化的格局。

---

① Christian Bode, Martin Davidson, "International Student Mobility: A European Perspective from Germany and the United Kingdom", in *International Students and Global Mobility in Higher Education: National Trends and New Directions*, Rajika Bhandari, Peggy Blumenthal (eds.), New York: Palgrave Macmillan, 2011, p. 69.

② Bhandari Rajika, Peggy Blumenthal, "Global Student Mobility: Moving towards Brain Exchange", in *The Europa World of Learning*, Anthony Gladman (eds.), London: Routledge, 2008.

（三）留学生教育政策从强调扩大规模转向重视提质增效

随着全球留学生规模的迅速壮大，越来越多的国家，特别是发达国家，开始对国际学生的流动性进行更理智的思考。他们对留学生教育政策的观念从强调扩大规模转向注重提质增效，不再仅仅满足于招收更多的留学生，更在于如何采取措施以确保最优秀的学生进入他们的高等教育系统。例如，美国和英国充分认识到在不断扩大留学生教育规模的同时，提升留学生教育质量的紧迫性。因此，在经历了宽松的留学生签证政策之后，英、美两国开始调整本国的签证政策，适当提高签证申请标准，严格把关相关环节，旨在吸引更为优质的国际人才。

具体地看，自 2017 年唐纳德·特朗普（Donald Trump）出任美国总统以来，美国政府围绕国家安全战略出台了一系列政策措施，包括加强边界管制和限制移民政策、收紧签证程序以及加大对高技术人才的吸引和优惠政策，以吸引和留住在研究、技术、发明和创新方面有所成就的人才。就入学签证而言，美国国土安全局的高级官员正在商议一项提案，取消原有"每位留学生只需向主管国际生的学生和交流访问学者项目（Student Exchange Visitor Program，简称 SEVP）缴纳 200 美元的一次性费用"的规定，要求留学生每年重新申请美国签证，才能继续待在美国，并且每年都需要缴纳这笔费用。该提案如果获得通过，将意味着在美留学生不仅需要支付更高的申请费，还将花费更多时间准备申请材料，同时接受更为严格的审查。如果该项提案通过，将大大提高留学生在美求学的费用与成本，降低留学生获得美国高校入学资格和通过学习签证的概率，以及毕业后获得工作签证及成功移民的机会，进而挫伤赴美留学意愿和积极性；就工作签证而言，美国政府调整了 H–1B 工作签证的抽签规则，提高了准入的门槛，将原先"先抽取高学历名额，后抽取常规名额"的顺序进行调换，改为"先将所有申请人纳入 65000 个常规名额进行抽签，如果达到上限，再从剩下的硕士及以上学历申请者中抽取 20000 个名额。"这一变化将使硕士及以上学历的 H–1B 签证申请者中签率提高 15%，而本科学历的申请者中签难度加大。① 由此可见，美国现行的签证政策进一步向高技术、高质量人才倾斜，试图保障留学生教育优化政策真正落实到美国最需要、最优秀人才的吸引上。2011 年，英国政府对签证政策进行修改，提高留学生签证申请标准，尤其是英语水平的限制。要求所有申请本科及以上阶段课程的学生必须至少获得 B2 等级英语测试成绩。对于不能独立用英语进行交流的国际学生，英国边境管理署会拒绝其签证申请。同时，在工作签证方面也开始严格控制留学生毕业后在本国停留的时间，以此减少留学生对本国劳动力市场的冲击，兼顾社会实际需求。

（四）发展中国家愈来愈重视人才回流政策

随着发展中国家越来越重视人才的回流，纷纷制定相应优惠政策吸引高层次人才回国，在海外接受教育的学生回国就业已经成为新的发展趋势。例如，由于长久以来一直面临着人才外流的问题，菲律宾十分注重海外菲律宾工人（Overseas Filipino Workers）永久归国的政策体系建设，旨在促进他们参与国家发展，并确保他们在返回菲律宾后顺利重返社会。菲律宾科学和技术部（Department of Science and Technology）还通过"Balik科学家计划"（Balik Scientist Program）鼓励移民海外的科学家和技术专家返回菲律宾，分享他们的专业知识，以促进国家科学、农业、工业和经济发展。在此背景下，发展中国家开始呈现出从"人才外流"（brain drain）向"人才回流"转变的趋势。并且，随着国际学生流动和技术移民的进一步发展，人们开始引入"人才环流"（brain circulation）这一概念以对当前的流动性趋势进行新的、更细微的解释。其中，"人才环流"一词准确地描述了国际流动日益多向的性质，更反映出人们日益认识到，这种人才流动方式对派遣国和接收国来说是一种互利的行为，尽管以不同的方式获益。也就是说，在一个联系日益紧密的世界中，国际人才的流动和技术移民不再遵循严格的线性模式，即人员仅在两个国家之间（通常是从南到

---

① 安亚伦、谢佳：《特朗普政府留学生接收政策对美国留学教育的影响》，《国际经济合作》2019 年第 6 期。

北）流动。例如，来自亚洲的学生可能会选择在自己的祖国获得本科学历，在美国获得硕士学位，并在英国获得博士学位，然后回国在一个欧洲跨国公司工作。此外，随着科学和工程领域本身已经发展成为无国界的行业，国际科学家和研究人员的活动也变得越来越复杂。毋庸置疑，这种类型的多国流动性很难衡量。①

（五）亚洲国家支持新型跨境教育发展

根据国际高等教育著名学者简·奈特（Jane Knight）的观点，学术流动已经实现从人的流动向项目流动再向提供者的流动转变，现在又向教育枢纽（education hubs）的方向发展。② 具体地看，传统的人的流动指的是学生、教师、学者跨越边界的学术交流活动，项目流动则包括结对项目（twinning）、特许经营（franchise）、虚拟项目等，跨境提供者的流动同样具有不同的形式，包括海外分校、学习中心和虚拟大学等。这种通过课程、项目和提供者流动而不是学生流动的跨境交付，已成为发展中国家引入优质境外教育资源的重要手段。此外，近年来，新加坡、马来西亚、卡塔尔、阿拉伯联合酋长国等亚洲国家开始致力于区域高等教育枢纽相关政策的建立与实施。这些国家大多正处于经济转型升级的重要阶段，建立区域教育枢纽有利于增强本国高等教育部门的能力水平，满足就业市场对熟练劳动力的需求，实现建立区域形象、提升软实力以及发展知识型经济的愿景。③ 具体来看，新加坡于 2003 年开始实施"环球校舍"计划（The Global Schoolhouse），旨在使新加坡发展成为区域教育枢纽。该计划主要

---

① Rajika Bhandari，Peggy Blumenthal，"Global Student Mobility and the Twenty-First Century Silk Road：National Trends and New Directions"，in *International Students and Global Mobility in Higher Education：National Trends and New Directions*，Rajika Bhandari，Peggy Blumenthal（eds.），New York：Palgrave Macmillan，2011，p.16.

② Jane Knight. *Internationalization：Three Generations of Crossborder Higher Education*，New Delhi：India International Centre，2012，p.1.

③ Jane Knight，"Education Hubs：A Fad，a Brand，an Innovation? Journal of Studies in International Education"，*Journal of Studies in International Education*，Vol.15，No.3（July 2011），pp.221-240.

通过三项策略来提高新加坡高等教育部门的质量和能力，包括邀请世界一流大学并为其提供资金支持使其在新加坡建立学术项目、研究伙伴关系和海外分校；到 2015 年，从亚洲及其他地区招募 15 万名留学生；以及通过与来自世界各地的顶尖大学建立国际合作关系，使国内高等教育机构实现现代化。马来西亚建立教育枢纽的政策措施则包括建立依斯干达教育城（Educity in Iskandar Malaysia）、吉隆坡教育城（Kuala Lumpur Education City），以及引入新的留学生招募计划，以吸引该地区以及来自伊斯兰国家的学生。[1]

总而言之，这些非传统形式的流动通过提供新形式的课程项目、新型教学方法、异步协作式学习方式、海外实体校园以及远程在线教育等方式提供了可替代的跨境教育组织和运作模式，[2] 对国际高等教育产生重大影响。随着潜在的国际学生选择位于其所在国家或地区的新兴跨境教育模式，传统的国际学生流动可能会有所下降。但另一方面，这些多样化的国际化形式可能会继续快速增长，为具有不同教育需求的不同类型的学生提供服务，尤其是在新冠肺炎疫情全球蔓延的大背景下。所有这些正在发生的关于流动性的快速变化的发展，迫使国际教育者以新的方式思考学生的流动性，同时也带来了衡量流动性趋势的独特挑战和机遇。[3]

[1]　Jane Knight, "Education Hubs: A Fad, a Brand, an Innovation? Journal of Studies in International Education", *Journal of Studies in International Education*, Vol.15, No.3 (July 2011), pp.221-240.

[2]　Rajika Bhandari, Peggy Blumenthal, "Global Student Mobility and the Twenty-First Century Silk Road: National Trends and New Directions", in *International Students and Global Mobility in Higher Education: National Trends and New Directions*, Rajika Bhandari, Peggy Blumenthal (eds.), New York: Palgrave Macmillan, 2011, p.13.

[3]　Rajika Bhandari, Peggy Blumenthal, *Global Student Mobility: Trends and New Directions*, International Higher Education, 2012, pp. 14-15.

第五章　来华留学生教育的战略定位与基本政策

《中国教育现代化 2035》提出了"打造国际留学中心"的来华留学生教育发展目标，并强调要努力吸引国际优秀学生来华留学，使我国成为世界重要的留学目的地国家。为实现这个目标，我们应对来华留学生教育的未来发展进行科学的战略定位，在此基础上，探讨扩大和加强来华留学生教育的基本政策与制度，借此为来华留学生教育目标的实现提供政策保障与制度支撑。本章首先对来华留学生教育所处的国际方位进行分析，提出来华留学生教育的战略定位，然后基于来华留学生教育的发展实际及所处的国内外环境，对来华留学生教育政策的基本遵循和价值取向进行透视，提出来华留学生教育政策的未来走向。

第一节　来华留学生教育的国际比较与战略定位

党的十八大以来，尤其是 2013 年习近平总书记提出"一带一路"倡议以来，我国在政治外交、经济、社会、文化、教育等领域的对外交流合作深入开展，我国的国际地位以及国际影响力显著提升，伴随着这一进程，来华留学生规模迅速增长，来华留学生教育实现了较大发展。根据教育部门发布的数据显示，2014 年，接受高等学历教育的来华留学生为 164394 人，[1]

---

[1]　教育部：《2014 年全国来华留学生数据统计》，2015 年 3 月 8 日，见 http://old.moe.gov.cn/publicfiles/business/htmlfiles/moe/s5987/201503/184959.html。

来华留学生教育提前实现了 2010 年颁布实施的《留学中国计划》中提到的"到 2020 年，接受高等学历教育的留学生达到 15 万人"的工作目标。2018 年，接受高等学历教育的来华留学生达到了 258122 人，是 2014 年的 1.57 倍，年均增长率为 11.94%，[①] 保持了较高速度的增长态势。随着来华留学生规模，尤其是来华留学学历生规模的不断增长，我国在全球国际学生流动中的地位凸显，成为全球主要的留学目的地国家之一。当前，世界范围内留学生规模持续增长，国际学生在全球的流动呈现出新的发展趋势。在新的时代背景下，把握全球国际学生流动的当前趋势，对来华留学生教育开展国际比较，从而对来华留学生教育在全球国际学生流动中的坐标有一个清晰的认识以及对来华留学生教育进行准确的战略定位，对于我们进一步做好来华留学生教育，推动来华留学生教育的可持续发展具有极为重要的价值和指导意义。

一、全球国际学生流动的特征

当前，全球国际学生流动呈现出进一步加剧的趋势。吸引国际学生前去留学是世界范围内各国及高校的普遍战略选择。美国国际教育协会[②]（Institute of International Education，简称 IIE）在其《门户开放报告 2018》（*Open Doors* 2018）中指出，校园的国际化、世界一流大学建设与排名、构建知识经济与科技创新、教育与文化交流、将高等教育作为一项出口产业创收等是推动各国竞相招收留学生的重要因素。[③] 对此，美国学者菲利

[①] 教育部：《2018 年全国来华留学生数据统计》，2019 年 4 月 12 日，见 http：//www.moe.gov.cn/jyb_xwfb/gzdt_gzdt/s5987/201904/t20190412_377692.html。

[②] 美国国际教育协会（Institute of International Education，简称 IIE）与经济合作与发展组织（Organization for Economic Co-operation and Development，简称 OECD）每年发布相关报告，对全球国际学生流动趋势进行分析。本文中引用的美国国际教育协会发布的《门户开放报告 2018》以及 OECD 发布的《教育一览 2018》中的相关内容不再一一标明出处。

[③] Institute of International Education，"Open Doors 2018 Presentation"，2019 年 8 月 11 日，见 https：//www.iie.org/en/Research-and-Insights/Open-Doors/Open-Doors-2018-Media-Information。

普·阿特巴赫（Philip G. Altbach）与加拿大学者简·奈特（Jane Knight）指出，教育价值观输出、可观的经济收入以及其他的政治经济考量等因素推动着诸多国家和高校加大力度采取多种措施吸引国际学生留学。① 在经济收入方面，2017 年，在美国高校的留学生通过学费、住宿费以及其他支出共向美国经济贡献了 424 亿美元的收入。② 美国国务院负责教育与文化事务的助理国务卿玛丽·罗伊斯（Marie Royce）直言不讳地表示："在美国与美国人一起学习的留学生是美国的巨大资产，我们需要培养各个领域能够应对艰难挑战的领导人，我们需要能够为维持我们的安全以及使我们更加繁荣而找到解决方案的人们，我们想要表达这样一个信息：国际教育使我们国家变得更为强大。"③ 美国国际教育协会主席兼首席执行官阿伦·古德曼（Allan E.Goodman）博士亦表示："通过国际教育拓展留学机会帮助我们在世界范围内建立更为强大的纽带。当前，国际学生比以前有了更多的留学目的地选择，美国院校在为国际学生学术、专业与个人成功方面作出的贡献是我们国际竞争力的主要构成因素之一。"④ 经济合作与发展组织（Organization for Economic Co-operation and Development，简称 OECD）则在其研究报告中对留学生个人选择留学的动机进行了分析：对

---

① Philip G. Altbach，Jane Knight，"The Internationalization of Higher Education：Motivations and Realities"，*Journal of Studies in International Education*，Vol.11，No.3-4（September 2007），pp. 290-305.

② Institute of International Education，"Number of International Students in the United States Reaches New High of 1.09 Million"，2018 年 11 月 13 日，见 https：//www.iie.org/en/Why-IIE/Announcements/2018/11/2018-11-13-Number-of-International-Students-Reaches-New-High。

③ Institute of International Education，"Number of International Students in the United States Reaches New High of 1.09 Million"，2018 年 11 月 13 日，见 https：//www.iie.org/en/Why-IIE/Announcements/2018/11/2018-11-13-Number-of-International-Students-Reaches-New-High。

④ Institute of International Education，"Number of International Students in the United States Reaches New High of 1.09 Million"，2018 年 11 月 13 日，见 https：//www.iie.org/en/Why-IIE/Announcements/2018/11/2018-11-13-Number-of-International-Students-Reaches-New-High。

于学生个人来讲，赴海外留学是接触优质教育、获得国内可能无法学习到的技能以及接近能够提供较高回报的劳动力市场的机会，同时，赴国外留学亦是在日益全球化的劳动力市场中提高就业能力、学习其他社会的知识以及提高语言能力尤其是英语水平的机会。此外，推动本国学生出国留学亦是输出国方面扩大教育供给、培养国际化人才的重要途径，许多国家通过设立政府奖学金及其他各类形式的奖学金鼓励本国的优秀学子出国留学深造。因此，全球范围内国际学生流动规模持续增长，流动趋势进一步增强。总的来看，呈现出以下五个特点：

（一）国际学生流动规模持续增长

进入 21 世纪以来，全球范围内国际学生流动规模持续增长。根据 OECD 的统计，2016 年，全球高等教育阶段在校留学生由 1999 年的 200 万人增至 500 万人，增加了约 1.5 倍。当前，包括美国、英国、法国、德国、加拿大、澳大利亚等在内的 OECD 国家是留学生招收的主力军。2016 年，OCED 国家招收的留学生为 350 万人，占当年全球留学生规模的 70%。2013 年至 2016 年，几乎所有的 OECD 国家及其伙伴国家的留学生规模均实现了增长，其中，爱沙尼亚、拉脱维亚与波兰留学生规模翻了一番。

近年来，受美国签证政策趋紧及世界经济形势等因素影响，赴美留学的国际学生规模增速放缓，但仍保持增长态势，美国依然是世界上在校留学生规模最大的国家。2017—2018 学年，在美国高校就读的留学生规模为 1094792 人，较之 2016—2017 学年增长 1.5%，较之 2000—2001 学年增长近 1 倍。在扩大留学生规模方面，加拿大、日本、德国等国家纷纷制订了留学生规模增长的阶段性目标。加拿大提出了至 2022 年留学生达至 45 万人的目标，日本和德国则分别提出了至 2020 年留学生达到 30 万人与 35 万人的目标。

（二）国际学生双向流动趋势增强

新世纪以来，世界多极化与经济全球化的深入发展，文化多样化与社会信息化的持续推进以及高等教育国际化的发展潮流，使国际学生流动从"边缘"向"中心"的单向流动呈现出逐步向"边缘"与"中心"的双向流动转变的过程。以美国为例，在赴美留学的国际学生规模不断增长的同时，美国赴国外留学的学生规模亦显著增长，整体上的增速高于同期美国招收的留学生规模的增速。根据 IIE 发布的相关年度报告测算，美国年度出国留学的学生规模与美国招收的留学生规模的比例则由 2000—2001 学年的 0.28：1（154168 人 /547867 人） 提 高 到 0.31：1（332727 人 /1078822 人），提高了 3 个百分点。另据测算，自 2000 年以来，美国赴亚洲、非洲、中东地区、拉丁美洲与加勒比海地区出国留学的学生规模增速高于赴欧洲、大洋洲、北美洲的增速，呈现出不断增强的"中心"向"边缘"流动趋势。如表 5–1 所示，2016—2017 学年，美国赴国外留学的学生共计为 332727 人，是 2000—2001 学年的 2.16 倍，增长了一倍多：其中赴亚洲留学增长最为显著，增长了 3.18 倍；其后为非洲，增长了 2.29 倍；再后依次分别为中东地区、拉丁美洲与加勒比海地区，分别增长了 1.98 倍、1.3 倍，均高于赴欧洲、大洋洲、北美洲的增长倍数。展望未来，随着世界经济一体化程度的加深以及不同文明开展对话和交流的需要推动，国际学生的双向流动趋势必将进一步增强。

表 5–1　2000—2001 学年和 2016—2017 学年美国出国留学洲别 / 区域分布一览表

洲别 / 区域	美国出国留学的学生（单位：人）		增长倍数
	2000—2001 学年	2016—2017 学年	
亚洲	9247	38621	3.18
非洲	4540	15389	2.39
拉丁美洲与加勒比海地区	22387	51513	1.3
欧洲	97271	181145	0.86
大洋洲	9302	14639	0.57
北美洲	1108	1639	0.48
中东	1659	4945	1.98
南极洲	0	46	/

续表

洲别/区域	美国出国留学的学生（单位：人）		增长倍数
	2000—2001 学年	2016—2017 学年	
多区域	8654	24790	1.86
合计	154168	332727	1.16

资料来源：根据美国国际教育协会《门户开放报告 2018》相关资料整理而来。

（三）科学、技术、工程与数学（STEM）类专业备受国际学生青睐

国际学生出国留学专业的选择受到个人兴趣、家庭、学业成绩、就业、移民政策等多方面因素的影响。相关报告显示，科学、技术、工程与数学即 STEM 类专业是世界范围内留学生较为青睐的留学专业。2016 年，在 OECD 国家就读的留学生三分之一所学的专业为 STEM 类。2017—2018 学年，49.8% 在美国留学的留学生就读专业为 STEM 类，其中，就读工程类专业的留学生占全部留学生的比例为 21.3%。就留学生输出国而言，我国赴美留学生中的 46% 就读专业为 STEM 类，印度、孟加拉国、尼泊尔等国的这一比例则高达 70% 以上。

（四）国际学生留学层次存在区域差异

留学层次指的是留学生攻读的学位层次，主要分为课程进修或文化体验的非学历学习、学士、硕士与博士等层次。在世界范围内，各区域学生在留学层次上存在着一定差异。OECD 的研究发现，亚洲与欧洲学生在留学层次上的区别是：亚洲学生倾向于在短期交流以及硕士层次上的流动，而欧洲学生则倾向于在学士与博士层次上的流动。在此方面，美国学生则倾向于在学分课程或文化体验层次上的流动。据美国国际教育协会发布的《门户开放报告 2018》显示，2016—2017 学年，共有 332727 美国学生赴国外留学，其中，在外进行完整学年学习的学生比例仅为 2.2%，绝大多数学生进行一学期或数周的学分课程或文化体验学习。留学层次的区域差异性反映了不同的区域或国家的留学生在留学层次选择上的不同倾向。

（五）国际学生比例随留学层次提高

OECD 的研究报告指出，培养层次越高，其国际化程度亦越高。除少数国家外，OECD 国家的留学生占比随着留学层次的提升而提高。2016年，约 50% 的 OECD 国家攻读学士学位的留学生占在校生的比例低于5%，80% 的 OECD 国家这一比例则低于 10%。但在硕士层次上，留学生所占的比例则明显上升。OECD 国家硕士层次上留学生的平均比例超过10%。约三分之二的 OECD 国家硕士层次留学生的比例是本国学士层次留学生比例的两倍，西班牙、瑞典等国的这一比例则为四倍以上，澳大利亚、丹麦、挪威等国的这一比例则为三倍以上。在博士层次上，OECD国家留学生占在校博士研究生的比例增至 26%，其中，卢森堡的比例为80%，瑞士为 55%，美国为 40%。

二、来华留学生教育的国际比较

当前，我国已成为国际学生流动的重要目的地国家之一。适时地对来华留学生教育进行国际比较，从中发现差距与不足，是下一阶段做好来华留学生教育的前提和基础。本部分围绕着规模、生源质量、结构等维度对来华留学生教育进行国际比较分析。

（一）留学生规模位于前列

美国国际教育协会《门户开放报告 2018》显示，2017 年，来华留学生总体规模居世界第三位，占全球留学生规模的比例约为 10%，位列美国、英国之后，澳大利亚、加拿大、法国、俄罗斯、德国之前，我国已成为亚洲最大、世界第三大的国际学生流动目的地国。另据我国教育部门统计显示，2018 年，在我国高校学习的留学生为 49.22 万人，来自 196 个国家和地区。[①] 自 2000 年以来，来华留学生规模增长迅速，至 2018 年年均增长率为 9.29%，保持了较高的增长速度。当前，随着"一带一路"倡议

---

① 数据来自教育部国际合作与交流司 2017 年《来华留学简明统计》。如无特别注明，本部分中的来华留学生数据均来自于教育部国际合作与交流司历年《来华留学简明统计》。

的推进实施，"一带一路"沿线国家来华留学生规模增长迅速。2018年，来华留学生的前10位生源国依次为韩国、泰国、巴基斯坦、印度、美国、俄罗斯、印度尼西亚、老挝、日本和哈萨克斯坦，其中，"一带一路"沿线国家占据7席。来自"一带一路"沿线国家的留学生共计26.06万人，占2018年来华留学生总人数的52.95%，较之2013年提高了近13个百分点。由此可见，"一带一路"倡议为来华留学生教育提供了新的发展动力。

（二）生源质量总体不高

截至目前，我国未对来华留学生入学标准进行统一的规定。2018年9月颁布实施的《来华留学生高等教育质量规范（试行）》仅对来华留学生入学的最低学历和语言能力提出了要求，入学的考试考核、学术水平要求与评价方式由各高校自行确定。[①] 但在实际情况中，出于对来华留学生规模的追求，存在着来华留学生入学标准弱化、入学门槛偏低的现象。正如有学者所指出的，一些高校留学生报考数量不足，导致录取可选择余地较小，坚持规模与质量并行面临较大挑战。[②] 一项对我国34所高校的2372名研究生导师和55名研究生院院长的问卷调查表明，54%的导师认为目前来华留学研究生生源质量不够理想，49.2%的导师认为来华留学研究生专业基础薄弱，难以满足研究生阶段专业学习需要，85%的研究生院院长认为本校留学生生源质量不佳。[③] 因此，强化来华留学生的入学考试考核，建立起来华留学生招生录取工作机制是高校今后努力的方向。

（三）留学生占高等教育在校生的比例较低

留学生占高等教育在校生的比例是衡量一国或地区留学生教育发展水平的重要标志之一。如前所述，2016年，OECD国家留学生占高等教育在校生的比例为6%，其中，博士研究生的比例则达至26%。以2018

---

① 教育部：《关于印发〈来华留学生高等教育质量规范（试行）〉的通知》，2018年10月9日，见 http://www.moe.gov.cn/srcsite/A20/moe_850/201810/t20181012_351302.html。
② 康乐：《普及化阶段来华留学教育的内涵式发展》，《大学教育科学》2019年第3期。
③ 李海生等：《来华留学研究生教育中的生源问题及对策分析》，《学位与研究生教育》2017年第8期。

年为例，当年我国高等教育普通本专科、研究生在校生数为 31041605
人，[①] 此外，来华留学生人数为 492185 人，占比为 1.56%，远低于 OECD
国家的平均水平。需要指出的是，此处的来华留学生人数中包括 234063
名非学历留学生，而如果仅将学历留学生计算在内的话，来华留学生在我
国高等教育在校生的比例会更低。

　　具体到学历留学生上，来华留学本专科生占我国本专科在校生数的
比例仅为 0.61%，来华留学硕士研究生占我国硕士研究生在校生数的比
例为 2.48%，来华留学博士研究生占我国博士研究生在校生数的比例为
6.17%（详见表 5–2）。以上来华留学生在各学历层次上的比例均远远低于
OECD 国家的平均水平。从这个角度上看，无论是来华留学生的总体规
模，抑或是我国来华留学学历生的规模与 OECD 国家，尤其是美国、英
国、澳大利亚、加拿大、德国等国家存在着较大的差距。

表 5–2　2018 年来华留学生各学历层次占我国高等教育相应学历层次在校生的比例

学历层次	留学生 （单位：人）	高等教育普通在校生 （单位：人）	合计 （单位：人）	留学生占比
本专科生	173060	28310348	28483408	0.61%
硕士研究生	59444	2341739	2401183	2.48%
博士研究生	25618	389518	415136	6.17%

资料来源：教育部：《2018 年教育统计数据》，2019 年 8 月 8 日，见 http://www.moe.gov.cn/
s78/A03/moe_560/jytjsj_2018/；教育部国际交流与合作司：《来华留学生简明统计》，
2018 年。

（四）留学生教育结构有待优化

　　来华留学生教育结构指的是"来华留学教育系统内各组成要素之间
的关联形式和比例关系"[②]。通常来讲，来华留学生教育结构包括国别和区

[①]　此处数据为教育部发布的《2018 年教育统计数据》"高等教育学校（机构）学生数"
　　中的普通本专科、研究生在校生数与教育部发布的《2018 年度我国来华留学生情况统
　　计》中的来华留学生数之和。

[②]　程家福：《来华留学生教育结构历史研究》，同济大学出版社 2012 年版，第 14 页。

域结构、类别结构、学历结构及专业结构等。此处主要就来华留学生教育的类别结构、学历结构及专业结构进行比较。

首先，类别结构有待优化。从类别结构上看，来华留学生主要由学历留学生与非学历留学生组成。近年来，在我国综合国力的提高、国际影响力的提升以及高等教育吸引力的增强等一系列因素的推动下，来华留学学历生规模增长迅速，高于同期来华留学非学历生规模的增长速度，但与美国、英国、澳大利亚等 OECD 国家相比，来华非学历留学生占来华留学生总人数的比重仍然较大，达 50% 左右，来华留学生的整体层次不高，来华留学生的类别结构仍有进一步优化的较大空间。

其次，学历结构有待优化。从学历结构上看，在来华留学学历生的构成中，来华留学学历生主要以本科生为主，硕士研究生和博士研究生的比例偏低。以 2018 年为例，当年，全部来华留学学历生为 258122 人，其中，专科生为 12277 人，占比为 4.76%；本科生为 160783 人，占比为 62.29%；硕士研究生为 59444 人，占比为 23.03%；博士研究生为 25618 人，占比为 9.92%。（如图 5-1 所示）而如不将中国政府奖学金来华留学学历生计算在内，自费来华留学本科生占全部自费来华留学学历生的比例会更高，达 73.51%；自费来华留学硕士研究生占比则由 23.03% 降为 15.26%；自费来华留学博士研究生占比则由 9.92% 降为 5.13%（如图 5-2 所示）。而在美国、英国、澳大利亚等国家，在整个学位留学生群体中，硕士研究生与博士研究生的比例相对较高。以美国为例，2016—2017 学年，在美国高校攻读学位的留学生共计 825699 人，其中副学士学位生有 78819 人，占攻读学位的留学生总数比例为 9.5%；本科生为 363927 人，占攻读学位的留学生总数比例为 44.1%；硕士研究生为 225883 人，占攻读学位的留学生总数比例为 27.4%；博士研究生为 123500 人，占攻读学位留学生总数比例为 15%。[1]

① Institute of International Education, "Academic Level-International student data from the 2018 open doors", 2019 年 8 月 11 日，见：https://www.iie.org/Research-and-Insights/Open-Doors/Data/International-Students/Academic-Level。

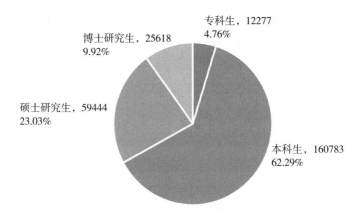

图 5–1　2018 年来华留学学历生各层次人数及所占比例

资料来源：教育部国际交流与合作司：《来华留学生简明统计》，2018 年，第 35 页。

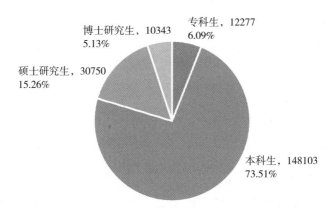

图 5–2　2018 年自费来华留学学历生各层次人数及所占比例

资料来源：教育部国际交流与合作司：《来华留学生简明统计》，2018 年，第 35、282 页。

　　其三，专业结构有待优化。如前所述，STEM 类专业是全球范围内留学生较为青睐的专业。但就来华留学生而言，其专业分布与世界范围内的这一趋势存在较大差异。来华留学生中非学历生占据 50% 左右，主要是来华进修汉语与中国文化类课程，因此，就整个来华留学生群体来看，其专业以文科类为主。据统计，2018 年，汉语言专业留学生（含学历生和非学历生）总数占当年来华留学生总数的 37.68%。[①] 单就来华留学学历生

––––––––––––

① 教育部国际合作与交流司：《来华留学生简明统计》，2018 年，第 33 页。

群体而言，其专业分布亦与当前的国际趋势具有明显的不同。根据教育部统计显示，2018 年，来华本科生留学专业排在第一位的为西医，占比为29.37%，而工科类专业仅占 20.48%；在来华研究生的留学专业方面，工科类专业占的比例略高，占比为 26.00%，在各类专业中排在第一位，加上理科类专业 6.33% 的占比，二者合计为 32.33%，仍略低于 OECD 国家的平均水平。[①]

（五）留学竞争力有待增强

留学竞争力与一国的经济实力、综合国力以及科技实力、高等教育质量等因素紧密相关。具体到留学国家及院校、专业的选择上，一国的大学学科专业世界排名、留学政策、留学成本、社会服务环境等等往往是留学生在作出抉择时予以重点考量的因素。基于"中心与边缘理论"，西方发达国家大学具于世界知识体系的中心，而发展中国家则处于世界知识体系的边缘地位。[②] 国际学生流动格局恰是这一理论的现实写照。近年来，随着新兴留学目的地国家的崛起，国际学生流动格局正由"一极独大"趋向"多极并存"，但世界范围内国际学生由"边缘"流向"中心"的总体趋势未发生根本改观。经济基础决定上层建筑，留学竞争力归根结底是由一国的经济发展水平决定的。在现阶段，我国经济总量虽已居世界第二位，但依然是世界上最大的发展中国家，人均国内生产总值与西方发达国家相比仍存在着较大差距。从这个角度上看，我国的留学竞争力与西方发达国家仍不可同日而语。

鉴于留学生教育的教育服务贸易属性，学术界在高等教育贸易的框架中针对我国高等教育留学竞争力开展了相关研究。学者黄珊指出，与发达国家相比，我国的高等教育服务贸易竞争力相对不足，具体表现为：教育资源相对不足，这直接影响到教育服务学科的层次度和教育服务内容；教育服务贸易相关政策尚不完善，教育证书的国际认可度不高，这

---

① 教育部国际合作与交流司：《来华留学生简明统计》，2018 年，第 64—89 页。
② 阿特巴赫、蒋凯：《作为中心与边缘的大学》，《高等教育研究》2001 年第 22 期。

使得我国教育服务的吸引力大大减弱。① 学者白彦锋等以北京市为例，对我国高等教育留学竞争力进行了研究后指出，总体来看，北京市的高等教育水平依旧和发达国家的主要城市之间存在很大差距，高等教育服务贸易逆差短期内亦难以得到改善，提高国际竞争力任重道远。② 诚然，除经济与高等教育发展水平之外，留学生教育竞争力与留学政策、社会服务环境、教育质量、就业政策等亦紧密相关。我们应在不断地提高经济与高等教育发展水平的基础上，在完善留学政策、优化来华留学社会服务环境、提高留学生教育质量、提升就业政策等方面下功夫，提升来华留学生教育的国际竞争力，打造来华留学生教育的国际竞争与比较优势。

（六）留学服务水平相对较低

留学服务涉及教育教学、住宿、勤工俭学、医疗保险、社会福利、社团组织、文化活动等诸多方面，为留学生在接受国的学习生活提供基本的保障。完善的留学生服务体系、良好的留学体验是吸引国际学生的重要筹码。普遍而言，世界主要的留学生目的地国都在强调健全留学生服务体系，改进留学生服务工作，优化留学生教育环境。如英国就彻底贯彻了"学生即顾客"这种全面为学生服务的理念。在英国，留学生可享受到包括入学前各种准备工作的说明、到达英国之后的接待、对学校及专业基本情况的介绍、实习、兼职以及未来就业指导等一系列的留学支持，这些服务大大改善及增强了他们的学习体验。③ 然而当前，与英国、美国、澳大利亚等国家相比，我国的来华留学服务水平相对较低，尚未建立起来华留学的社会化专业化服务体系，来华留学的社会化服务程度低，专业化服务欠缺。

---

① 黄珊：《中国高等教育服务贸易的国际竞争力分析》，《现代经济信息》2014 年第 9 期。
② 白彦锋等：《我国高等教育留学竞争力研究——以北京市为例》，《公共财政研究》2019 年第 1 期。
③ 苏明明等：《英国留学生教育管理探析》，《世界教育信息》2019 年第 1 期。

三、来华留学生教育的战略定位

毋庸赘言，国际学生在留学目的地国求学不仅为该国带来可观的经济效益，而且更为重要的是可带来深远的政治外交、社会、文化等方面的效益，是留学目的地国极为重要的战略性资源，其对留学目的地国具有的战略性作用不言而喻。当前，中国特色社会主义进入新时代，来华留学生教育亦进入了提质增效的发展新阶段。国际范围内，各主要发达国家在留学生教育市场上的竞争日趋激烈，全球国际学生流动格局中的多极化趋势进一步强化。面对国内外发展的新形势，适时对来华留学生教育进行恰当的战略定位具有极为重要的现实意义与深远的历史意义。新中国成立70多年的历程业已表明，来华留学生教育为我国开展对外交往、增进与世界各国人民的了解与友谊发挥了重要的战略性支撑作用，来华留学生教育之于我国的战略性地位和意义显而易见。但在实践中，我国针对来华留学生教育的战略定位不足。2010年9月，教育部印发《留学中国计划》，提出"到2020年，使我国成为亚洲最大的留学目的地国家"的发展目标。[①] 这是新中国成立后我国政府首次在战略层面上对来华留学生教育进行规划，反映了我国政府对来华留学生教育认识在不断地深化。当前，《留学中国计划》确立的这一目标也已提前完成。在此背景下，研究并提出来华留学生教育发展的新的战略定位恰逢其时。

来华留学生教育是我国外交事业的有机构成，是我国教育对外开放事业的重要组成部分，是我国教育国际化发展水平的重要标志，亦是我国教育改革与发展的重要动力。因此，来华留学生教育战略的制定应立足于我国经济社会发展的大局，应契合于我国经济社会发展的战略部署，应与我国经济社会发展的战略目标同频共振、同向而行。党的十九大报告为我国的社会主义现代化建设安排了两个阶段：第一个阶段，从2020年到2035年，在全面建成小康社会的基础上，再奋斗15年，基本实现社会

---

① 教育部：《关于印发〈留学中国计划〉的通知》，2010年9月21日，见http://www.moe.gov.cn/srcsite/A20/moe_850/201009/t20100921_108815.html。

主义现代化;第二个阶段,从 2035 年到 21 世纪中叶,在基本实现现代化的基础上,再奋斗 15 年,把我国建成富强民主文明和谐美丽的社会主义现代化强国。[①] 我国教育部部长陈宝生在十九大新闻中心记者招待会上回答记者提问时提出,到 2049 年,中国教育将稳稳地立于世界教育的中心,引领世界教育发展的潮流,中国标准将成为世界标准,中国将成为世界上人们最向往的留学目的地国。[②] 2019 年 2 月,党中央、国务院下发《中国教育现代化 2035》,提出了"2035 年总体实现教育现代化、迈入教育强国行列"的总体目标,并将"开创教育对外开放新格局,积极服务'一带一路'建设,全面加强与世界各国和国际组织的教育务实合作,提升我国教育国际影响力"作为推进教育现代化的十大战略任务之一。[③] 关于来华留学生教育,《中国教育现代化 2035》提出"打造国际留学中心","将我国建成具有重要国际影响力的全球教育高地","使我国成为世界重要的留学目的地国家"等战略举措和战略目标。同期下发的《加快推进教育现代化实施方案(2018—2022 年)》则对来华留学生教育领域的若干具体工作进行了部署。

围绕以上党和国家关于经济社会建设以及教育现代化建设的战略部署,在对全球国际学生流动进行研判的基础上,结合来华留学生教育发展实际,来华留学生教育的战略定位应归结于三个方面:以来华留学生教育推动我国教育改革发展,提升我国教育国际化水平,推进我国教育现代化和教育强国建设;打造"留学中国"品牌;发挥留学生的"人脉资源"作用。紧紧围绕以上战略定位,基于我国教育现代化和教育强国的战略部

---

① 习近平:《决胜全面建成小康社会 夺取新时代中国特色社会主义伟大胜利——在中国共产党第十九次全国代表大会上的报告》,《人民日报》2017 年 10 月 28 日。

② 《陈宝生:2049 年的中国教育将稳稳立于世界教育中心》,2017 年 10 月 22 日,见 http://www.jyb.cn/zcg/xwy/wzxw/201710/t20171022_804937.html。

③ 新华社:《绘制新时代加快推进教育现代化建设教育强国的宏伟蓝图——教育部负责人就〈中国教育现代化 2035〉和〈加快推进教育现代化实施方案(2018—2022 年)〉答记者问》,2019 年 2 月 23 日,见 http://www.moe.gov.cn/jyb_xwfb/s271/201902/t20190 223_370865.html。

署，我们提出来华留学生教育发展的战略目标：

一是到 2035 年，建成国际留学中心，使我国成为具有重要国际影响力的全球教育高地，成为世界重要的留学目的地国家；确立完善的来华留学政策法规体系，形成合理的来华留学生国别与学科专业结构，建成完善的来华留学质量保障体系和来华留学社会化专业化服务体系，建成世界留学生教育强国，留学中国计划深入实施，我国学历学位得到国际社会普遍认可，"留学中国"品牌享誉世界。

二是至 21 世纪中叶，建成世界最大的留学目的地国，来华留学生教育引领世界国际学生教育发展潮流；来华留学生教育法治水平全面提升，来华留学生教育标准引领世界，来华留学生教育质量享誉全球，来华留学社会化专业化服务水平国际一流，"留学中国"成为世界青年学子的争相选择。

围绕以上来华留学生教育的战略定位以及来华留学生教育发展的战略目标，我们应按照《中国教育现代化 2035》《加快推进教育现代化实施方案（2018—2022 年）》及中办、国办于 2016 年印发的《关于做好新时期教育对外开放工作的若干意见》、2020 年印发的《教育部等八部门关于加快和扩大新时代教育对外开放的意见》等文件关于来华留学生教育的部署，基于对世界范围内留学生发展态势的分析研判，针对当前来华留学生教育存在的不足，认真加强来华留学生教育政策研究，通过打造具有国际比较优势的来华留学生教育政策，推进来华留学生教育的跨越式发展，为来华留学生教育战略目标的实现提供政策支撑和保障。

第二节　来华留学生教育政策的基本遵循与价值取向

党的十九大报告强调，"要根据新的实践对经济、政治、法治、科技、文化、教育……各方面作出理论分析和政策指导，以利于更好坚持和发展中国特色社会主义。"[①] 来华留学生教育政策是教育政策的重要构成。新

---

① 习近平：《决胜全面建成小康社会　夺取新时代中国特色社会主义伟大胜利——在中国共产党第十九次全国代表大会上的报告》，《人民日报》2017 年 10 月 28 日。

时代对来华留学生教育提出了更高的要求，适时地对来华留学生教育政策进行理论分析具有极为重要的现实意义。戴维·伊斯顿（David Easton）认为："公共政策是对全社会的价值作权威性分配。"① 哈罗德·拉斯韦尔（Harald D. Lasswell）与亚伯拉罕·卡普兰（A. Kplan）认为："政策是一项包括目标、价值与策略的大型计划。"② 詹姆斯·安德森（James E. Anderson）认为："政策是一个有目的的活动过程，而这些活动是由一个或一批行为者，为处理某一问题或有关事务而采取的。"③ 陈孝彬等认为："政策是指国家、政党等为实现一定时期的政治、经济和社会发展目标或解决特定的社会问题而制定的行为规范和准则，表现为一系列的纲领纲要、发展规划、法律条令、行政决议、措施方法等形式。"④ 以上有关政策的含义虽然表述不一，但包含政策的基本内涵：政策的制定主体通常是政府、政党或某一组织；具有明确的目的、目标或方向，具有价值取向；是一个涵盖政策制定、政策执行等环节的过程。在本节中，来华留学生教育政策指党和国家在高等教育领域，为推动来华留学生教育发展而直接或间接作出的制度安排和规范，表现为法律法规、规划纲要、行动计划、部门规章以及一系列规范性文件等。本节拟就新时代来华留学生教育政策的基本遵循及价值取向进行阐述。

一、来华留学生教育政策的基本遵循

由政策的内涵可知，政策不是凭空产生的，也不是随意制定的。政策总是与一定的宗旨、理念、目标、方向等相关联，是一个涵盖了政策宗旨、理念、目标、方向和过程等的集合体。来华留学生教育政策亦不例外。来华留学生教育立基于中国经济社会发展，根植于中国大地，面向的

① David Easton, *The Political System*, New York: Kropf, 1953, p. 129.
② Harald D. Lasswell, Abraham Kplan, *Power and Society*. New Haven: Yale University Press, 1970, p. 71.
③ [美] 詹姆斯·安德森：《公共决策》，唐亮译，华夏出版社 1990 年版，第 4 页。
④ 陈孝彬等：《教育管理学》，北京师范大学出版社 2008 年版，第 117 页。

是来自世界各国的留学生。这就决定了来华留学生教育政策既要符合中国国情，坚持中国特色，又要以开放包容的姿态面向世界。基于此，来华留学生教育政策应坚持五个方面的基本遵循。

（一）坚持服务于党和国家工作大局的政策宗旨

服务于党和国家工作大局是来华留学生教育政策的根本宗旨。党和国家工作大局是来华留学生教育政策的着力点和根本所系，来华留学生教育政策要服务于这个大局，要与其同向而行、同频共振。来华留学生教育既是我国教育事业的重要组成部分，同时也是我国对外开放事业的重要组成部分。来华留学生教育既要服务于教育发展大局，同时又要服务于外交外事工作大局，服务于党和国家工作大局。新中国成立以来，来华留学生教育始终坚持服务于党和国家工作大局的政策宗旨。在新中国成立 70 多年的实践历程中，来华留学生教育政策随着党和国家工作的发展适时地进行调整、丰富和完善，服务党和国家工作大局的宗旨始终不变。

在对 2014 年 12 月 12 日至 13 日召开的全国留学工作会议作出的重要指示中，习近平总书记强调新形势下"留学工作要适应国家发展大势及党和国家工作大局"[①]，为新形势下来华留学生教育政策的制定提供了根本遵循。习近平总书记主持召开的中央全面深化改革领导小组第十九次会议明确提出，包括来华留学生教育在内的教育对外开放要"服务党和国家工作大局"。[②] 中办、国办印发的《关于做好新时期教育对外开放工作的若干意见》进一步明确，教育对外开放"以服务党和国家工作大局为宗旨"。作为教育对外开放的重要组成部分，来华留学生教育必然以服务于党和国家工作大局为政策宗旨。具体而言，来华留学生教育政策的制定与实施要服务于我国的外交事业，服务于改革开放和社会主义现代化建设全局以及

---

① 习近平：《适应国家发展大势和党和国家工作大局　培养更多优秀人才开创留学工作新局面》，《人民日报》2014 年 12 月 14 日。

② 《习近平主持召开中央全面深化改革领导小组第十九次会议》，《人民日报》2015 年 12 月 10 日。

"一带一路"倡议等的实施，服务于实现"两个一百年"奋斗目标以及中华民族伟大复兴的中国梦。

（二）坚持扎根中国与融通中外相结合的政策理念

理念是行动的先导，政策理念是政策制定的前提和基础。来华留学生教育首先是在中国大地办教育，是我国教育事业重要组成部分，是"具有中国特色、世界水平的现代教育"的有机构成，同时，来华留学生教育亦是教育国际化发展的重要标志，是教育"走出去"的必然选择，是推进教育现代化的必由之路。来华留学生教育既要以我为主，扎根中国，立足中国大地，又要面向世界，融通中外。来华留学生教育政策必须坚持扎根中国与融通中外相结合的政策理念。扎根中国要求来华留学生教育政策要立足于我国的国情和教育发展实际，要根植于我国三千年的教育实践，要从我国的优秀教育传统中汲取营养，要着眼于教育强国和教育现代化建设，要具有中国特色。融通中外要求来华留学生教育政策要开放包容，要面向世界留学生教育发展现状和趋势，认真吸收国际上先进的办学治学经验，要立足于统筹国内国际两个大局、发展安全两件大事，坚持民族性和国际性相统一。坚持扎根中国与融通中外相结合，是我国来华留学生教育政策的应有之义和必然选择。

（三）坚持构建人类命运共同体的政策方向

推动构建人类命运共同体是我国提出的新的时代命题，是我国针对世界形势发展变化作出的准确判断。当前，和平与发展依然是时代主题。然而，世界并不太平，人类社会面临的全球性问题层出不穷。在世界多极化、经济全球化、社会信息化、文化多样化的时代背景下，人类社会愈发命运交织、休戚与共。在此方面，习近平总书记明确提出"各国利益交融、兴衰相伴、安危与共，形成了你中有我、我中有你的命运共同体"。① 在第七十届联合国大会上，习近平总书记指出，"我们要继承和弘

---

① 习近平：《在中国国际友好大会暨中国人民对外友好协会成立 60 周年纪念活动上的讲话》，《人民日报》2014 年 5 月 16 日。

扬联合国宪章的宗旨和原则，构建以合作共赢为核心的新型国际关系，打造人类命运共同体。"① 构建人类命运共同体是人类社会解决面临的共同挑战和全球性问题从而实现自身发展的必然选择。党的十九大明确把"推动构建人类命运共同体"作为新时代坚持和发展中国特色社会主义的一个基本方略。

构建人类命运共同体需要教育开放合作，需要教育连接过去、现在与未来。而教育开放合作则离不开留学生教育，离不开留学人员的交流往来。改革开放以来，我国最早迈出国门的就是留学人员。留学生教育在各国教育开放合作中发挥着基础性、先导性和全局性作用，具有重要的战略地位。通过留学生教育，世界各国学子树立国际眼光、增强合作意识，建立起各国交流合作的纽带。来华留学生教育要通过培养掌握中国语言、了解中国文化并具备一定专门技能的国际化人才，为中国与世界的合作与交流提供人力和智力支撑，为构建人类命运共同体作出贡献。来华留学生教育政策要坚持构建人类命运共同体的政策方向，沿着这个方向为来华留学生教育的发展提供政策支撑与保障。

（四）坚持推进中外人文交流的政策目标

党的十八大以来，中外人文交流事业蓬勃发展。2019 年 11 月 25 日，中国—日本高级别人文交流机制首次会议在东京举行。当前，我国已先后与俄罗斯、美国、英国、欧盟、法国、印度尼西亚、南非、德国、印度、日本建立起了涵盖教育、科技、文化、卫生与体育等领域的十大高级别人文交流机制。中外人文交流已成为党和国家对外工作的重要组成部分，成为夯实中外关系社会民意基础、提高我国对外开放水平的重要途径，与政治互信、经贸合作一道构成我国对外交往中的三驾马车。而我们要实现不同文明之间的交流互鉴与和谐共存，关键是实现民心相通。国之交在于民相亲，民相亲在于心相通。来华留学生教育则为民心相通筑路搭桥，为中

---

① 习近平：《携手构建合作共赢新伙伴，同心打造人类命运共同体》，《人民日报》2015年 9 月 29 日。

外文明交流互鉴构建坚实的民意基础，从而以其特有的功能成为中外人文交流的重要内容，在中外人文交流中发挥着其他领域不可比拟的独特作用，扮演着重要角色。

来华留学生教育政策要坚持推进中外人文交流的政策目标。新中国成立以来，通过来华留学生教育，我国培养了大批知华、友华、爱华的留学生。截至 2018 年底，来华留学生规模累计约 400 万人次，毕业生中涌现出了埃塞俄比亚总统穆拉图、哈萨克斯坦总理马西莫夫、越南副总理阮善仁、泰国公主诗琳通等国家领导人。来华留学毕业生通过自身的行动成为中外人文交流中的重要力量，为中外人文交流作出了独特的贡献。来华留学生教育政策要围绕着推进中外人文交流的政策目标就来华留学生教育的开展进行引导与规范。

（五）坚持顶层设计与基层探索相结合的政策过程

对外开放是新中国成立后党和国家一项全新的事业，无任何经验可循。作为整个对外开放事业的有机构成，来华留学生教育亦同样无任何经验可循。来华留学生教育政策在 70 多年的发展历程中从探索、初创、形成到逐步规范。在这个发展历程中，来华留学生教育政策成功实施的基本经验之一就是坚持顶层设计与基层探索相结合的政策过程。进入新时代，世界面临百年未有之大变局，来华留学生教育发展的国内外形势均发生了深刻变化，仍必须继续坚持顶层设计与基层探索相结合的政策过程。

顶层设计与基层探索是来华留学生教育政策过程中两个必不可少的环节。缺少了顶层设计，政策也就失去了合法性和权威性，往往成为一盘散沙；缺少了基层探索，政策的有效性将大打折扣，往往流于形式，成为空中楼阁。坚持顶层设计和基层探索相结合的政策过程要求在来华留学生教育政策的制定、执行、反馈等环节中，必须既坚持作出总体设计或者最高决策，自上而下为基层实践提供根本遵循和行动准则；同时，又要尊重基层的实践探索和经验总结，自下而上地推进总体设计或最高决策的改进和完善，从而最终形成科学有效的来华留学生教育政策。

二、来华留学生教育政策的价值取向

任何政策均表现为一定的价值取向。政策活动本身就是一种价值的选择与价值利益的分配过程。[①] 新时代，来华留学生教育进入提质增效、建设留学生教育强国、打造"留学中国"品牌的发展新阶段。基于这一定位，来华留学生教育政策应在推动来华留学生教育提质增效、建设留学生教育强国、打造"留学中国"品牌上下功夫。总的来看，应秉持以下价值取向。

（一）提质增效的价值取向

来华留学生教育政策首先应坚持更加重视质量的价值取向。质量是来华留学生教育的生命线，是来华留学生教育能否做好的关键，是打造"留学中国"品牌的基础。提高质量是来华留学生教育的永恒话题和应有之义。改革开放初期，我国针对经济社会建设人才缺乏，尤其是自然科学领域的人才匮乏这一迫切需要解决的问题，作出了在短期内向西方发达国家，尤其是美国派出大量留学生的重大决定。而同时，基于双方对等交流的需要，来华留学生也需要迅速扩大规模。因此，在新中国成立初期及改革开放之后相当长的一定时期内，扩大规模是我国来华留学生教育政策的重要价值取向。

当前，来华留学生教育面临着提质增效的时代课题。教育部发布的数据显示，2018 年共有来自 196 个国家和地区的 492185 名各类外国留学人员分布在全国 31 个省（区、市）的 1004 所高等院校学习。[②] 从规模上看，我国现为亚洲最大的留学目的地国。但我们并不能就此盲目乐观，来华留学生教育存在的质量问题不容忽视：部分高校不顾条件盲目通过扩大规模追求经济效益或国际化指标，留学生招生入学门槛偏低，内部管理服务机制未有效建立，教育教学体系未有效形成，来华留学生教育教学质量

---

① 吴遵民等：《新世纪十年中国教育政策价值基础的历史回顾与反思》，《杭州师范大学学报》（社会科学版）2011 年第 6 期。

② 教育部：《2018 年来华留学统计》，2019 年 4 月 12 日，见 http://www.moe.gov.cn/jyb_xwfb/gzdt_gzdt/s5987/201904/t20190412_377692.html。

低下。教育对外开放，关键是提高质量，而不是盲目地扩大规模。习近平总书记主持召开的中央全面深化改革领导小组第十九次会议强调"提升教育对外开放质量和水平"。① 为此，新的时代背景下，来华留学生教育政策的价值取向应由规模取向转变到规模与质量并重且更加重视质量的取向上来。关于来华留学生教育中质量的重要性，我国政府的相关文件中多次予以阐述和强调。2016 年 4 月，中办、国办印发的《关于做好新时期教育对外开放工作的若干意见》将"加快留学事业发展，提高留学教育质量"作为新时期教育对外开放中的第一项工作进行了重点部署。② 2019年 2 月发布的《中国教育现代化 2035》则提出"建立并完善来华留学教育质量保障机制，全面提升来华留学质量"，③ 同期发布的《加快推进教育现代化实施方案（2018—2022 年）》则进一步强调"建立来华留学质量保障体系""提高生源质量"。④ 来华留学生教育政策要注重引导高校重视来华留学生的生源质量和培养质量，要通过建立健全来华留学生教育的内部质量保障体系，提高来华留学生的教育教学和人才培养质量，同时，支持开展第三方质量认证与评估，建立健全来华留学生教育的外部质量保障体系。

（二）强调能力建设的价值取向

来华留学生教育政策应秉持强调能力建设的价值取向。来华留学生教育发展的好坏，关键还在于有无发展的能力。打铁还需自身硬，来华留学生教育的发展需要增强自身的能力建设，唯有如此，方能在竞争激烈的全球留学生教育市场格局中赢得席位。从当前来华留学生教育发展的现状

---

① 《习近平主持召开中央全面深化改革领导小组第十九次会议》，《人民日报》2015 年 12月 10 日。

② 中共中央办公厅、国务院办公厅：《关于做好新时期教育对外开放工作的若干意见》，2016 年 4 月 29 日，见 http://www.gov.cn/xinwen/2016-04/29/content_5069311.htm。

③ 新华社：《中共中央、国务院印发〈中国教育现代化 2035〉》，2019 年 2 月 23 日，见http://www.xinhuanet.com/politics/2019-02/23/c_1124154392.htm。

④ 中共中央、国务院：《加快推进教育现代化实施方案（2018—2022 年）》，2019 年 2月 23 日，见 http://www.xinhuanet.com/politics/2019-02/23/c_1124154405.htm。

及长远来看，来华留学生教育能力主要包括政府的顶层设计与系统规制能力以及高校的教育管理能力两个方面。面向留学生教育强国建设，来华留学生教育政策应在增强这两方面的能力上下功夫。

一方面，应增强政府的顶层设计与系统规制能力。来华留学生教育是一项系统工程，非教育部门一己之力所能及。单就来华留学生辅导员队伍建设来讲，来华留学生辅导员队伍的专业化建设和职业化发展涉及来华留学生辅导员的专业发展、职责定位、职业准入以及职业培养等，既是一项涉及人事、组织、外交外事、教育等部门的系统工程，又是一项关系到来华留学生教育事业长远发展的基础性工程，需要明确的政策对此作出顶层设计和系统部署。又如来华留学生的打工问题。打工是国际上留学生教育的通行做法，但在我国这是一项困扰来华留学生教育多年的问题，至今未得到有效解决。2017年7月1日起施行的《学校招收和培养国际学生管理办法》中，针对国际学生"打工"进行了界定："国际学生在高等学校学习期间可以参加勤工助学活动，但不得就业、经商或从事其他经营性活动。"[①]但相关部门至今未出台有关来华留学生勤工助学的具体管理规定。新时代，来华留学生教育政策应注重从国家战略的高度，着眼于来华留学生教育的长远可持续发展，增强政府的顶层设计与系统规制能力，就当前制约来华留学生教育发展的一些根本性问题作出明确的政策安排和制度设计。

另一方面，应增强高校的教育管理能力。在高校内部，来华留学生因具有涉外属性，其教育教学、管理服务往往由外事部门牵头负责。然而，来华留学生的教育教学与管理服务亦不单单是外事部门的事务，而是应由教务、研究生事务、就业、学生工作、校友联络等多部门协同参与的综合事务。当前，部分高校过于强调来华留学生的外事行政属性，而忽视了来华留学生的教育属性。在这些高校中，来华留学生教育管理由外事部

---

① 教育部：《学校招收和培养国际学生管理办法》，2017年5月16日，见 http://www. moe.gov.cn/srcsite/A02/s5911/moe_621/201705/t20170516_304735.html。

门承揽一切，教务、研究生事务等部门未能及时跟进，来华留学生教育教学与管理服务体系不健全，来华留学生的教育管理能力欠缺。针对于此，来华留学生教育政策应注重通过引导高校建立起来华留学生教育教学与管理服务的工作机制、打造来华留学生辅导员与专业教师两支队伍、营造国际化的教学科研环境等措施，切实增强高校来华留学生的教育教学与管理服务能力。

（三）更加注重服务的价值取向

来华留学生教育政策应坚持更加注重服务的价值取向，坚持为来华留学生提供一个优质的学习和生活服务环境。国际学生在作出留学目的地选择时，往往将留学目的地国针对留学生提供的服务作为重要参考。此方面的服务主要包括对留学生提供的签证、住宿、学业、医疗、保险及就业等方面的服务，既有政府层面的，亦有学校和社会层面的。美国国际教育协会（Institute of International Education，简称 IIE）的调查显示，在影响国际学生赴美留学的主要因素中，排在首位的是签证申请程序或签证延期 / 拒签，其后依次是美国的社会与政治环境、较之美国更倾向于选择他国、在美留学费用、感觉美国不友好、毕业后的就业、美国的人身安全等。[1] 马来西亚设有大马教育全球服务中心（Education Malaysia Global Services），专职负责马来西亚国际教育政策研究、留学生教育市场研判以及留学生的院校申请、签证办理、学生入境等服务事务，该机构旨在通过提供符合国际标准的高质量学习课程，推动马来西亚成为全球教育目的地的目标。来华留学生规模的迅速增长对当前的来华留学服务提出了更高的要求，来华留学社会化专业化服务体系建设提上议事日程。2016 年 4 月，中办、国办印发的《关于做好新时期教育对外开放的意见》明确提出，构建来华留学社会化专业化服务体系。《中国教育现代化 2035》亦强调要"构建来华留学社会化专业化服务体系"。

---

[1] Institute of International Education，"Open Doors 2018 Presentation"，2019 年 8 月 11 日，见 https：//www.iie.org/Research-and-Insights/Open-Doors/Open-Doors-2018-Media-Information。

新时代，来华留学生教育政策更加注重服务的价值取向要求我们须为来华留学生提供优质的留学服务和学习生活体验。从政府层面来讲，应出台有关政策，提高来华留学签证申请、延期、变更以及居留手续办理等的便利性，制定留学生打工、就业、落户等政策，成立全国性的来华留学生服务中心作为公共机构负责为来华留学生提供来华留学前的留学及签证事务的咨询、指导及代理以及来华留学后的居留手续、校外住宿、校外勤工助学、保险、医疗、就业及法律纠纷等事务的咨询、指导及代理等的有关服务；从社会层面来讲，出台有关政策，鼓励发展来华留学生教育行业协会，承担起来华留学生教育评估、认证及相关从业人员的专业化培训等；从高校层面来讲，在来华留学生教育管理方面建立起完善的工作机制，配备数量充足、业务精湛的来华留学生辅导员、教学管理等专业人员，为来华留学生提供高质量的专业化服务。

（四）坚持育人为本的价值取向

来华留学生教育政策应坚持育人为本的价值取向。育人的目标是培养来华留学生成为知华、友华、爱华的国际人才。留学生是重要的战略性人才资源，是全球视野下我国经济社会建设所需国际人才的重要来源和有益补充。2015 年 7 月，教育部等五部门联合印发的《2015—2017 年留学工作行动计划》明确提出："全面做好留学工作，充分发挥留学在国家人才培养中的重要作用，关系到国家发展战略和改革开放大局。"[1] 中华民族的伟大复兴中国梦的实现关键靠人才。20 世纪 90 年代，我国改革开放的总设计师邓小平在南方谈话中提出了"人才是第一生产力"的著名论断。21 世纪初，党和国家基于形势发展的需要，实施人才强国战略。此后，人才强国战略被写入党章和党的十七大报告。党的十八大以来，人才强国战略继续全面实施，我国对人才尤其是高层次人才的需求更为迫切。习近平总书记反复阐明人才培养的重要性和紧迫性："当今世界的综合国

---

① 教育部等五部门：《2015—2017 年留学工作行动计划》，2019 年 8 月 11 日，见 http：//gjc.cpu.edu.cn/2a/0a/c1020a10762/page.htm。

力竞争，说到底是人才竞争，人才越来越成为推动经济社会发展的战略性资源"，①"源源不断的人才资源是我国在激烈的国际竞争中的重要潜在力量和后发优势"，②我国"对科学知识和卓越人才的渴求比以往任何时候都更加强烈"，③"党和国家事业发展对高等教育的需要，对科学知识和优秀人才的需要，比以往任何时候都更为迫切"。④习近平总书记关于人才工作的重要论述以及党的十九大报告中提到的"人才是实现民族振兴、赢得国际竞争主动的战略资源""聚天下英才而用之，加快建设人才强国"的重要论断，为新时代推进包括国际人才在内的我国人才队伍建设指明了前进的方向，提供了根本遵循，而来华留学生群体则是国际人才的重要来源渠道。

教育的本质是育人，来华留学生教育亦不例外。育人是来华留学生教育的根本价值所在。来华留学生教育政策应体现来华留学的教育属性，应坚持育人为本的价值取向，在培养来华留学生成长为合格的国际人才上下功夫。2018年教育部印发的《来华留学生高等教育质量规范（试行）》中将来华留学生教育的人才培养目标归为四个方面：学科专业水平、对中国的认识和理解、语言能力、跨文化和全球胜任力，如表5-3所示。

表5-3　来华留学生教育人才培养目标

培养目标	培养层次		
	本科生	硕士研究生	博士研究生
学科专业水平	培养目标和毕业要求与所在学校和专业的中国学生一致，符合相应教育层次、专业的教学标准或相关规范。		

① 习近平：《做党和人民满意的好老师——同北京师范大学师生代表座谈时的讲话》，《人民日报》2014年9月10日。

② 习近平：《做党和人民满意的好老师——同北京师范大学师生代表座谈时的讲话》，《人民日报》2014年9月10日。

③ 习近平：《把思想政治工作贯穿教育教学全过程　开创我国高等教育事业发展新局面》，《人民日报》2016年12月9日。

④ 习近平：《在北京大学师生座谈会上的讲话》，《人民日报》2018年5月3日。

续表

培养目标	培养层次		
	本科生	硕士研究生	博士研究生
对中国的认识和理解	应当熟悉中国历史、地理、社会、经济等中国国情和文化基本知识，了解中国政治制度和外交政策，理解中国社会主流价值观和公共道德观念，形成良好的法治观念和道德意识。		
语言能力	以中文为专业教学语言的学科、专业中，来华留学生应当能够顺利使用中文完成本学科、专业的学习和研究任务，并具备使用中文从事本专业相关工作的能力，毕业时中文能力应当达到《国际汉语能力标准》五级水平。		
	以外语为专业教学语言的学科、专业中，来华留学生应当能够顺利使用相应外语完成本学科、专业的学习和研究任务，并具备使用相应外语从事本专业相关工作的能力，毕业时本科生的中文能力应当至少达到《国际汉语能力标准》四级水平，硕士研究生、博士研究生的中文能力应当至少达到《国际汉语能力标准》三级水平。		
跨文化和全球胜任力	来华留学生应当具备包容、认知和适应文化多样性的意识、知识、态度和技能，能够在不同民族、社会和国家之间的相互尊重、理解和团结中发挥作用。		
	应当在本专业领域中具有一定的国际视野，能够在多个国家实际环境中运用专业知识和技能，并具备参与国际交流与合作的初步能力。	应当在本学科领域中具有较好的国际视野，能够在多个国家的实际环境中运用和发展本学科的知识、技能和方法，并具备参与国际事务和国际竞争的能力。	应当在本学科领域中具有宽阔的国际视野，能够在世界范围内创新运用和发展本学科的理论、技能和方法，在国际事务中具有竞争优势。

资料来源：教育部：《来华留学生高等教育质量规范（试行）》，2018 年 9 月 3 日，见 http://www.moe.gov.cn/srcsite/A20/moe_850/201810/t20181012_351302.html。

　　《来华留学生高等教育质量规范（试行）》关于来华留学生的人才培养目标为来华留学生的培养提供了规范和准则。面对新时代党和国家对人才的迫切需要，来华留学生教育应肩负起时代赋予的神圣使命，培养更多的来华优秀人才和杰出人才。在具体的实践中，来华留学生教育政策应就如何达成上述培养目标进行系统设计和制度安排，为来华留学生教育人才培养工作的顺利开展提供政策支撑和保障。

（五）突出品牌塑造的价值取向

塑造品牌既是来华留学生教育工作的重要目标，亦是推进来华留学生教育可持续发展的有效途径。2010 年 9 月，教育部颁布的《留学中国计划》明确提出"打造中国教育的国际品牌"。① 2016 年 4 月，中办、国办印发的《关于做好新时期教育对外开放工作的若干意见》中亦强调"加大品牌专业和品牌课程建设力度"。② 《中国教育现代化 2035》亦提出"打造'留学中国'品牌"，2020 年印发的《教育部等八部门关于加快和扩大新时代教育对外开放的意见》则进一步强调"做强'留学中国'品牌"。来华留学生教育能否在世界留学生竞争格局中站稳脚跟甚至占据更大的份额、掌握更多的话语权，很大程度上依赖于是否能够形成品牌，是否能够形成与传统留学目的地强国相抗衡的国际品牌。这方面除依赖于我国教育实力的增强、教育质量的提高等系列因素之外，来华留学生教育政策的影响作用不容忽视。当前，与传统留学目的地国相比，我国在教育实力方面仍存在着较大差距。在政策上打造具有国际比较优势的教育品牌，是推进来华留学生教育形成竞争力最终实现超越的有效路径。来华留学生教育政策应坚持品牌塑造的价值取向，坚持打造来华留学生教育的国际品牌。

来华留学生教育品牌包括国家品牌和院校品牌两个层面。国家品牌指的是我国作为来华留学生教育整体的品牌，而院校品牌则是各留学生招收培养院校形成的学校、专业与课程等品牌。在来华留学生教育整体品牌的塑造方面，我们应在质量保障、留学生辅导员队伍建设、预科教育、社会支持等方面完善来华留学生教育政策，注重凝练具有国际比较优势的来华留学生教育政策体系；在院校品牌的塑造方面，来华留学生教育政策应

① 教育部：《关于印发〈留学中国计划〉的通知》，2010 年 9 月 21 日，见 http：//www.moe.gov.cn/srcsite/A20/moe_850/201009/t20100921_108815.html。

② 新华社：《中共中央办公厅、国务院办公厅印发〈关于做好新时期教育对外开放工作的若干意见〉》，2016 年 5 月 3 日，见 http：//www.moe.gov.cn/home/2016-04/29/content_5069311.htm。

重点引导院校改进工作体制机制、配足配强留学生辅导员、提高教育教学专业化服务水平、打造品牌专业和品牌课程，以品牌打造来华留学生教育高地，通过品牌塑造，使来华留学生教育在国际上具有更强的竞争力和生命力。

第三节　来华留学生教育政策的发展路径与未来走向

　　放眼全球，我们面对的是一个竞争日益激烈的留学生教育市场。新世纪以来，全球范围内针对留学生生源的争夺渐趋白热化，各国在留学生教育市场中的份额此消彼长。传统的留学目的地国家和留学生教育新兴国家纷纷将留学生教育列为国家战略，全球国际学生流动趋势正发生着深刻变化。而与美国、英国、澳大利亚、德国、加拿大、法国等传统留学目的地国家相比，来华留学生教育仍存在着较大差距，面临着较大挑战。当前，我国正处于全面建成小康社会的决胜阶段、中国特色社会主义进入新时代的关键时期。党的十九大报告提出的"中国开放的大门不会关闭，只会越开越大""坚持和平发展道路，推动构建人类命运共同体""中国将继续发挥负责任大国作用，积极参与全球治理体系改革和建设，不断贡献中国智慧和力量""人才是实现民族振兴、赢得国际竞争主动的战略资源""聚天下英才而用之，加快建设人才强国"[1] 等重要立场、观点和论断对来华留学生教育提出了新要求，赋予了新使命。面对新形势，新要求，新使命，我们必须认真把握来华留学生教育政策的未来走向，在政策上打造来华留学生教育的优势，助推来华留学生教育取得更大的成就，实现更大的发展。基于此，在之前研究的基础上，我们就来华留学生教育政策的路径选择与未来走向进行探讨。

---

① 习近平：《决胜全面建成小康社会　夺取新时代中国特色社会主义伟大胜利——在中国共产党第十九次全国代表大会上的报告》，《人民日报》2017 年 10 月 28 日。

一、来华留学生教育政策的发展路径

政策主体、政策客体与政策环境的相互联系和相互作用，使政策系统呈现一个动态的运行过程。[①] 在这个过程中，政策涵盖前期调研、制定、执行、反馈、评价等诸多环节。此处主要针对当前来华留学生教育政策存在的问题，围绕着政策制定、政策配套以及政策执行提出建议。

(一) 提高来华留学生教育政策制定效率

政策的制定要注重提高效率，增强时效性，否则政策的有效性将大打折扣。美国学者查尔斯·林德布洛姆（Charles Lindblom）将追求效率作为政策制定过程所面临的两个要求之一。[②] 面对来华留学生教育迅速发展下的今天，我们要把握来华留学生教育发展的时代步伐，加大政策研究的力度，提高政策制定的效率，让政策制定与时俱进。一方面，针对来华留学生教育中面临的新情况、新问题，我们要及时出台新的政策；另一方面，我们要根据客观形势的变化对已有政策及时予以修订和更新。提高政策制定效率需要我们在政策制定过程中做到：增强问题意识，坚持政策制定的问题导向；做好政策制定前的调查研究，坚持不调查就不制定；提高基层对政策制定的参与度，尊重基层的首创精神，坚持顶层设计与基层探索相结合。

(二) 完善来华留学生教育政策配套

我们要进一步完善来华留学生教育的相关政策配套，确保政策的可执行性。当前，来华留学生教育中的部分政策由于缺乏配套措施，导致这些政策在办学实践中很难执行。譬如，来华留学生的趋同化管理由于缺乏配套措施，在实践中推进的效果并不理想。在此方面，我们应在部分高校试点探索中国特色的高等学校来华留学生趋同化管理模式，通过总结经验，出台具体的配套措施，逐步在全国推广。对留学生辅导员政策而言亦

---

① 陈振明：《公共政策学——政策分析的理论、方法和技术》，中国人民大学出版社 2004 年版，第 8 页。

② ［韩］吴锡泓等：《政策学的主要理论》，金东日译，复旦大学出版社 2005 年版，第 3 页。

是如此，我们应尽快出台留学生辅导员队伍建设的具体方案，完善留学生辅导员政策的配套措施。通过建立来华留学生辅导员准入与职业化发展制度，打造一支政治合格、作风优良、业务精湛的留学生辅导员队伍，为来华留学生教育的长远发展提供坚强的管理队伍保障。

（三）强化来华留学生教育政策执行

政策执行是政策执行者通过建立组织机构，运用各种政策资源，采取解释、宣传、实验、实施、协调与监测等各种活动，将政策观念形态的内容转化为实际效果，从而实现既定政策目标的活动过程。[1]有学者指出，在实现政策目标的过程中，方案拟定的作用只占10%，而其余的90%取决于有效的执行。[2]在来华留学生教育政策的执行过程中，一方面，我们应通过加大政策的宣传、宣讲和组织开展有关人员的培训，提高地方、高校对政策的认识和理解水平，增强政策的执行能力，为政策的有效执行构建良好的政策环境；另一方面，我们应依法依规建立行之有效的政策执行监督机制和责任追究机制，对地方和高校的政策执行情况纳入常态化跟踪评估体系，强化对政策执行过程的监督控制，对不认真执行政策、不正确履行职责的有关地方、高校及相关人员，追究其相应责任。

二、来华留学生教育政策的未来走向

新时代，来华留学生教育进入了提质增效、建设留学生教育强国、打造"留学中国"品牌的新的历史阶段。如何推动新时代来华留学生教育的发展是摆在我们面前的重大现实课题和战略任务，针对于此，我国在若干重要文件中进行了部署和设计。2016年4月，中办、国办印发的《关于做好新时期教育对外开放工作的若干意见》提出，"通过优化来华留学生源国别、专业布局，加大品牌专业和品牌课程建设力度，构建来华留学

---

[1]　陈振明：《公共政策学——政策分析的理论、方法和技术》，中国人民大学出版社2004年版，第245页。

[2]　陈振明：《公共政策学——政策分析的理论、方法和技术》，中国人民大学出版社2004年版，第245页。

社会化、专业化服务体系，打造'留学中国'品牌";"通过加大留学工作行动计划实施力度，加快培养拔尖创新人才、非通用语种人才、国际组织人才、国别和区域研究人才、来华杰出人才等五类人才"。[①] 2019 年 2 月，中共中央、国务院下发的《中国教育现代化 2035》提出"打造国际留学中心"，并进行了相关部署："努力将我国建成具有重要国际影响力的全球教育高地，吸引国际优秀学生来华留学，使我国成为世界重要的留学目的地国家。实施留学中国计划，发挥政府奖学金作用，改进资助方式和选拔办法，优化留学生就读学科专业结构，提高学历生比重，建立并完善来华留学教育质量保障机制，全面提升来华留学质量。构建来华留学社会化专业化服务体系，完善来华留学生勤工助学和优秀毕业生在华工作制度，做好来华留学生校友工作，打造'留学中国'品牌。"[②] 基于以上战略部署，并着眼于有关"两阶段"的来华留学生教育发展的战略定位，展望未来，本节从九个方面提出扩大来华留学生教育政策的建议。

（一）做好来华留学生教育顶层设计

首先，推动来华留学生教育立法。与美国、澳大利亚等发达国家的留学生教育政策相比，我国的留学生教育政策层级偏低。澳大利亚是第一个将保护留学生权益纳入法律框架里的国家，并且根据留学生教育发展的现状及问题不断对相关法律进行调整及完善。[③] 我们应吸收借鉴发达国家的有益经验，逐步改变当前来华留学生教育政策分散、层级低的现状，通过立法明确来华留学生教育的战略定位、中央和地方以及学校的权责划分、留学生的权益保护和法律救济等内容，将来华留学生教育纳入法律框架。[④]

---

① 新华社：《中共中央办公厅、国务院办公厅印发〈关于做好新时期教育对外开放工作的若干意见〉》，2016 年 5 月 3 日，见 http://www.moe.gov.cn/home/2016-04/29/content_5069311.htm。

② 新华社：《中共中央、国务院印发〈中国教育现代化 2035〉》，2019 年 2 月 23 日，见 http://www.moe.gov.cn/jyb_xwfb/s6052/moe_838/201902/t20190223_370857.html。

③ 燕凌等：《澳洲与北欧留学生教育政策及其特点分析》，《教育与职业》2009 年第 29 期。

④ 刘宝存等：《改革开放四十年来华留学教育政策的演进与走向》，《西北师大学报》（社会科学版）2018 年第 6 期。

现阶段，我们可尝试通过制定《留学生教育条例》对来华留学生教育进行顶层设计，待条件成熟时出台《留学生教育法》，形成以《留学生教育条例》或《留学生教育法》为核心的来华留学生教育政策法规体系，为来华留学生教育的开展提供法规依据和法制保障，提高来华留学生教育的依法治教水平。

其次，设立国家级来华留学生教育统筹机构。目前，全国范围内的来华留学生教育宏观管理是由教育部国际合作与交流司下设的一个处室负责的，其级别和力量远远不足。成立于1996年的国家留学基金管理委员会也仅仅负责中国政府奖学金来华留学生的招生统筹与奖学金管理等专门事务。来华留学生教育涉及外交、公安、教育、人力资源、商务等多个部门，牵涉多个领域。世界范围内，美国国际教育协会（IIE）、英国文化协会（British Council，简称BC）、澳大利亚国际教育署（Australia Education International，简称AEI）、日本学生支援机构（Japan Student Services Organization，简称JASSO）、马来西亚教育全球服务中心（Education Malaysia Global Services，简称EMGS）等都是国家级留学生教育机构的代表，作为政府机构或者与政府密切合作支持本国留学生教育的招生与发展等相关事务。来华留学生教育要服务于国家发展大局，必须由政府进行整体统筹，积极引导高校发挥办学特色和优势，支持和配合国家战略。① 为适应新时代对留学生教育的新要求，我国应设立国家级的来华留学生教育统筹机构，负责全国性留学生教育的政策咨询、组织实施、宏观管理与服务指导等。

其三，做好来华留学国别与区域研究。世界范围内的国际学生流动一方面是规模不断增长，另一方面是各国尤其是主要传统目的地国家和新兴国家对留学生的争夺不断加剧。在此背景下，做好来华留学的国别与区域研究显得尤为重要和迫切。譬如，当前，"一带一路"建设已成为来华留学生教育发展的重要推动力，而"一带一路"沿线涉及65个国家，这

---

① 陈强：《来华留学生教育怎么看》，《中国教育报》2018年9月21日。

些国家具有不同的历史文化、社会经济发展水平、高等教育体制及质量水平。具体到某一国家来讲，其国内的产业发展、经济结构、人才培养需求等亦千差万别。因此，做好"一带一路"沿线国家和区域的来华留学生教育研究是在"一带一路"建设的进程中增强来华留学生教育的针对性和有效性，提高来华留学生教育与"一带一路"建设的契合度的必然选择。

在做好国别与区域研究的基础上，基于国别与区域需求，制订来华留学生教育近期与中长期国别与区域规划，分门别类，有针对性地推进来华留学生教育。来华留学生教育国别与区域规划应基于某一国或某一区域建设的实际需求与未来合作领域，分国别、分区域予以制定。譬如，我国与"一带一路"沿线的中东欧国家间的来华留学生教育发展尚有较大潜力，可以通过制定有关来华留学生教育国别规划的方式推动来华留学生教育的开展。如位于东欧的波兰，在我国当前的"一带一路"沿线国家来华留学生教育中的地位并不显著，来华留学生的规模相对偏小。然而，我国与波兰的合作进展迅速。我国与波兰于 2015 年 11 月签署了共同推进"一带一路"建设的谅解备忘录，于 2016 年 6 月签署了关于相互承认高等教育文凭和学位协议。据外交部网站资料，2017 年中波贸易额为 212.3 亿美元，同比增长 20.4%，其中我方出口额 178.8 亿美元，同比增长 18.4%，进口额 33.5 亿美元，同比增长 32.1%；截至 2017 年底，中国在波累计投资约 3.5 亿美元，波在华累计投资约 2.2 亿美元，中国在波工程承包完成营业额 5.48 亿美元。[①] 双方经济合作呈现出良好的发展势头。在现阶段下，我们应针对中波合作的人才需求制定波兰来华留学生教育规划，在此基础上有针对性地推动来华留学规模的较大增长。

（二）完善来华留学预备教育体系

客观上讲，我国高等教育目前的水平还不足以在生源吸引方面成为"卖方市场"，有一部分学生无论是汉语水平还是综合学习能力都达不到真

---

① 中国驻波兰大使馆：《中国同波兰的关系》，2019 年 8 月 11 日，见 https：//www.fmprc.gov.cn/web/gjhdq_676201/gj_676203/oz_678770/1206_679012/sbgx_679016/。

正的大学入学要求。① 构建来华留学预备教育体系，使留学生在语言能力、专业知识和跨文化能力等方面达到我国高等学校专业阶段学习的基本标准，是当前情况下确保留学生教育质量的有效途径。为此，《国家中长期教育改革与发展规划纲要（2010—2020 年）》明确提出："实施来华留学预备教育……不断提高来华留学教育质量。"②

提供预科课程是来华留学预备教育的主要表现形式。预科课程是针对留学生在接受正规高等教育前的语言和专业基础知识方面进行的培训课程，它是一种过渡性教育，是留学生顺利读完本科或研究生的必不可少的课程，是教育相对发达国家为留学生进入高等教育阶段学习所建立的必不可少的教育制度。③ 2009 年 3 月，教育部发布了《关于对中国政府奖学金本科来华留学生开展预科教育的通知》规定，由中国政府奖学金资助来华以汉语进行本科教育的留学生均需接受预科教育（具备免修条件者除外）。④ 自此，我国启动针对中国政府奖学金本科来华留学生的预科教育。但目前来看，我国当前的预科教育仅限于中国政府奖学金的本科来华留学生，尚不涵盖对来华研究生以及自费生。对此，教育部印发的《2015—2017 年留学工作行动计划》强调："进一步完善来华留学预科教学体系，制订统一的来华预科教育教学目标和评价标准，逐步推广至自费来华留学生。"⑤ 因此，建立起涵盖中国政府奖学金来华研究生与自费生在内的统一的来华留学预备教育体系是新时代来华留学生教育政策的重要走向之一。

---

① 王军：《我国来华留学生教育的基本定位与应对策略》，《中国高教研究》2014 年第 8 期。
② 国家中长期教育改革和发展规划纲要工作小组办公室：《国家中长期教育改革与发展规划纲要（2010—2020 年）》，2010 年 7 月 29 日，见 http://www.gov.cn/jrzg/2010-07/29/content_1667143.htm。
③ 周波：《如何做好来华留学生预科教育》，《教育教学论坛》2011 年第 20 期。
④ 教育部：《关于对中国政府奖学金本科来华留学生开展预科教育的通知》，2009 年 3 月 13 日，见 http://www.moe.edu.cn/publicfiles/business/htmlfiles/moe/moe_850/201006/xxgk_89013.html。
⑤ 教育部等五部门：《关于印发〈2015—2017 年留学工作行动计划〉的通知》，2019 年 8 月 11 日，见 http://gjc.cpu.edu.cn/2a/0a/c1020a10762/page.htm。

（三）建立来华留学生教育质量保障体系

质量是来华留学生教育的生命力，是来华留学生教育可持续发展的原动力和根本所在。来华留学生教育质量事关来华留学事业的长远发展。为此，中办、国办印发的《关于做好新时代教育对外开放工作的若干意见》亦明确提出"加快留学事业发展，提高留学教育质量"。[①] 提高来华留学生教育质量应坚持以质量建设为根本，建立健全来华留学生教育质量保障体系。2018 年 9 月，教育部印发《来华留学生高等教育质量规范（试行）》，为来华留学生教育质量保障体系建设提供了遵循。来华留学生教育质量保障体系包括来华留学生教育内部质量保障体系与来华留学生教育外部质量保障体系两部分。我们应围绕着这两个方面推进来华留学生教育质量保障体系建设。一方面，高校通过设立来华留学生教育质量保障机构、建立来华留学生教育准入与审查机制、建立来华留学生教育评估机制等途径建立健全来华留学生教育高校内部质量保障体系；另一方面，政府建立来华留学生教育评估、认证制度，制订来华留学生教育质量标准，由作为第三方的行业组织或社会机构独立负责来华留学生教育的外部评估与认证的组织实施，建立起由第三方具体承担的政府监管、高校自律、社会监督的外部质量保障体系。

（四）建设来华留学社会化专业化服务体系

来华留学生规模的迅速增长对当前的来华留学管理服务提出了更高的要求。作为来华留学管理服务中的重要一环，来华留学社会化专业化服务体系建设提上议事日程。中办、国办印发的《关于做好新时期教育对外开放的意见》首次就构建来华留学社会化专业化服务体系提出要求。[②]《中国教育现代化 2035》再次明确强调"构建来华留学社会化专业化服务体

[①] 新华社：《中共中央办公厅、国务院办公厅印发〈关于做好新时期教育对外开放工作的若干意见〉》，2016 年 5 月 3 日，见 http://www.moe.gov.cn/jyb_xwfb/s6052/moe_838/201605/t20160503_241658.html。

[②] 新华社：《中共中央办公厅、国务院办公厅印发〈关于做好新时期教育对外开放工作的若干意见〉》，2016 年 5 月 3 日，见 http://www.moe.gov.cn/jyb_xwfb/s6052/moe_838/201605/t20160503_241658.html。

系"。① 但对于如何构建来华留学社会化专业化服务体系，上述文件并未给出明确具体的路径，学术界亦鲜见此方面的系统研究。我们认为，来华留学社会化专业化服务体系是社会化与专业化的结合，是面向来华留学生的社会服务与学校服务的统一体。来华留学社会化专业化服务体系即指与来华留学相关的政府部门、行业协会、专门服务机构与高校为适应来华留学发展的需要，为来华留学提供社会服务与学校服务所形成的一个网络结构和系统整体。新时代，面向来华留学的社会服务主要包括两部分：一部分是由行业协会提供的来华留学第三方评估、认证、学术交流、政策咨询等；另一部分是由专门的公共服务机构为来华留学生提供的来华留学前的留学及签证事务的咨询、指导及代理以及来华留学后的居留手续、校外住宿、校外勤工助学、保险、医疗、就业及法律纠纷等事务的咨询、指导及代理等的有关服务。面向来华留学的学校服务主要包括四个方面：一是由来华留学生管理人员提供的涉外手续办理服务、勤工助学等服务；二是来华留学生辅导员负责的了解留学生的学习、生活需求以及及时做好信息、咨询、文体活动等方面的服务；三是由教务与研究生部门负责的教学与学籍管理方面的服务；四是面向来华留学生的校友服务。

展望未来，应围绕着以上服务构建起来华留学社会化专业化服务体系。在社会服务方面：大力发展来华留学生教育行业协会，由相关行业协会负责开展来华留学第三方评估、认证、学术交流、政策咨询等；尝试建立起全国性的来华留学生服务中心，同时，在来华留学生较为集中的城市设立分中心，作为公益性、非营利性的社会公共组织，承担来华留学生的社会服务职能，专门负责来华留学生的社会服务。在学校服务方面：打造熟悉外事、精通管理的来华留学管理人员队伍；建设职业化专业化的留学生辅导员队伍，为留学生提供专业化的学习、生活需求以及信息、咨询、文体活动等方面的服务；推进来华留学教学管理服务的信息化建设，开展

---

① 　新华社：《中共中央、国务院印发〈中国教育现代化 2035〉，2019 年 2 月 23 日，见 http://www.moe.gov.cn/jyb_xwfb/s6052/moe_838/201902/t20190223_370857.html。

来华留学教学管理与服务人员的业务培训，打造一支专业化的教学管理服务队伍，提高来华留学教学管理服务的专业化水平；将来华留学生纳入学校校友服务体系。

（五）做强"留学中国"品牌

形成留学品牌是来华留学生教育屹立于世界留学生教育竞争格局之中的重要抓手。自 2010 年 9 月颁布的《留学中国计划》明确提出"打造中国教育的国际品牌"以来，党和国家发布的《关于做好新时期教育对外开放工作的若干意见》《中国教育现代化 2035》《加快推进教育现代化实施方案（2018—2022 年)》《教育部等八部门关于加快和扩大新时代教育对外开放的意见》等重要文件均提及打造或做强"留学中国"品牌。面向新时代，做强"留学中国"品牌是来华留学生教育政策的重要走向。我们认为应围绕着"双一流"建设、品牌学校和品牌课程专业建设、提高生源质量等方面做强"留学中国"品牌。

首先，通过"双一流"建设提高我国的高等教育国际竞争力。高等教育国际竞争力在全球范围内国际学生流动中发挥着重要影响。研究表明，大学综合实力排名、学科专业排名等往往是国际学生在进行留学选择时的重要考量因素。当前，相比美国、英国、加拿大等发达国家，我国的高等教育国际竞争力尚存在着较大差距。在 Quacquarelli Symonds（简称 QS) 2020 年世界大学排名前 200 名中，美国高校占据 45 席，英国高校占据 28 席，德国高校占据 12 席，日本高校占据 10 席，澳大利亚与荷兰高校分别占据 9 席，我国内地与韩国高校各占据 7 席。[①] 相较而言，我国内地高校的排名与美国、英国、德国高校存在着较大差距。这导致在招收来华留学生方面，我国高校的优势不明显，吸引力不强，许多国家的学生更倾向于选择赴欧美发达国家或地区留学深造。我国要充分利用"双一流"建设的有利契机，大力加强世界一流高校和一流学科建设，切实提高我国

---

① Quacquarelli Symonds，"QS World University Rankings 2020"，2019 年 8 月 11 日，见 https：//www.topuniversities.com/university-rankings/world-university-rankings/2020。

高等教育的国际竞争力。

其次，推进品牌高校和品牌课程建设。当前，在来华留学生教育方面，我国除清华大学、北京大学等少数高校以外，其他高校尚未形成留学品牌。另外，相较美国、英国等发达国家，我国高校在世界上具有广泛认可度和知名度的品牌课程和品牌专业数目偏少。在此方面，我们应注重建设国际化的教学科研和校园环境；利用自身优势和特色，打造中医学、中国治理模式等优势和特色学科专业，建设一大批来华留学英文授课课程和专业；积极参与国际教育教学评估和认证，提高学科专业的国际影响力。

再次，提高生源质量。生源质量是来华留学生教育质量高低的重要影响因素。当前，针对部分高校不顾办学条件盲目扩招的现象，教育部门要引导高校树立正确的国际化办学意识，不将留学生规模简单化为衡量教育国际化水平的重要指标，摒弃盲目扩大规模的错误理念；树立正确的质量观，严把生源质量，宁缺毋滥。在提高生源质量方面，有关政策要引导高校建立来华留学生招生录取程序和标准、建立健全招生工作机制，同时加强监管力度，建立惩罚机制。

（六）实施来华留学高端人才项目

人才培养是来华留学生教育的本质属性。通过来华留学生教育培养人才，尤其是高端人才是来华留学生教育肩负的时代使命和历史重任。《加快推进教育现代化实施方案（2018—2022年）》明确提出"实施来华留学高端人才项目"。[1] 之前，教育部等五部门下发的《2015—2017年留学工作行动计划》对加强来华青年杰出人才培养进行了部署："加强来华青年杰出人才培养，完善来华留学高层次人才培养办法和机制，实施中国政府'卓越奖学金项目'，逐步推动'博士学术精英'和'青年领袖短期访学'等项活动的开展，为我国外交发展和中国经济'走出去'战略提供人脉资源。"[2]

---

① 中共中央、国务院：《加快推进教育现代化实施方案（2018—2022年）》，2019年2月23日，见 http://www.xinhuanet.com/politics/2019-02/23/c_1124154405.htm。

② 教育部等五部门：《关于印发〈2015—2017年留学工作行动计划〉的通知》，2019年8月11日，见 http://gjc.cpu.edu.cn/2a/0a/c1020a10762/page.htm。

以高端项目为引领，培养来华留学高端人才，既是为我国外交发展和"走出去"战略的实施提供人脉资源的重要途径，亦是来华留学生教育自身发展的内在需要。来华留学生教育往往依托项目来开展，而高端项目则在来华留学生教育中发挥着重要的示范和引领作用。近年来，在高端项目的实施方面，我国高校已进行了成功的实践。2016年4月，北京大学南南合作与发展学院挂牌成立，招收发展中国家政府的中高级官员攻读公共管理方向的硕士和博士学位，当年，共有来自埃塞俄比亚等27个国家的28名硕士研究生和21名博士研究生成为首期学员。[①] 北京大学于2014年启动的燕京学堂英文授课硕士项目在两年内招收了来自48个国家的172名留学生，其中欧美学生比例超过70%，很多学生毕业于哈佛大学、芝加哥大学、牛津大学、普林斯顿大学、剑桥大学、哥伦比亚大学等世界名校。[②] 面向未来，我国应加强统筹谋划和调研规划，充分利用我国高校的优质教育资源，有针对性地、有重点地开发一系列来华留学高端人才项目，通过高端人才项目培养造就一大批国际杰出人才，从而为我国经济社会建设及与世界各国开展互利共赢合作发挥重要作用，推动来华留学生教育政策的发展。

（七）发挥中国政府奖学金引领作用

设立奖学金吸引高素质国际学生留学是发达国家的普遍做法。法国政府每年向留学生提供约22000个奖学金名额，其中80%的奖学金在法国使馆和外国合作协议框架下发放，包括：埃菲尔奖学金、马约尔奖学金等，这些奖学金项目种类繁多，互为补充。[③] 仅就奖学金项目而言，日本政府每年所投入的财政总额将在193亿日元以上。[④] 当前，中国政府

[①] 李岩松：《北京大学服务国家战略、深化对外开放、加强和改进来华留学工作情况》，《世界教育信息》2016年第24期。

[②] 李岩松：《北京大学服务国家战略、深化对外开放、加强和改进来华留学工作情况》，《世界教育信息》2016年第24期。

[③] 哈巍等：《法德日国际学生教育投入的比较与思考》，《光明日报》2019年7月30日。

[④] 哈巍等：《法德日国际学生教育投入的比较与思考》，《光明日报》2019年7月30日。

奖学金在招收硕士、博士层次的来华留学学历生优化来华留学生教育培养层次结构方面发挥了显著作用。《国家中长期教育改革与发展规划纲要（2010—2020年）》提出，"保证中国政府奖学金的规模稳定增加，逐步推行奖学金各项内容货币化改革"。① 教育部等五部门联合印发的《2015—2017年留学工作行动计划》强调，"大幅优化中国政府奖学金资助布局与结构"，"健全来华留学招生机制，继续推进中国政府奖学金学生与学校双向自主选择的招生模式"，"围绕国家发展和'一带一路'建设，进一步优化和调整中国政府奖学金重点资助方向和专业"，"扩大中国政府奖学金招收学历生规模，提高高校招收来华留学生的生源质量与层次"。② 同时，该文件亦提出了通过实施政府奖学金项目加强来华青年杰出人才培养的措施：加强来华青年杰出人才培养，完善来华留学高层次人才培养办法和机制，实施中国政府"卓越奖学金项目"，逐步推动"博士学术精英"和"青年领袖短期访学"等项活动的开展，为我国外交发展和中国经济"走出去"战略提供人脉资源。③

今后，应加大中国政府奖学金的投入力度，发挥其在招收高层次来华留学生方面的重要作用，同时，加大孔子学院奖学金、地方政府奖学金以及中国企业奖学金在内的各类奖学金投入力度，建立起多元化的奖学金体系吸引优秀海外学子来华留学深造，通过建立起以中国政府奖学金为引领的多元化奖学金体系，逐步优化来华留学生源结构、培养层次结构和学科专业结构，提高学历生比例。

（八）推进"一带一路"沿线国家来华留学

自2013年"一带一路"倡议确立以来，来自"一带一路"沿线国

---

① 国家中长期教育改革和发展规划纲要工作小组办公室：《国家中长期教育改革与发展规划纲要（2010—2020年）》，2010年7月29日，见 http://www.gov.cn/jrzg/2010-07/29/content_1667143.htm。

② 教育部等五部门：《关于印发〈2015—2017年留学工作行动计划〉的通知》，2019年8月11日，见 http://gjc.cpu.edu.cn/2a/0a/c1020a10762/page.htm。

③ 教育部等五部门：《关于印发〈2015—2017年留学工作行动计划〉的通知》，2019年8月11日，见 http://gjc.cpu.edu.cn/2a/0a/c1020a10762/page.htm。

家①的留学生规模增长迅速，"一带一路"倡议的实施对来华留学的拉动作用明显。2013年，"一带一路"沿线国家留学生人数为171580人，占当年来华留学生总人数的比例为45.51%。② 2017年，"一带一路"沿线国家来华留学生达至31.72万人，占当年来华留学生总人数的比例则达至64.85%。③ "一带一路"倡议的旨向是经济合作下的共同发展。关于经济合作在留学生教育中的重要影响，经济合作与发展组织（OECD）在其教育年度报告《教育概览2016：OECD指数》中指出，随着国家之间的经济联系日趋紧密，高等教育已成为拓展学生视野并帮助他们更好地理解世界语言、文化及商业方式的途径，全球范围内迅速增长的高等教育需求以及在国外知名高校留学的价值，是推动国际学生流动的规模增长及多样化的重要影响因素。④ 经济联系在推动国际学生流动方面发挥着重要作用，起着重要影响。

"一带一路"倡议的主要目标是实现沿线国家的共同繁荣发展，建设惠及沿线国家各族人民的利益共同体，其主要内容是沿线国家的经济合作与经济联系。当前，相比地缘因素，经济合作与经济联系因素在"一带一

---

① "一带一路"沿线国家指由政府部门划定的65个国家，包括东南亚10国、南亚8国、东亚1国、中亚5国、西亚北非19国和中东欧22国。其中，东南亚10国指印度尼西亚、泰国、马来西亚、越南、新加坡、菲律宾、缅甸、柬埔寨、老挝、文莱；南亚8国指印度、巴基斯坦、孟加拉国、不丹、斯里兰卡、阿富汗、尼泊尔、马尔代夫；东亚1国指蒙古；中亚5国指哈萨克斯坦、乌兹别克斯坦、土库曼斯坦、吉尔吉斯斯坦、塔吉克斯坦；西亚北非19国指西亚的沙特阿拉伯、阿曼、阿联酋、格鲁吉亚、阿塞拜疆、伊朗、土耳其、以色列、科威特、伊拉克、卡塔尔、约旦、黎巴嫩、巴林、也门、叙利亚、亚美尼亚、巴勒斯坦和非洲的埃及；中东欧22国指波兰、罗马尼亚、捷克、斯洛伐克、保加利亚、匈牙利、俄罗斯、乌克兰、白俄罗斯、摩尔多瓦、拉脱维亚、立陶宛、斯洛文尼亚、爱沙尼亚、克罗地亚、阿尔巴尼亚、希腊、塞尔维亚、塞浦路斯、马其顿、波黑、黑山。

② 教育部国际合作与交流司：《来华留学生简明统计》，2013年，第112—119页。

③ 教育部：《来华留学工作向高层次高质量发展》，2018年3月29日，见http://www.moe.gov.cn/jyb_xwfb/gzdt_gzdt/s5987/201803/t20180329_331772.html。

④ OECD, "Education at a Glance 2016：OECD Indicators", 2016年9月15日，见http://dx.doi.org/10.1787/eag-2016-en。

路"沿线国家留学生教育中的推动作用并不突出。因此，应认真研究经济合作与经济联系在推动留学方面的作用机制，实现经济发展与留学事业二者的有机互动和融合，通过深化经济合作与经济联系，扩大"一带一路"沿线国家的留学需求，而后者将反哺于经济合作与经济联系，为"一带一路"倡议提供更多的人才支撑，推动"一带一路"倡议的顺利实施与深入开展。

（九）推动我国同其他国家学历学位互认

世界范围内，双边或多边学历学位互认是影响国家和地区之间国际学生流动的重要因素。我国同其他国家的学历学位互认在来华留学生教育中具有极其重要的基础性地位，发挥着不可替代的导向性作用。我国一向重视与其他国家学历学位互认工作的开展。《国家中长期教育改革和发展规划纲要（2010—2020年)》明确提出"扩大政府间学历学位互认"。[1]《关于做好新时期教育对外开放工作的若干实施意见》则指出"推动亚太区域内双边多边学历学位互认，支持联合国教科文组织建立世界范围学历互认机制"。[2]《中国教育现代化2035》提出"推动我国同其他国家学历学位互认、标准互通、经验互鉴"。[3]《加快推进教育现代化实施方案（2018—2022年)》则强调"与世界更多国家和地区签署学历学位互认协议，提高我国学历学位全球认可度"。[4]

针对当前与我国签署学历学位互认协议国家数量偏少的状况，应积极行动起来，争取与更多国家尤其是"一带一路"沿线国家签署学历学位

---

[1] 国家中长期教育改革和发展规划纲要工作小组办公室：《国家中长期教育改革与发展规划纲要（2010—2020年）》，2010年7月29日，见 http://www.gov.cn/jrzg/2010-07/29/content_1667143.htm。

[2] 新华社：《中共中央办公厅、国务院办公厅印发〈关于做好新时期教育对外开放工作的若干意见〉》，2016年5月3日，见 http://www.moe.gov.cn/jyb_xwfb/s6052/moe_838/201605/t20160503_241658.html。

[3] 新华社：《中共中央、国务院印发〈中国教育现代化2035〉》，2019年2月23日，见 http://www.moe.gov.cn/jyb_xwfb/s6052/moe_838/201902/t20190223_370857.html。

[4] 中共中央、国务院：《加快推进教育现代化实施方案（2018—2022年）》，2019年2月23日，见 http://www.xinhuanet.com/politics/2019-02/23/c_1124154405.htm。

互认协议。研究表明，教育体制和学位制度不同、课程体系设置和学习周期不同、社会经济发展水平与文化传统差异以及对我国高等教育的教学质量和保障体系不认可等因素是当前制约中外学历学位互认的重要因素。①在此方面，一方面应改革现有的学历学位制度；另一方面，应逐步扩大学历学位互认的"朋友圈"。政策走向具体包括：参照国际上的通行做法，适时出台新的学位法律法规，建立起以学分制为基础的副学士、学士、硕士、博士四级学位制度体系；确立国家教育资历框架，建立学分积累与转换制度，推动职业教育与高等教育贯通衔接，实现职业教育与高等教育的学分与资历转换互认；建立健全我国教育质量标准体系，注重与国际通用质量标准的贯通与衔接，积极参与国际教育质量标准研究制定，推动落实联合国教科文组织《亚太地区承认高等教育资历公约》，支持联合国教科文组织建立世界范围学历互认机制，提高我国参与国际教育治理的话语权；着眼于我国对外交往工作大局及"一带一路"建设的需要，研究制定学历学位互认的相关规划，有计划、有步骤、有重点地推进与有关国家和地区的学历学位互认工作；鼓励高校与国外有关高校合作开展学分互认、学位互授联授，提高我国学历学位的国际影响力。

①　王国鹏：《新形势下中外高校学历学位互认工作存在问题探析》，《创新科技》2016年第5期。

第六章　来华留学生教育的保障机制

进入新世纪以来，随着我国经济实力的增强以及综合国力的提升，来华留学生规模增长迅速。根据教育部发布的数据显示，2018 年共有来自 196 个国家和地区的 49.22 万名留学生在我国高等院校学习，其中学历生 25.81 万人，占总数的 52.44%，同比增幅 6.86%。[①] 我国已成为亚洲最大的留学目的地国，是全球范围内学生流动的主要目的地国家之一。来华留学生规模的迅速扩大对来华留学生教育的保障机制提出了更高的要求，来华留学生教育保障机制建设也面临着需要适时跟进的现实挑战。进一步完善来华留学生教育保障机制是今后一段时期内来华留学生教育发展的客观需要。

第一节　来华留学生教育的质量保障机制

质量是来华留学生教育的生命线，是来华留学生教育是否可持续发展的根基。提高质量是来华留学生教育的永恒话题和应有之义。来华留学生教育质量决定了来华留学的效益，关乎我国的国际形象以及我国教育的国际话语权和参与度。来华留学生规模的迅速增长对来华留学生教育质量

---

① 教育部：《2018 年来华留学统计》，2019 年 4 月 12 日，见 http://www.moe.gov.cn/jyb_xwfb/gzdt_gzdt/s5987/201904/t20190412_377692.html。

提出了更高的要求。2016 年 4 月，中共中央办公厅、国务院办公厅印发的《关于做好新时期教育对外开放工作的若干意见》将"加快留学事业发展，提高留学教育质量"①作为新时期教育对外开放的重点工作之一。2017年 7 月 1 日施行的《学校招收和培养国际学生管理办法》则对高校建立健全教育教学质量保障制度提出了明确要求。②2018 年 9 月，教育部在印发《来华留学生高等教育质量规范（试行）》的通知中明确要求，"完善来华留学质量保障体系"③。2019 年 2 月，中共中央、国务院印发的《教育现代化 2035》中亦明确提出，"建立并完善来华留学教育质量保障机制，全面提升来华留学质量"。而提高质量的重要路径即是建立健全的质量保障机制。因此，针对来华留学生教育质量保障机制的构建开展研究具有重要的理论和现实意义。

一、来华留学生教育质量保障机制的内涵

对于质量概念的探讨是认识来华留学生教育质量保障机制内涵的前提。"质量"一词来源于拉丁文 qualis，意为"某一种的"。④实践中，质量一词常见于企业管理中对产品的要求。当前，学术界并未对质量有一个统一的界定。《现代汉语词典》中，质量共有两个方面的含义：一是表示物体惯性大小的物理量；二是产品或工作的优劣程度。⑤此处的质量即指

---

① 新华社：《中共中央办公厅、国务院办公厅印发〈关于做好新时期教育对外开放工作的若干意见〉》，2016 年 5 月 3 日，见 http://www.moe.gov.cn/jyb_xwfb/s6052/moe_838/201605/t20160503_241658.html。
② 《学校招收和培养国际学生管理办法》第十五条规定：高等学校应当将国际学生教学计划纳入学校总体教学计划，选派适合国际学生教学的师资，建立健全教育教学质量保障制度。
③ 教育部：《关于印发〈来华留学生高等教育质量规范（试行）〉的通知》，2018 年 10 月 9 日，见 http://www.moe.gov.cn/srcsite/A20/moe_850/201810/t20181012_351302.html。
④ 马健生：《高等教育质量保证体系的国际比较研究》，北京师范大学出版社 2014 年版，第 3 页。
⑤ 中国社会科学院语言研究所词典编辑室：《现代汉语词典》，商务印书馆 2018 年版，第1689 页。

的是第二个方面的含义。综合各方的观点，我国国家质量监督检验检疫总局、国家标准化管理委员会发布的 2016 版《质量管理体系基础和术语》中将质量界定为"一组固有特性满足要求的程度"。① 就教育质量范畴而言，英国高等教育质量保证署（Quality Assurance Agency，简称 QAA）将质量界定为"为学生提供适当的和有效的教学、支持、评价从而帮助学生完成学业的程度"。② 我国有学者指出："高等教育的质量体现为高等教育所提供的产品和服务满足社会和个人需要的程度、满足高等教育自身发展的程度。因此，社会需要及其得到的满足的程度是高等教育质量检验的标准。适应性是高等教育质量的本质属性。"③ 综合以上观点，本研究中的教育质量指的是教育提供的产品以及教学、管理与服务等满足社会、个人及教育自身发展需要的程度。

质量保障以全面质量管理理论作为理论基础。全面质量管理（Total Quality Management，简称 TQM）由美国费根堡姆（A. V. Feigenbaum）提出，其主要观点可概括为三个方面：第一，质量管理的对象不仅仅是产品质量，还应包括工作质量；第二，质量管理不应局限于产品的制造过程管理，还应该扩展到与质量有关的所有环节；第三，质量管理不仅仅是专门的管理人员的事，还应该要求全员参与，让所有相关人员为质量的提升做贡献。④ 教育质量既要满足政府、社会、高校的需要，又是满足学生个人以及教育自身发展的需要。从利益相关者的视角看，教育质量保障涉及多方面的利益主体：学生、政府、社会以及高校等。来华留学生教育质量保障指政府、高校、社会等相关主体为维持和提高来华留学生教育质量而实施的有计划、有组织、有系统的质量持续促进活动。

根据《现代汉语词典》的界定，机制共有四个方面的含义：一是指机

---

① 国家质量监督检验检疫总局、国家标准化管理委员会：《质量管理体系基础和术语》，2016 年 12 月 30 日。

② 马健生：《高等教育质量保证体系的国际比较研究》，北京师范大学出版社 2014 年版，第 5 页。

③ 房剑森：《高等教育质量观的发展与中国的选择》，《现代大学教育》2002 年第 2 期。

④ 孔晓东：《全面质量管理理论与高校教学质量保障》，《教育评论》2009 年第 1 期。

器的构造工作原理，如计算机的机制；二是指机体的构造、功能和相互关系，如动脉硬化的机制；三是指某些自然现象的物理、化学规律，亦称机理；四是泛指一个工作系统的组织或部分之间相互作用的过程和方式，如市场机制、竞争机制等。[①] 此处的机制指的是第四个方面的含义。本研究中的来华留学生教育质量保障机制即指来华留学生教育质量保障体系中，政府、高校、社会等相关主体为维持和提高来华留学生教育质量而相互作用的过程和方式。

二、来华留学生教育质量保障机制的构建意义

面对世界范围内人才的竞争加剧、整合分化及我国教育现代化与教育强国建设的战略需要，来华留学生教育面临着"提质增效、内涵发展"的重大历史任务。而质量的提升离不开质量保障，离不开质量保障机制建设提供制度规制和安排。在当前来华留学生教育质量保障机制尚不健全的背景下，推进来华留学生教育质量保障机制建设是新时代赋予来华留学生教育的重大历史使命。构建起完善的来华留学生教育质量保障机制对我国打造国际留学中心、实现留学生教育强国建设目标等具有极其重要的战略意义。

（一）推进来华留学生教育可持续发展的客观需要

新中国成立 70 多年来，来华留学生教育发展取得了令世人瞩目的巨大成就，为深化我国与世界各国的交流合作、增进我国人民与世界各国人民的了解与友谊作出了重要贡献。步入新时代，面临世界百年未有之大变局，来华留学生教育承载着助力构建人类命运共同体、推动中外人文交流以及为实现中华民族伟大复兴的中国梦和为共建"一带一路"提供人才支撑的重大历史使命。在当前及今后一段时期，推进并实现来华留学生教育的可持续发展具有重大的战略意义和深远的历史意义。但我们应认识到，

[①] 中国社会科学院语言研究所词典编辑室：《现代汉语词典》，商务印书馆 2018 年版，第600 页。

在新的形势下，随着来华留学生规模的扩大和来华留学生教育的发展，来华留学生教育面临着诸多问题与挑战。其中之一即是来华留学生教育的质量保障机制尚未建立健全，具体表现为：来华留学生教育质量保障缺乏法律依据、来华留学生教育质量保障体系不健全、来华留学行业协会的作用未有效发挥、来华留学生教育的质量保障机构尚未建立等方面。面对来华留学生教育发展的新形势，来华留学生教育质量保障机制建设已成为来华留学生教育发展的当务之急。构建符合我国国情的来华留学生质量保障机制是来华留学生教育的内在要求，是推进来华留学生教育可持续发展的客观需要。

（二）提高来华留学生教育质量的重要举措

新世纪以来，随着来华留学生规模的迅速增长，来华留学生教育质量建设日益受到我国政府的高度重视。2010年9月发布实施的《留学中国计划》将"扩大规模，优化结构，规范管理，保证质量"作为来华留学工作方针。来华留学生教育在扩大规模的同时，要求保证质量。2014年12月召开的全国留学工作会议将"规模与质量并重"作为五大留学工作原则之一。《教育现代化2035》则明确强调，通过建立完善来华留学生教育质量保障机制，提高来华留学生教育质量。来华留学生教育质量保障机制的构建将为来华留学生教育质量的维持与改进提供制度规制与安排，是提高来华留学生教育质量的重要举措。

（三）提升教育国际化水平的客观要求

当前，世界范围内的教育国际化趋势日益增强，教育国际化潮流方兴未艾。实施教育国际化战略、推进教育国际化发展是发达国家的普遍选择，也是我国提高教育国际竞争力、有效参与全球教育治理的必然选择。教育国际化水平是衡量我国教育国际竞争力的重要尺度，是我国参与全球教育治理能力的重要构成因素，教育现代化和教育强国建设过程必然亦是教育国际化水平不断提升的过程。留学生教育是教育国际化建设的重要内容，是教育国际化水平的显性标志。留学生教育的质量高低是衡量一国教育国际化发展水平的重要尺度。提升我国教育国际化水平客观上要求提高来华留学生教育质量，建立健全来华留学生教育质量保障机制。

（四）打造"留学中国"品牌的必然选择

打造"留学中国"品牌是推动中国教育"走出去"，为解决人类问题贡献"中国智慧"和"中国方案"的重要抓手，是增强来华留学生教育国际竞争力的有效途径。自 2010 年 9 月颁布的《留学中国计划》明确提出"打造中国教育的国际品牌"以来，党和国家发布的《关于做好新时期教育对外开放工作的若干意见》《中国教育现代化 2035》《加快推进教育现代化实施方案（2018—2022 年）》等重要文件均提及打造"留学中国"品牌。"留学中国"品牌的打造归根结底要依赖于质量，依赖于来华留学生教育在全球留学生教育市场中的"以质取胜"。质量是构成"留学中国"品牌的基石，而一个完善的质量保障机制则是这个基石的重要组成部分。

（五）推进来华留学生教育"管办评分离"的重要内容

推进来华留学生教育"管办评分离"是我国政府转变职能、提高效能的重要举措，是来华留学生教育管理体制改革的方向。2010 年 7 月颁布实施的《国家中长期教育改革和发展规划纲要（2010—2020 年）》提出，"以转变政府职能和简政放权为重点，深化教育管理体制改革"。① 《关于深入推进教育管办评分离 促进政府职能转变的若干意见》强调，"推进管办评分离，构建政府、学校、社会之间新型关系，是全面深化教育领域综合改革的重要内容，是全面推进依法治教的必然要求"。② 构建来华留学质量保障机制是构建来华留学生教育管理中政府、高校与社会之间的新型关系的重要途径。通过构建来华留学生教育质量保障机制，一方面推动政府简政放权，转变职能，深化来华留学生教育放管服改革；另一方面，发挥行业协会与社会组织的优势，推动社会"评"起来，在来华留学

---

① 国家中长期教育改革和发展规划纲要工作小组办公室：《国家中长期教育改革与发展规划纲要（2010—2020 年）》，2010 年 7 月 29 日，见 http://www.gov.cn/jrzg/2010-07/29/content_1667143.htm。

② 教育部：《关于深入推进教育管办评分离 促进政府职能转变的若干意见》，2015 年 5 月 6 日，见 http://www.moe.gov.cn/srcsite/A02/s7049/201505/t20150506_189460.html。

生教育质量保障中构建政府、学校、社会之间的新型关系。因此，构建来华留学生教育质量保障机制既是深化来华留学生教育管理体制放管服改革的必然要求，亦是推进来华留学生教育"管办评分离"的重要内容。

三、来华留学生教育质量保障机制的构建原则

构建起完善的来华留学生教育质量保障机制是确保来华留学生教育人才培养质量的重要举措，亦是实现来华留学生教育可持续发展的必然要求。来华留学生教育质量保障机制的构建既要契合来华留学生教育质量发展的内在需要，又要遵循质量保障的一般规律；既要立足于中国国情，扎根于中国大地，又要面向世界，融通中外。

（一）坚持质量保障的内外结合

坚持质量保障的内外结合，是来华留学生教育质量保障机制构建的首要原则。来华留学生教育质量保障是高校内部来华留学生教育质量保障与高校外部来华留学生教育质量保障的有机结合，是二者的统一体。高校内部来华留学生教育质量保障为高校外部来华留学生教育质量保障提供实践经验和启示，高校外部来华留学生教育质量保障则为高校内部来华留学生教育质量保障提供规制与指导，二者相互作用、相互依存。整个来华留学生教育的质量保障是通过内外质量保障的有机联动而实现的。因此，来华留学生教育质量保障机制的构建应将高校内部来华留学生教育质量保障与外部来华留学生教育质量保障互通互联、有机结合。

（二）重视高校内部质量保障

来华留学生教育质量保障机制建设的目的是维持和改进来华留学生教育质量，推进来华留学生教育的内涵建设与发展。而高校是来华留学生教育的办学主体，是来华留学生教育的具体实践者，是维持与改进来华留学生教育质量的具体承载者。高校是整个来华留学生教育质量保障体系中的关键主体，其内部质量保障是整个来华留学生教育质量保障体系中的重要组成部分。我国教育部于2015年5月印发的《关于深入推进教育管办评分离　促进政府职能转变的若干意见》明确要求，"引导和支持学校切

实发挥教育质量保障主体作用,不断完善内部质量保障体系和机制,认真开展自评,形成和强化办学特色"①。因此,来华留学生教育质量保障机制建设的目的和重点应指向高校内部来华留学生教育质量保障。高校内部来华留学生教育质量保障是整个来华留学生教育质量保障的基础。基于来华留学生教育的特点,高校应建立起健全的来华留学生教育质量保障体系以及由准入、评估、审查与退出等环节构成的来华留学生教育质量保障机制,形成推动来华留学生教育质量维持与改进的一个持续运转的良性循环。

(三) 坚持质量标准化与多样化的统一

坚持质量标准化与多样化的统一是来华留学生教育质量保障机制构建的又一原则。多样化已成为世界范围内许多国家和地区提高高等教育质量的一种策略。② 例如,在教育质量保障中坚持质量的多样化是美国长期秉持的一项重要原则。美国高等教育发展历程也表明,认证在维持和鼓励高等院校的多样性和保障高等教育质量方面起到了重要作用。③ 当前,我国开展的本科教学水平审核评估即是坚持质量标准化与多样化相统一的具体实践。同样,来华留学生教育质量保障亦应坚持质量标准化与多样化的统一。其中,标准化指的是来华留学生教育质量具有一定的质量标准,高校来华留学生教育活动的开展应以此为前提和基础;多样化指的是高校来华留学生教育在符合基本质量标准的前提下,自主地发展具有自身特色的来华留学生教育,最终在全国范围内形成多样化的来华留学生教育。来华留学生教育质量保障机制的构建须以来华留学生教育的质量标准作为基本依据,同时要兼顾来华留学生教育多样化发展需要,坚持标准化基础之上的多样化,实现二者的有机统一。

---

① 教育部:《关于深入推进教育管办评分离　促进政府职能转变的若干意见》,2015 年 5 月 6 日,见 http://www.moe.gov.cn/srcsite/A02/s7049/201505/t20150506_189460.html。
② 苏永建:《高等教育质量保障中的价值冲突与整合》,《中国高教研究》2013 年第 11 期。
③ 苏永建:《高等教育质量保障中的价值冲突与整合》,《中国高教研究》2013 年第 11 期。

（四）坚持质量保障的"管办评分离"

"管办评分离"是我国教育体制机制改革的主要方向。《关于深入推进教育管办评分离　促进政府职能转变的若干意见》强调，"推进管办评分离，构建政府、学校、社会之间新型关系，是全面深化教育领域综合改革的重要内容，是全面推进依法治教的必然要求"。[①] 2017 年 9 月，中共中央办公厅、国务院办公厅印发的《关于深化教育体制机制改革的意见》将"深化简政放权、放管结合、优化服务改革，把该放的权力坚决放下去，把该管的事项切实管住管好，加强事中事后监管，构建政府、学校、社会之间的新型关系"作为深化教育体制机制改革的基本原则之一进行了阐述。[②] 来华留学生教育质量保障机制的构建应坚持"管办评分离"的重要原则，建立起政府、学校、社会之间的新型关系。具体来讲，在来华留学生教育质量保障机制的构建中，政府是"管"的角色，学校是"办"的角色，社会是"评"的角色，三者有机统一于来华留学生教育质量保障体系与机制中。

首先，政府切实"管"起来，做好来华留学生教育质量保障的顶层设计与制度安排，同时，该放权的放权，委托独立于政府之外的质量保障机构负责来华留学生教育质量保障的组织实施。其次，学校要"办"起来，建立起完善的内部质量保障体系。高校是来华留学生教育的办学主体，要通过建立起完善的来华留学生教育内部质量保障体系与机制，推动来华留学生教育质量的持续改进与提升。其三，社会要"评"起来。高等教育质量保障关键的一点就是要将评估权交由非政府组织进行，保证评估按照教育规律来进行设计与具体操作，为真正实现效果创造条件。[③] 社会要通过质量保障机构与认证机构组织开展来华留学生教育的评估与认证，

---

① 教育部：《关于深入推进教育管办评分离　促进政府职能转变的若干意见》，2015 年 5 月 6 日，见 http://www.moe.gov.cn/srcsite/A02/s7049/201505/t20150506_189460.html。

② 新华社：《中共中央办公厅、国务院办公厅印发〈关于深化教育体制机制改革的意见〉》，2017 年 9 月 24 日，见 http://www.xinhuanet.com/2017-09/24/c_1121715834.htm。

③ 杨洋：《美国高等教育质量保障机制与中国高等教育发展》，《黑龙江高教研究》2014 年第 1 期。

建立起来华留学生教育的质量评估与认证机制。

（五）坚持扎根中国与面向世界相结合

来华留学生教育质量保障机制的构建首先要扎根中国大地，符合中国国情，符合我国的现行教育体制及来华留学生教育发展实际。高等教育质量保障机制既是本国高等教育体制、结构与文化的结果，也参与体制、结构和文化的建构过程。① 来华留学生教育质量保障机制亦不例外，其构建既是我国现有的高等教育及来华留学生教育体制、结构与文化的结果，同时亦积极参与到我国高等教育及来华留学生教育体制、结构和文化的建构过程，具有中国特色。其次，来华留学生教育质量保障机制的构建应面向世界，吸收借鉴国际教育质量保障机制构建的成功经验为我所用，提高机制建设的国际化水平。

四、来华留学生教育质量保障机制的构建路径

面对打造国际留学中心的战略目标，来华留学生教育质量保障机制建设肩负着推进来华留学生教育"提质增效，内涵发展"的重要历史使命。在世界范围内，在高等教育质量保障方面，国家质量保障模式与行业协会质量保障模式是两类主要的高等教育质量保障模式。国家质量保障模式是在政府主导下由专门的机构负责高等教育质量保障的组织实施，英国和澳大利亚采用的就是国家质量保障模式。例如，英国的高等教育质量保证署（Quality Assurance Agency，简称 QAA）、澳大利亚的高等教育质量与标准署（The Tertiary Education Quality and Standards Agency，简称 TEQSA）；美国采取的则是行业协会质量保障模式，通过有关行业协会对高等教育进行专业认证和机构认证实施高等教育质量保障。我国应基于我国的国情及教育管理体制，积极探索适合我国国情及教育管理体制的来华留学生教育质量保障模式。我们认为，基于国家质量保障模式与行业协会

---

① 胡仲勋：《高等教育学术质量保障的三种机制——基于发达国家实践的考察》，《高等教育研究》2016 年第 6 期。

质量保障模式相结合的混合型模式，是我国来华留学生教育质量保障模式发展的方向。在此模式中，我们应基于我国的国情及来华留学生教育发展实际，扎实推进来华留学生教育体制机制改革，建立起"管办评分离"来华留学生教育管理体制，建立起"政府主导、社会参与、高校主体"的来华留学生教育质量保障机制，为来华留学生教育的可持续发展提供质量保障。在这个机制中，政府在推进来华留学生教育质量保障立法、设立来华留学生教育质量保障机构、制订来华留学生教育质量标准等方面发挥主导作用，组织开展有关来华留学生教育的准入与质量评估等工作；有关行业协会与社会组织积极参与来华留学生教育质量保障活动中，承担起来华留学生教育的质量认证以及行业自律等职责；高校发挥来华留学生教育的办学主体作用，通过建立起来华留学生教育内部质量保障体系和机制，推动来华留学生教育质量的持续改进与提升。

（一）推进来华留学生教育质量保障立法

建立完善的法律保障体系是美、英、法、德、日、荷、澳等发达国家高等教育质量保障的一条重要经验。[①] 推进来华留学生教育质量保障的立法，既是对来华留学生教育进行宏观管理和调控的重要手段，亦是开展来华留学生教育质量保障的重要依据。首先，完善来华留学生教育质量保障的相关立法，明确来华留学生教育质量保障的法律地位和法律依据。通过修订相关法律，将来华留学生教育质量保障以法律条文的形式确定下来，使来华留学生教育质量保障活动在法制框架内规范开展，提高来华留学生教育的依法治教水平。其次，完善来华留学生教育质量保障的政策体系。来华留学生教育质量保障尚属于新生事物，政策体系尚不健全。我国应在立法的基础上，逐步完善来华留学生教育质量保障中的评估、认证等方面的具体政策，构建起完善的来华留学生教育质量保障政策体系。

---

① 马健生：《高等教育质量保证体系的国际比较研究》，北京师范大学出版社 2014 年版，第 144 页。

（二）完善来华留学生教育质量保障体系

以高校为边界，来华留学生教育质量保障体系可分为来华留学生教育外部质量保障体系和高校来华留学生教育内部质量保障体系。前者是大学外部针对来华留学生教育质量保障的系统规制与安排，后者则是一所高校内部采取的来华留学生教育质量保障的系统政策和实践。

一方面，我国应完善来华留学生教育外部质量保障体系。首先，设立全国性的来华留学生教育质量保障机构。成立独立的教育质量保障机构是英国、澳大利亚等国教育质量保障的有益经验。英国高等教育外部质量保障体系中最主要的质量保障组织是高等教育质量保障署（QAA），该机构是一个独立的非官方机构，它虽然接受政府委托承担对高等教育机构进行质量保障的任务，但其具体工作并不由政府直接掌控，而是由独立的理事会负责。[①] 来华教育质量保障机构由政府授权，独立自主地负责有关来华留学生教育的准入、评估及审核等的组织实施。其次，确立来华留学生教育质量标准。在此方面，我们应立足于我国高等教育实际及来华留学生教育人才培养需要，确立来华留学生教育质量标准体系，作为全国开展来华留学生教育的质量依据。其三，建立来华留学生教育质量认证机制。支持来华留学生教育行业协会承担起来华留学生教育的认证工作，组织开展来华留学生教育的院校与学科专业认证。

另一方面，我国应完善高校内部来华留学生教育质量保障体系：一是高校设立来华留学生教育质量保障机构，具体承担高校来华留学生教育质量保障的组织实施及有关标准的拟订等；二是基于全国性的来华留学生教育质量标准，结合本校的来华留学生教育发展定位及发展实际，制定本校的来华留学生教育质量标准，作为本校开展来华留学生教育的基本依据；三是建立健全本校来华留学生教育的准入、评估、审查、退出等相关机制，形成来华留学生教育质量保障的良好运转体系。

[①] 马健生：《高等教育质量保证体系的国际比较研究》，北京师范大学出版社 2014 版，第 144 页。

（三）推进来华留学生教育质量保障的专业化

专业化的标志是专业组织、学术共同体、专业学术期刊的形成。[①] 国际高等教育质量保障协会（International Network for Quality Assurance Agencies in Higher Education，简称 INQAAHE）、欧洲高等教育质量保障协会（European Network for Quality Assurance in Higher Education，简称 ENQA）、亚太地区质量保障组织等通过开展质量保障专业培训、设立质量保障研究生专业项目等措施培育学术共同体，以促进质量保障的专业化发展。[②] 借鉴教育质量保障的国际经验，我们应采取有效措施推进来华留学生教育质量保障的专业化发展。一是在高校设立教育质量保障相关专业学位或方向，招收具有教育学等相关学科背景或直接从事来华留学生教育管理、具有来华留学生教育工作经历的人员，培养高层次的来华留学生教育质量保障专业人员；二是成立来华留学生教育质量保障专业协会，组织开展来华留学生教育质量保障的学术研讨、人员培训等，提高来华留学生教育质量保障从业人员的专业化水平；三是积极与国外教育质量保障组织和机构开展交流合作，在跨境教育质量保障中交流经验、开展合作；四是创办来华留学生教育质量保障专业学术期刊，开展来华留学生教育质量保障的学术研究。

（四）推动来华留学生教育质量保障机构的规范化

作为教育质量的维护者，教育质量保障机构在开展质量保障活动时应是客观、公正、透明的。国际高等教育质量保障协会（INQAAHE）发布的《质量保障优秀实践指南》（*Guidelines of Good Practice in Quality Assccrance*）中强调，外部质量保障机构应"对自身活动有持续的质量保障，以适应高等教育变化，确保质量保障的有效性及其绩效目标的实现"。[③]

① 赵立莹等：《国际化背景下高等教育质量保障发展趋势与中国选择》，《高等教育研究》2015 年第 6 期。
② 赵立莹等：《国际化背景下高等教育质量保障发展趋势与中国选择》，《高等教育研究》2015 年第 6 期。
③ INQAAHE, "Guidelines of Good Practice", 2016 年 3 月 24 日，见 https://www.inqaahe.org/sites/default/files/INQAAHE_GGP2016.pdf。

来华留学生教育质量保障机构的规范化是来华留学生教育质量保障活动有效开展的前提。因此，推动来华留学生教育质量保障机构的规范化建设是来华留学生教育质量保障机制构建的重要内容。在此方面，一是确保来华留学生教育质量保障机构的独立性，受政府委托，但独立于政府之外；二是打造专业化的来华留学生教育质量保障从业人员队伍，强化质量保障的能力培养和专业培训；三是来华留学生教育质量保障机构积极开展自我评估，接受社会问责；四是引进第三方评估机构，如国际高等教育质量保障协会（INQAAHE）对来华留学生教育质量保障机构进行评估。

第二节　来华留学生教育的队伍建设机制

随着来华留学生规模的扩大，来华留学生教育的发展，来华留学生教育队伍①建设提上议事日程。来华留学生教育队伍是来华留学生教育的生力军，来华留学生教育的发展离不开来华留学生教育队伍的支撑。来华留学生教育队伍建设关系到来华留学生的培养质量，关系到来华留学生教育的长远发展，在整个来华留学生教育体系中具有极为重要的战略性、基础性和根本性地位。新形势下，来华留学生教育发展的战略需要对来华留学生教育队伍建设提出更高的要求。展望未来，形成一个良性运转的来华留学生教育队伍建设机制，对于来华留学生教育的可持续发展具有十分重要的战略意义。

一、来华留学生教育队伍的人员构成

在实践中，来华留学生教育队伍由来华留学生管理人员、来华留学生辅导员、来华留学生师资三支队伍构成。

顾名思义，来华留学生管理人员指的是负责来华留学生管理的工作

---

① 此处的来华留学教育队伍仅指高校内从事来华留学生教育教学的管理人员、辅导员与教师，不包括各级教育行政部门的来华留学教育管理人员及我国驻外使（领）馆教育处（组）负责来华留学生签证等事务的工作人员。

人员。狭义上讲，来华留学生管理人员指的是直接从事来华留学生涉外行政管理的人员，即高校从事来华留学生涉外事务处理与管理的行政人员。在我国，来华留学生教育具有较强的涉外属性。高校的来华留学生管理通常由学校的外事部门负责，负责来华留学生涉外管理的行政人员亦称之为外事干部或人员。我国官方文件中通常将其称之为来华留学生管理干部，简称为留管干部。从广义上讲，来华留学生管理人员亦应包括学校教务部门从事来华留学本科生教务管理、学校研究生部门从事来华留学研究生培养管理以及学院从事涉及来华留学生教学与培养管理的人员等。本研究遵循官方的这一界定，即沿用来华留学生管理人员的狭义概念，本研究中的来华留学管理人员仅指高校外事部门从事来华留学生涉外管理的行政人员，即留管干部。

来华留学生辅导员指的是高校直接从事来华留学生学习、生活辅导以及信息、咨询、文体活动等服务工作的人员。近年来，随着来华留学生规模的扩大，来华留学生辅导员建设被提上议事日程。在改革开放之后的较长一段时期内，来华留学生教育呈现出明显的政治外交本位特征。[①] 鉴于来华留学生的涉外身份，来华留学生管理人员通常被称之为外事干部。我国高校来华留学生的事务管理主要由外事干部承担，未设置专门的辅导员岗位。在新形势下，来华留学生教育逐渐由政治外交本位向教育本位转变，我国开始探索来华留学生辅导员队伍的建设工作。2010 年，建立辅导员工作制度在教育部门的文件中被明确提出。当年 6 月，教育部下发《教育部关于进一步加强来华留学人员管理服务工作的通知》，要求"建立辅导员工作制度，做好日常管理工作"。[②] 2017 年 7 月，由教育部、外交部、公安部联合制定的《学校招收和培养国际学生管理办法》（以下简称《管理办法》）颁布实施，对高校辅导员岗位设置进行了规定："高等学校

[①] 刘宝存等：《改革开放四十年来华留学教育政策的演进与走向》，《西北师大学报》（社会科学版）2018 年第 6 期。

[②] 刘建新：《高校外国留学生辅导员队伍建设研究结题报告》，2015 年 5 月 26 日，见 http://www.cafsa.org.cn/research/show-1579.html。

应当设置国际学生辅导员岗位，了解国际学生的学习、生活需求，及时做
好信息、咨询、文体活动等方面服务工作。国际学生辅导员配备比例不低
于中国学生辅导员比例，与中国学生辅导员享有同等待遇。"① 自此，来华
留学生辅导员队伍建设进入全面启动阶段。

　　来华留学生师资指的是高校直接从事来华留学生教学或担任来华留
学生导师的教师。来华留学生除预科生、语言进修生之外，一般分散在各
学院的相关专业中学习，因此，高校的普通师资尤其是从事专业课教学的
师资一般亦是来华留学生的师资。近年来，随着来华留学英文授课专业的
增多，来华留学英文授课师资成为高校来华留学生师资的重要构成，成为
来华留学生师资队伍建设的重点。

二、来华留学生教育队伍的建设进展

　　我国对来华留学生教育队伍建设进行了积极的探索，并通过发布一
系列文件对来华留学生教育队伍建设进行了部署和安排。2010 年颁布实
施的《留学中国计划》将"造就出一大批来华留学教育的高水平师资"②
作为面向 2020 年来华留学生教育发展的主要目标之一。同时，该计划对
来华留学师资建设与管理队伍建设分别进行了部署："加强来华留学师资
队伍建设。结合高等学校人才队伍建设，加强教师外语教学等方面的能力
培训，完善来华留学教师业绩评价办法，使一批具有较高学术造诣、精通
教学、关爱学生的优秀教师成为来华留学生教育的骨干力量。""完善来华
留学管理工作人员培训制度。加强培训机制建设，建设一支相对稳定、爱
岗敬业、熟悉外事、精于管理的留学人员管理工作队伍。"③《2015—2017
年留学工作行动计划》中强调："加强师资队伍建设，依托来华留学英语

①　教育部：《学校招收和培养国际学生管理办法》，2017 年 5 月 16 日，见 http：//www.
moe.cn/srcsite/A02/s5911/moe_621/201705/t20170516_304735.html。
②　教育部：《留学中国计划》，2012 年 9 月 3 日，见 http：//old.moe.gov.cn//publicfiles/
business/htmlfiles/moe/s6811/201209/141518.html。
③　教育部：《留学中国计划》，2012 年 9 月 3 日，见 http：//old.moe.gov.cn//publicfiles/
business/htmlfiles/moe/s6811/201209/141518.html。

授课师资培训中心分领域、分专业开展师资培训","高校要按照不低于中国学生辅导员比例配备来华留学生辅导员","要不断加强留学管理人员综合素质和业务能力培训。"① 《关于做好新时期教育对外开放工作的若干意见》则强调,"加强教育外事干部队伍建设"。② 围绕着以上部署,我国教育部门对来华留学生教育师资与管理人员队伍开展了一系列培训。据统计,自 2012 年起,我国教育部门连续举办了 26 期英语授课师资培训班,培训 1300 余名教师;举办了 18 期全国来华留学干部培训班,培训超过 3000 多名留管干部。③ 以上培训提升了来华留学生教育师资与来华留学生教育管理人员的外语与跨文化交际等方面的能力,为来华留学生教学与管理工作的有效开展发挥了重要作用。

但我们应认识到,我国当前的来华留学生教育队伍建设尚存在着诸多不足:我国已开展的来华留学生教育队伍培训还仅限于来华留学英文授课师资与来华留学生教育管理人员,尚未将来华留学生辅导员纳入其中;我国当前来华留学生教育队伍建设的形式和手段亦以培训为主,建设形式和手段单一,尚未形成全面的建设体系;我国尚未制定来华留学生教育队伍建设的规划等等。我们应针对这些不足,有针对性地开展来华留学生教育队伍建设。

三、来华留学生教育队伍的建设困境

来华留学生教育队伍建设是一项系统工程,需要明确清晰的顶层设计和政策安排统筹推进。同时,来华留学生群体具有较强的涉外属性,来

---

① 教育部等五部门:《关于印发〈2015—2017 年留学工作行动计划〉的通知》,2019 年 8 月 11 日,见 http://gjc.cpu.edu.cn/2a/0a/c1020a10762/page.htm。

② 新华社:《中共中央办公厅、国务院办公厅印发〈关于做好新时期教育对外开放工作的若干意见〉》,2016 年 5 月 3 日,见 http://www.moe.gov.cn/jyb_xwfb/s6052/moe_838/201605/t20160503_241658.html。

③ 教育部:《质量为先 实现来华留学内涵式发展——教育部国际司负责人就来华留学相关问题答记者问》,2019 年 7 月 19 日,见 http://www.moe.gov.cn/jyb_xwfb/s271/201907/t20190719_391532.html。

华留学生的管理体制与中国学生的管理体制亦存在着较大差异。总的来看，来华留学生教育队伍建设面临着以下现实困境：

（一）理论研究不足困境

理论是行动的先导。当前，学术界关于来华留学生教育队伍的研究基本上处于经验阶段，具有较大价值的理论研究成果为数不多，整体上有关来华留学生队伍建设的理论研究较为薄弱。来华留学生管理人员应充当什么样的角色？来华留学生需要怎样的事务管理？来华留学生管理人员与来华留学生辅导员的角色之间有什么区别？来华留学生对辅导员有哪些期待？来华留学生辅导员工作的理论依据是什么？来华留学生辅导员的工作目标是什么？来华留学生辅导员的教育价值是什么？来华留学生辅导员如何开展工作是有教育意义的？来华留学生辅导员工作具有哪些规律可循？来华留学生师资在来华留学生教育培养中的定位是什么？来华留学生师资的必备素养是什么？来华留学生师资建设的路径有哪些？如果不对这些问题予以科学地回答，来华留学生事务及来华留学生辅导员队伍建设等将迷失方向。当前，学术界对来华留学生辅导员队伍建设的研究尚未形成体系化的理论成果。

（二）政策缺位困境

我国当前针对来华留学生教育队伍建设的政策仅是以有关文件中具体条款的形式零散出现，尚未有一个系统的政策设计和安排。来华留学生教育队伍建设面临着政策缺位的现实困境。无论是面向来华留学管理人员队伍建设，抑或是面向来华留学师资队伍建设，又或是面向来华留学生辅导员队伍建设，我国都缺乏明确清晰的政策设计和安排。来华留学生教育队伍建设是一项涉及人事、组织、外交外事、教育等部门的复杂系统工程，又是一项关系到来华留学生教育事业长远发展的基础性工程，需要明确的政策对此作出顶层设计和系统部署。譬如，在来华留学生教育师资队伍建设方面，来华留学师资应具备哪些必备素养？来华留学生教育师资的准入条件有哪些？如何开展来华留学生教育师资的评价？等等均需要明确的政策安排。

（三）定位不清晰困境

来华留学生教育队伍中，来华留学生管理人员作为来华留学生教育外事干部与来华留学师资作为来华留学生任课教师的定位较明确。来华留学管理人员属于教育外事干部的范畴，《留学中国计划》中将来华留学管理人员队伍建设定位为"建设一支相对稳定、爱岗敬业、熟悉外事、精于管理的留学人员管理工作队伍"。[①] 来华留学师资亦属于高校整个师资建设的范畴，《留学中国计划》将来华留学师资队伍建设定位为"使一批具有较高学术造诣、精通教学、关爱学生的优秀教师成为来华留学教育的骨干力量"。[②] 而当前，针对来华留学生辅导员队伍建设的定位不清。首先，来华留学生辅导员的专业化发展定位不清晰。在现阶段，来华留学生辅导员主要由来华留学生管理人员转化而来，其专业背景以外语类专业尤其是英语专业为主。来华留学生来自不同的国家，具有不同的语言背景。针对来华留学生这一群体的管理客观上需要辅导员具有较高的外语尤其是英语水平。但来华留学生辅导员所需的专业知识绝不仅仅是外国语言文学学科方面的知识，还需要掌握教育学、心理学、马克思主义理论、法学、公共管理学等学科的知识，需要的是一个综合了多学科的专业知识体系。目前，我国高校并无学生事务管理方面的学科专业设置，来华留学生辅导员的专业化建设缺少明确的学科专业依托，缺乏清晰的专业化发展定位。其次，来华留学生辅导员的职业化发展定位不清晰。经过数十年的建设与发展，我国高校中国学生辅导员队伍已具备清晰的职业准入标准和职业发展路径，已形成较为健全完善的职业化体系，为来华留学生辅导员队伍的建设提供了可资借鉴的重要参考。然而，由于来华留学生教育的特殊性，来华留学生辅导员与中国学生辅导员在职业素养上存在着较大差异。来华留学生辅导员除需必备中国学生辅导员一般性的职业素养的基础上，尚需具

---

① 　教育部：《留学中国计划》，2010 年 9 月 21 日，见 http：//www.moe.gov.cn/srcsite/A20/moe_850/201009/t20100921_108815.html。

② 　教育部：《留学中国计划》，2010 年 9 月 21 日，见 http：//www.moe.gov.cn/srcsite/A20/moe_850/201009/t20100921_108815.html。

备适应来华留学生教育的职业素养。来华留学生文化背景多元、个性迥异以及跨文化适应能力的强弱不同等特点对来华留学生辅导员提出了更高的职业素养要求。来华留学生辅导员不仅需要具有较高的外语水平，更需要具备跨文化管理和育人的能力。然而当前，我国尚未对来华留学生辅导员进行明确的职业定位，更无有关职业准入与职业发展等方面的规定和安排。

（四）管理体制冲突困境

这一困境主要表现为来华留学生辅导员与中国学生辅导员的管理体制冲突。现阶段，来华留学生与中国学生分属于两个不同的管理体制。《管理办法》第二十二条规定，"高等学校应当明确承担国际学生管理职能的工作机构，负责统筹协调国际学生的招收、教学、日常管理和服务以及毕业后的校友联系等工作"。[1] 根据这一规定，来华留学生辅导员应由承担留学生管理职能的工作机构负责管理。而当前，我国高校中国学生辅导员在高校内部为校院二级管理体制，学校层面由学工处（部）归口统一管理，专业学院负责具体管理。自 2017 年 10 月 1 日起施行的《普通高等学校辅导员队伍建设规定》第十七条规定，"高等学校辅导员实行学校和院（系）双重管理"，[2] 具体分工为，"学生工作部门牵头负责辅导员的培养、培训和考核等工作，同时要与院（系）党委（党总支）共同做好辅导员日常管理工作。院（系）党委（党总支）负责对辅导员进行直接领导和管理"。[3] 对于来华留学生辅导员，则不能完全照搬中国学生辅导员的管理体制。来华留学生辅导员本质上是从事来华留学生事务管理的人员，应由承担留学生管理职能的工作机构负责管理。当前，我国高校内部承担留

---

① 教育部：《学校招收和培养国际学生管理办法》，2017 年 5 月 16 日，见 http://www.moe.gov.cn/srcsite/A02/s5911/moe_621/201705/t20170516_304735.html。

② 教育部：《学校招收和培养国际学生管理办法》，2017 年 5 月 16 日，见 http://www.moe.gov.cn/srcsite/A02/s5911/moe_621/201705/t20170516_304735.html。

③ 教育部：《学校招收和培养国际学生管理办法》，2017 年 5 月 16 日，见 http://www.moe.gov.cn/srcsite/A02/s5911/moe_621/201705/t20170516_304735.html。

学生管理职能的工作机构通常有两种模式：国际合作与交流处（内设留学生办公室或具体科室）、国际教育学院（承担全校留学生的管理职能以及语言生的教学任务）。无论是来华留学生辅导员是由国际合作与交流处负责管理抑或是由国际教育学院负责管理，均与中国学生辅导员的管理体制存在冲突。

四、来华留学生教育队伍的建设机制

建设一支专业化、职业化的来华留学生教育队伍既是新形势下进一步做好来华留学生教育的必然选择，亦是来华留学生教育发展的内在要求。在来华留学生教育队伍建设方面，我们既要吸收借鉴国际有益经验，又要扎根中国大地，积极探讨适合中国国情的建设路径，形成来华留学生教育队伍建设的长效机制。

（一）创建来华留学生教育队伍建设理论

来华留学生管理人员的能力构建，来华留学生辅导员队伍的专业化、职业化发展，来华留学师资的必备素养等，均离不开来华留学生教育队伍建设理论的指导。来华留学生教育队伍作为来华留学生教育的重要支撑力量，在人员准入、技能培训与建设路径等方面均需要来华留学生教育队伍建设理论作为基础和支撑。从推动来华留学生教育可持续发展的角度看，来华留学生教育队伍建设有待建立起属于本领域的理论基础和研究范式。在新形势下，随着来华留学生尤其是学历生规模的持续增长，来华留学生的教育管理面临着更趋复杂多元的发展态势，来华留学生教育队伍建设面临新的挑战。通过掌握系统的来华留学生教育队伍建设理论，了解来华留学生教育队伍建设的需要和规律，推进来华留学生教育队伍的建设与发展是新时代发展来华留学生教育的基本要求。具体来讲，来华留学生教育队伍建设理论是包括来华留学管理人员队伍建设、来华留学辅导员队伍建设和来华留学师资建设三个方面的理论体系。我们要植根于来华留学生教育现实土壤之中，针对来华留学生教育队伍建设的实践及未来需要，将经验性、总结性的工作实践逐步上升为科学性、系统性的理论规范，创建具有

中国特色的来华留学生教育队伍建设理论。

（二）明确来华留学生教育队伍建设定位

来华留学生教育队伍的建设定位是来华留学生教育建设的目标与方向。首先，进一步明确来华留学生管理人员队伍的建设定位。新时代，来华留学生教育的战略发展对来华留学生管理人员的素质提出了更高的要求。面对世界百年未有之大变局，来华留学生管理人员不仅要紧跟时代步伐，掌握国家外事方针政策，同时，亦要熟悉教育工作，要具备较强的管理能力。来华留学生管理人员是来华留学生来华留学后接触到的"第一人"，其管理能力与服务水平在某种程度上代表的是国家和院校的形象，将对来华留学生今后的学习生活产生至关重要的影响。我们应将打造一支"掌握政策、熟悉外事、精于管理、深谙教育的来华留学教育外事干部队伍"作为来华留学生教育管理人员队伍的建设定位。

其次，明确来华留学生辅导员队伍的建设定位。走专业化、职业化发展之路是来华留学生辅导员队伍建设的必然选择，打造成一支专业化、职业化的来华留学生辅导员队伍是来华留学生辅导员队伍建设的终极目标。专业化与职业化是既有区别、又有联系的两个概念。专业化指的是从事来华留学生辅导员职业所应具备的专业知识与技能，是这一职业的专业属性和专业地位的体现。职业化指的是来华留学生辅导员这一工作的职业界定、职业准入、职业能力等职业的规范化和标准化，是专业的职业属性和职业地位的体现。专业化与职业化缺一不可，二者相互联系、相互促进，辩证统一于来华留学生辅导员队伍建设进程。为此，我们应将打造一支"专业化、职业化的来华留学生辅导员队伍"作为来华留学生辅导员队伍的建设定位。

其三，进一步明确来华留学师资队伍的建设定位。高素质专业化的教师队伍是来华留学生教育发展的根基所在，来华留学人才的培养离不开高素质的师资队伍。习近平总书记强调，"国家繁荣、民族振兴、教育发展，需要我们大力培养造就一支师德高尚、业务精湛、结构合理、充满活力的高素质专业化教师队伍,需要涌现一大批好老师"。[1] 我们应围绕有理想信念、有道德情操、有扎实知识、有仁爱之心的好老师标准开展来华留学师资队伍建设。基于此,结合来华留学生教育的特点,我们应将打造一支"师德高尚、学贯中西、精通教学、关爱学生的来华留学师资队伍"作为来华留学师资队伍的建设定位。

(三)制定来华留学生教育队伍建设规划

如前所述,来华留学生教育队伍建设事关多部门、多领域,是一个复杂的系统整体,需要举多方之力共建。而且,来华留学生教育队伍建设非一朝一夕之功,需要统筹谋划,长久发力。因此,制定出中长期的规划是来华留学生教育队伍建设的前提条件和有效保障。我们应基于来华留学生教育队伍建设的实际,立足于我国的教育现代化和教育强国建设,着眼于来华留学生教育的未来发展,适时出台《来华留学教育队伍建设中长期规划》。通过制定规划,对来华留学生教育队伍建设的指导思想、工作目标、建设原则、实施步骤、重点任务等进行明确,对建设的时间表和路线图进行设计,从而为来华留学生教育队伍的建设提供遵循和依据。

(四)建立来华留学事务专业化发展机制

来华留学事务的专业化发展是来华留学生辅导员队伍专业化建设的必要条件。我们应通过建立起来华留学事务的专业化发展机制,为来华留学生辅导员队伍的专业化建设提供保障。首先,建设来华留学事务学科专业。相比高校普通学生事务,来华留学生事务综合性更强,牵涉面更广,专业性更为突出。来华留学生事务涉及教育学、心理学、管理学、传播学与社会学等学科的知识体系,从事来华留学生辅导员岗位须具备跨多学科的专业知识背景。缺乏健全的学科体系支撑,来华留学生辅导员的专业培训和人才培养就会成为空中楼阁,也就难以实现专业化和职业化发展。应依托教育学学科,在吸收心理学、管理学、传播学与社会学等学科知识的

---

[1]　习近平:《做党和人民满意的好老师——同北京师范大学师生代表座谈时的讲话》,《人民日报》2014年9月10日。

基础上，以来华留学生为研究对象，构建来华留学生事务的话语体系，形成来华留学生事务的研究规范与研究范式，建设来华留学生事务学科。在硕士、博士学位点建设方面，可尝试在教育学学科下设立来华留学生事务专业学位或学术学位硕士、博士点，培养志在从事来华留学生辅导员工作的高级专门人才，以此建立起来华留学生辅导员的人才培养体系，为来华留学生辅导员队伍建设提供人才支撑。

其次，发展行业协会组织。行业协会组织的建立与完善是学生事务管理专业化的重要标志。[①] 如前所述，英、美等国家的行业协会组织在学生事务管理人员队伍的专业化、职业化建设与发展进程中发挥了重要作用。来华留学生辅导员队伍的专业化和职业化亦离不开行业协会组织的建立与完善。在现阶段，我国并无来华留学生辅导员工作方面的专门协会组织。有关整个来华留学生教育管理的行业协会组织是成立于 1989 年 12 月的中国高等教育学会外国留学生教育管理分会，该分会与思想政治教育研究分会、学生工作研究分会、辅导员工作研究分会等我国高校普通学生工作有关的行业协会组织并列隶属于中国高等教育学会。今后一段时期，基于我国国情及来华留学生教育的特殊性，应尝试在外国留学生教育管理分会的基础上，建立来华留学生辅导员专业委员会以及来华留学生学业指导、文化适应、心理咨询、生涯规划、就业指导、校友工作等来华留学生事务各领域的专业委员会。通过建立和完善以上各专业委员会，为来华留学生辅导员队伍的专业化建设提供行业引领与协会组织保障，逐步提高来华留学生辅导员队伍的专业化水平，推进来华留学生辅导员队伍的专业化和职业化建设。

其三，构建来华留学生事务专业标准体系。专业标准是专业化建设与发展的保障。来华留学生事务专业标准是来华留学生辅导员专业地位的体现，亦是对来华留学生辅导员工作质量进行评价的依据。通过制定并不断完善专业标准，引导学生事务管理人员的专业化发展是美国高校学生事

---

① 陈润瑶：《美国高校学生事务管理队伍专业化建设》，《中国成人教育》2017 年第 19 期。

务管理队伍专业化建设进程中的重要特色。在此方面，我们可以借鉴美国的经验，构建在国家教育行政主管部门指导下由相关来华留学生事务管理研究团体共同参与的相对独立的第三方来华留学生事务标准委员会，由其负责出台并不断完善我国高校来华留学生事务专业标准体系。该体系应包括三个方面的建设内容：确立来华留学生事务专业标准的指导思想与原则、来华留学生事务工作总体目标、来华留学生事务内容与基本指标等，形成来华留学生事务的通用标准；确定来华留学生事务的具体领域及每一领域的专业标准；出台通用标准与专业标准的配套文件，包括操作手册、工作流程及自我评价指南等。

（五）建立来华留学生教育队伍准入与培训机制

来华留学生教育具有不同于普通中国学生的教育特点。面对来华留学生这一群体，建立起来华留学生教育队伍的准入与培训机制是来华留学生教育队伍建设的必然要求。我们要通过建立健全来华留学生教育队伍的准入与培训体系，推动来华留学生教育队伍的职业化发展。首先，明确来华留学生教育人员的准入条件。具体为明确来华留学管理人员、来华留学辅导员、来华留学师资的准入的基本条件。其中，来华留学生辅导员的准入条件应更为复杂，应明确其职业定位与职业等级，确定每一职位所需的职业能力与专业知识，明确其职业准入的基本资格条件以及各具体业务领域的资格条件。其次，发挥行业协会组织和高校的作用，建立来华留学生教育队伍培训和研修基地，构建起学历学位教育、在职培训研修与资质资格认证相结合的立体式、多层次的来华留学生教育队伍继续教育培训体系，逐步建立起来华留学生教育人员持证上岗制度。

（六）建立来华留学生教育队伍职业激励与发展机制

来华留学生教育队伍建设需要相应的职业激励与发展机制予以配套。首先，给予来华留学管理人员相应的政策激励。来华留学管理人员是工作在来华留学第一线的外事人员，是教育外事干部的重要构成。我们应在薪酬待遇、出国研修、职务晋升等方面给予其政策激励，鼓励更多的优秀管理人员从事来华留学生涉外管理。其次，建立来华留学生辅导员的职业化发展机制。应结合来华留学生辅导员的职业特点与发展需求，明确来华留学生辅导员的职业发展路径，给予来华留学生辅导员充足的晋升空间，建设一支用得住、留得下的专家级来华留学生辅导员队伍。其三，给予来华留学师资相应的政策激励。来华留学师资不仅须具备较高的学术造诣和较强的跨文化交际能力，同时，承担来华留学外文授课课程的师资须具备较高的外语水平，这些都对来华留学师资提出了更高的要求。应通过在职称评聘、业绩评价、薪酬待遇、出国研修等方面给予政策支持，鼓励更多的优秀师资投身于来华留学生教学中，使之成为来华留学生教育的骨干力量。

（七）完善来华留学生教育队伍建设政策保障

当前，来华留学生教育队伍建设面临着政策缺位的现实困境。整体上看，来华留学生教育队伍建设的相关政策散见于有关文件中，内容零散，同时，相关的政策制定未跟进，配套不完整，尚未形成系统的政策体系。下一阶段，我们应针对来华留学生教育队伍建设进一步完善有关政策配套，为来华留学生教育队伍建设的顺利开展提供政策保障是今后一段时期来华留学生教育领域需重点推进与开展的关键工作。总的来看，我们需要通过政策制定厘清的问题包括：来华留学管理人员与来华留学生辅导员的职业定位与角色区别、来华留学生教育队伍的职业准入与专业标准、来华留学生教育队伍的在职培训与职业发展、来华留学生教育队伍的职业激励与评价机制、来华留学生辅导员的管理体制与工作机制等。

第三节　来华留学生教育的经费投入机制

经费投入是来华留学生教育的重要支撑，是实现来华留学生教育可持续发展的重要保障。资源依赖理论认为，在开放的组织环境中，一个组织要生存就必须不断从外部环境中获得资源：原材料，包括资金支持和人力资源；信息；社会和政治的支持，即合法性的支持。[①] 其中，资金支

---

① ［美］杰佛里·菲佛、杰勒尔德·R.萨兰基克：《组织的外部控制：对组织资源依赖的分析》，闫蕊译，东方出版社 2006 年版，第 2 页。

持是组织生存须获得的重要外部资源。无论从国家层面上，还是院校层面上，来华留学生教育亦需要持续不断的资金投入。在世界范围内，留学生教育虽属于教育服务贸易的范畴，为教育出口国带来巨大的经济收入，但鉴于留学生作为潜在的"人才与人脉资源"的战略属性，西方发达国家尤其是官方语言为非英语的国家，通常为留学生教育投入大量公共资源，比较典型的国家是法国、德国和日本。[①] 作为非英语国家，我国在留学生教育中处于语言劣势地位，而且相对于历史上具有殖民地的法国、德国、西班牙等非英语国家而言，亦处于不利地位。对于授课语言在国际学生流动中的重要影响，经济合作与发展组织（Organization for Economic Co-operation and Development，简称 OECD）在其研究报告中强调指出，授课语言譬如英语、法语、德语和西班牙语对国际学生具有较大的吸引力。[②] 为此，我国必须打造来华留学生教育的比较优势，唯有如此，方能逐步赶超传统留学目的地国家，实现从"跟跑者"到"领跑者"的转变，而建立起合理的来华留学生教育经费投入机制则是打造比较优势的有效途径。

根据我国法律规定，教育活动必须符合国家和社会公共利益。我国未将来华留学生教育作为一项经济产业，坚持教育的公益性原则是我国开展来华留学生教育活动的基本政策导向。相比较美国、英国、澳大利亚等国，我国面向来华留学生的学费标准相对较低，这也是我国当前吸引国际学生来华留学的重要因素之一。但面对传统留学目的地国家竞相投入大量公共资源吸引国际学生的形势，在我国教育实力及经济社会发展水平尚无法与它们相抗衡的现实状况下，我国有必要加大来华留学生教育经费的投入力度，通过建立起多元化的来华留学生教育经费投入机制，改善来华留学生教育的办学条件，形成以中国政府奖学金为引领的多元化奖学金体

---

① 哈巍等：《法德日国际学生教育投入的比较与思考》，《光明日报》2019 年 7 月 30 日。

② Organization for Economic Co-operation and Development，"Education at a Glance 2016：OECD Indicators"，2019 年 8 月 11 日，见 http：//dx.doi.org/10.1787/eag-2016-en.2019-08-11。

系，吸引更多优秀国际学生选择来华留学。

一、完善政府经费投入机制

我国来华留学生教育的管理体制是按照教育分级管理、分工负责的原则，由国务院教育行政部门统筹管理全国留学生教育工作，省级教育行政部门对本行政区域内留学生教育工作进行指导、协调和监管。[1] 从政府层面上讲，政府经费投入以中央政府为主，省级政府为辅。当前，我国在来华留学生教育方面的政府经费投入主要表现为中国政府奖学金，资助根据我国政府与有关国家（地区）政府签订的教育交流协议到我国高校学习或开展科研的留学生。此方面的经费直接拨付高校，大部分由高校统筹用于来华留学生培养、管理等支出，仅生活费发放给奖学金生本人。[2] 教育部 2018 年度决算显示，2018 年度教育部来华留学生教育共支出约 33.84 亿元。[3] 从支出总量上看，与法国、德国、日本等国相比，仍存在着较大差距。法国高等教育署 2014 年的一项调查报告显示，2013—2014 学年度，法国政府资助留学生的费用可能超过了 31.08 亿欧元。[4] 在德国，除了极少数私立高校和艺术类高校之外，公立大学基本上不收学费，德国公共财政每年在留学生教育方面的支出至少在 23.2 亿欧元以上。[5] 2016 年，

---

[1] 教育部、外交部、公安部于 2017 年 3 月公布的《学校招收和培养国际学生管理办法》第四条规定：国务院教育行政部门统筹管理全国国际学生工作，负责制定招收、培养国际学生的宏观政策，指导、协调省、自治区、直辖市人民政府教育行政部门和学校开展国际学生工作，并可委托有关单位和行业组织承担国际学生的管理和服务工作；第五条规定：省、自治区、直辖市人民政府教育行政部门对本行政区域内国际学生工作进行指导、协调和监管，负责研究制定本行政区域内学前、初等、中等教育阶段国际学生工作的相关政策。

[2] 教育部：《质量为先　实现来华留学内涵式发展——教育部国际司负责人就来华留学相关问题答记者问》，2019 年 7 月 19 日，见 http://www.moe.gov.cn/jyb_xwfb/s271/201907/t20190719_391532.html。

[3] 教育部：《教育部 2018 年度部门决算》，2019 年 7 月 19 日，见 http://www.moe.gov.cn/srcsite/A05/s7499/201907/t20190719_391397.html。

[4] 哈巍等：《法德日国际学生教育投入的比较与思考》，《光明日报》2019 年 7 月 30 日。

[5] 哈巍等：《法德日国际学生教育投入的比较与思考》，《光明日报》2019 年 7 月 30 日。

日本政府在留学生教育方面所投入的财政规模至少在 2266 亿日元以上，处于一个较高的水平。① 综合以上对比，我国来华留学生教育经费方面的投入尚处于比较低的水平。下一步，我们应着眼于来华留学生教育的战略发展需要，基于我国的经济社会发展实际和财力状况，完善政府经费投入机制，逐步加大来华留学生教育经费的投入力度。

（一）完善来华留学生教育队伍培训经费分配

来华留学生教育的长远健康发展离不开来华留学管理干部队伍、来华留学辅导员队伍、来华留学师资队伍的建设。这三支队伍是来华留学生教育的生力军，其能力高低直接关系到来华留学生的培养质量、关系到来华留学生教育的可持续发展。对这三支队伍开展系统培训是提高其能力的有效途径，而这离不开相应的经费支持。现阶段，我国已针对来华留学管理干部队伍、来华留学师资进行了相关培训。据有关统计，自 2012 年起，教育部门连续举办了 26 期英语授课师资培训班，培训 1300 余名教师；举办了 18 期全国来华留学干部培训班，培训超过 3000 多名留管干部。② 而当前，我国开展的师资培训主要面向的是英语授课师资，占据留学生师资主流的中文授课师资并未纳入培训范围。来华留学生教育的特殊性要求中文授课师资亦须具备较强的国际视野和跨文化交流能力以及跨文化教学能力，这些都需要通过系统的专门培训予以提升。此外，来华留学生辅导员队伍建设亦提上议事日程。③ 当前，在全国范围内，针对来华留学生辅导员的专业化职业化培训尚未启动实施。来华留学生辅导员的职业化、专业化培训是来华留学生辅导员队伍建设的重要保障，打造一支职业化、专业

---

① 哈巍等：《法德日国际学生教育投入的比较与思考》，《光明日报》2019 年 7 月 30 日。

② 教育部：《质量为先　实现来华留学内涵式发展——教育部国际司负责人就来华留学相关问题答记者问》，2019 年 7 月 19 日，见 http：//www.moe.gov.cn/jyb_xwfb/s271/201907/t20190719_391532.html。

③ 《学校招收和培养国际学生管理办法》第二十五条第二款规定：高等学校应当设置国际学生辅导员岗位，了解国际学生的学习、生活需求，及时做好信息、咨询、文体活动等方面服务工作。国际学生辅导员配备比例不低于中国学生辅导员比例，与中国学生辅导员享有同等待遇。

化的来华留学生辅导员队伍是来华留学生辅导员队伍建设的目标。下一步，我国应设立此方面的培训经费，专门面向来华留学生辅导员开展职业化专业化培训，提高来华留学生辅导员的职业化和专业化能力。通过完善来华留学生教育队伍培训经费分配，加大来华留学生教育三支队伍的培训力度，为来华留学生教育的可持续发展提供人力保障。

（二）增加品牌课程专业建设经费

品牌课程专业建设是来华留学生教育发展的重要内容，是打造"留学中国"品牌的重要渠道，是凝练来华留学生教育竞争力的重要途径。2016年4月，中办、国办印发的《关于做好新时期教育对外开放工作的若干意见》中强调"加大品牌专业和品牌课程建设力度"。[①]《加快推进教育现代化实施方案（2018—2022年)》提出"鼓励有条件的高等学校面向来华留学生开设多语种授课课程"。[②] 2013年，教育部启动实施来华留学英语授课品牌课程评选工作，对通过评选的来华留学英语授课课程给予一定的经费支持。至今，教育部共开展了两期来华留学英语授课品牌课程评选，每期评选出150门课程。来华留学英语授课品牌课程的评选在推动来华留学英语授课课程建设、提高来华留学英语授课课程教学质量、塑造来华留学英语授课品牌课程等方面发挥了重要的导向作用。但从总体上看，我国在来华留学品牌课程建设方面的经费投入还处于较低水平。教育部开展的品牌课程评选仅限于来华留学英语授课课程，来华留学英语授课专业以及中文授课课程和专业尚不在评选范围之内。来华留学品牌课程专业是"留学中国"品牌的最直接表现形式，是来华留学生教育国际竞争力的最直接展示。进一步加强来华留学品牌课程专业建设既是打造"留学中国"品牌的客观需要，又是来华留学生教育实现可持续发展的必然要求。下一

---

①　新华社：《中共中央办公厅、国务院办公厅印发〈关于做好新时期教育对外开放工作的若干意见〉》，2016年5月3日，见 http://www.moe.gov.cn/jyb_xwfb/s6052/moe_838/201605/t20160503_241658.html。

②　中共中央、国务院：《加快推进教育现代化实施方案（2018—2022年)》，2019年2月23日，见 http://www.xinhuanet.com/politics/2019-02/23/c_1124154405.htm。

步，我国应从国家层面设立来华留学生教育品牌课程专业建设经费，启动实施来华留学生教育品牌课程专业建设工程，推动建成一大批来华留学生教育品牌课程专业，打造"留学中国"品牌，提高来华留学生教育的国际竞争力。

（三）优化中国政府奖学金、孔子学院奖学金投入

近年来，我国持续加大中国政府奖学金经费投入。中国政府奖学金在提高来华留学生招生质量、招收高层次留学生以及优化来华留学生教育结构等方面发挥了重要的引领作用。党和国家颁布的一系列重要政策文件对如何发挥中国政府奖学金的重要作用均予以明确阐述。《国家中长期教育改革与发展规划纲要（2010—2020 年)》提出，"保证中国政府奖学金的规模稳定增加，逐步推行奖学金各项内容货币化改革"。[①] 教育部等五部门联合印发的《2015—2017 年留学工作行动计划》强调，"大幅优化中国政府奖学金资助布局与结构"，"健全来华留学招生机制，继续推进中国政府奖学金学生与高校双向自主选择的招生模式"，"围绕国家发展和'一带一路'建设，进一步优化和调整中国政府奖学金重点资助方向和专业"，"扩大中国政府奖学金招收学历生规模，提高高校招收来华留学生的生源质量与层次"。[②] 同时，该文件亦提出了通过实施政府奖学金项目加强来华青年杰出人才培养的相关举措：加强来华青年杰出人才培养，完善来华留学高层次人才培养办法和机制，实施中国政府"卓越奖学金项目"，逐步推动"博士学术精英"和"青年领袖短期访学"等项活动的开展，为我国外交发展和中国经济"走出去"战略提供人脉资源。[③]《中国教育现代化 2035》提出，"发挥政府奖学金作用，改进资助方式和选拔办法，优

---

① 国家中长期教育政策和发展规划纲要工作小组办公室：《国家中长期教育改革与发展规划纲要（2010—2020 年)》，2010 年 7 月 29 日，见 http：//www.gov.cn/jrzg/2010-07/29/content_1667143.htm。

② 教育部等五部门：《关于印发〈2015—2017 年留学工作行动计划〉的通知》，2019 年 8 月 11 日，见 http：//gjc.cpu.edu.cn/2a/0a/c1020a10762/page.htm。

③ 教育部等五部门：《教育部等五部门关于印发〈2015—2017 年留学工作行动计划〉的通知》，2019 年 8 月 11 日，见 http：//gjc.cpu.edu.cn/2a/0a/c1020a10762/page.htm。

化留学生就读学科专业结构，提高学历生比重"。①《加快推进教育现代化实施方案（2018—2022 年）》则强调，"实施来华留学高端人才项目，发挥丝绸之路奖学金等中国政府奖学金的引领作用"。② 围绕着以上安排和部署，我们需要拓展中国政府奖学金的项目类别、优化和调整重点资助方向和专业、扩大受资助的学历生，尤其是硕博士学历生的比重；同时，基于我国对外交往及来华留学生教育发展的需要，逐步加大中国政府奖学金经费投入，缩小与发达国家在留学生奖学金方面的资源投入差距。在此方面，我们尤其要设立来华留学高端人才"卓越奖学金项目"经费，通过奖学金项目吸引国外更多的优秀学子来华留学，培养造就更多的来华留学杰出人才。

孔子学院奖学金亦是我国政府面向来华留学生设立的另一奖学金。根据原孔子学院总部（2020 年 6 月，"中国国际中文教育基金会"成立，全面负责运行孔子学院品牌）网站显示，截至 2019 年 12 月，全球 162 个国家（地区）建立 541 所孔子学院和 1170 个孔子课堂。③ 作为原孔子学院总部设立的奖学金，孔子学院奖学金在增进中外语言文化交流、推动国际本土化汉语师资培养培训、推进孔子学院建设与发展等方面发挥了显著作用。当前，孔子学院奖学金已形成了涵盖汉语国际教育专业博士、汉语国际教育专业硕士、汉语国际教育专业本科、一学年研修生、一学期研修生、四周研修生、汉办与接收院校合作奖学金等在内的七个类别。值得一提的是，原孔子学院总部实施的"孔子新汉学计划"是旨在培养汉学研究高层次人才的奖学金项目，是当前我国面向来华留学生资助标准较高的一类项目。其中的"来华攻读博士学位项目"和"中外合作培养博士项目"面向非中国籍学生招生，以通过学历教育、课题研究等方式对世界各国优

① 新华社：《中共中央、国务院印发〈中国教育现代化 2035〉》，2019 年 2 月 23 日，见 http://www.xinhuanet.com/politics/2019-02/23/c_1124154392.htm。
② 中共中央、国务院：《加快推进教育现代化实施方案（2018—2022 年）》，2019 年 2 月 23 日，见 http://www.xinhuanet.com/politics/2019-02/23/c_1124154405.htm。
③ 国家汉办：《孔子学院/课堂》，2020 年 11 月 11 日，见 http://www.hanban.org/confuciousinstitutes/node_10961.htm。

秀青年进行资助。下一步，针对孔子学院奖学金和"孔子新汉学计划"等
奖学金项目，我们应拓展其专业涵盖范围和领域，设立更多类别，加强针
对当代中国、国际形势、全球治理等领域的资助力度，加大此类奖学金的
经费投入力度，形成类别、领域结构合理的孔子学院奖学金体系，发挥孔
子学院奖学金在推进来华留学生教育发展中的更大作用。

（四）建立地方政府经费投入机制

当前，我国来华留学生教育的经费投入主要是以中央政府为主、地
方政府为辅。与中央政府类似，地方政府的投入以地方政府奖学金为主要
形式。近年来，我国北京市、上海市、浙江省、四川省、山东省等省级地
方以及成都市、广州市、南京市等市级地方设立了来华留学生政府奖学
金。作为中国政府奖学金的有益补充，地方政府奖学金在提升地方影响
力、扩大地方来华留学生规模、优化来华留学生区域布局和结构、提高来
华留学生生源质量等方面发挥了重要作用。地方和高校是来华留学生教育
的办学主体。《2015—2017 年留学工作行动计划》明确提出，"深化来华
留学管理改革，明确地方教育行政部门和高校招收、培养和管理来华留
学生的主体责任与行为规范"。[1] 面对我国对外交往及经济社会建设大局，
省级地方应将当地的对外交流和经济社会建设与来华留学生教育发展的战
略需求紧密对接，在地方来华留学生教育的发展中扮演更重要的角色，发
挥更大的作用，承担更大的责任，创设具有地方特色的"留学中国"地方
品牌。当前，地方的来华留学生教育经费投入尚限于奖学金方面的投入。
下一步，地方政府应基于当地来华留学生教育发展实际，进一步发挥来
华留学办学的主体责任，建立起来华留学生教育的政府经费投入机制：一
是提高奖学金经费投入的额度，拓宽奖学金的种类，扩大奖学金规模，发
挥奖学金在培养来华留学杰出人才的引领作用；二是设立来华留学队伍建
设、品牌课程专业建设等方面的经费，推动地方来华留学队伍建设和品牌

---

[1]　教育部等五部门：《关于印发〈2015—2017 年留学工作行动计划〉的通知》，2019 年 8
　　月 11 日，见 http://gjc.cpu.edu.cn/2a/0a/c1020a10762/page.htm。

课程专业建设，为地方来华留学生教育的发展提供经费支撑和保障。

二、建立高校经费投入机制

高校是来华留学生教育的直接办学主体，具体负责来华留学生的招收、培养和管理。作为直接开展来华留学生教育教学的单位，高校应高度重视来华留学工作，应为来华留学生教育的发展提供必要的教育教学条件和经费投入。其中，建立起高校来华留学生教育的经费投入机制在高校的来华留学生教育事业发展中具有极为重要的关键性地位。缺少了一定的经费投入，高校来华留学生教育的发展将受到较大制约，来华留学生教育的质量将很难得到保证。当前，部分高校将来华留学生教育作为经济创收的重要手段，盲目扩大规模，在办学条件上缺乏基本的投入，致使来华留学生培养质量不高，在一定程度上给来华留学生教育的办学声誉造成了不良影响。《2015—2017 年留学工作行动计划》强调，"高校要结合学科建设特点和国际化发展的需要，健全留学事业发展经费投入机制"。① 高校建立起科学合理的经费投入机制为来华留学生教育事业的发展提供稳定的经费来源与支持，是来华留学生教育事业实现可持续发展的重要保障。

（一）建立健全来华留学生教育经费管理制度

《高校招收和培养国际学生管理办法》第六条规定：招收国际学生的学校，应当建立健全国际学生招收、培养、管理和服务制度。② 其中，关于来华留学生教育的经费管理制度是高校来华留学生管理制度体系中的重要构成。当前，高校来华留学经费来源趋于多元化，既有上级财政拨款，亦有高校划拨的行政事业型经费；既有预算外收入，亦有预算内收入。面对来华留学生教育经费来源及类型的多元化，建立健全来华留学生教育经费管理制度势在必行。当前，我国大多数高校的来华留学生教育经费管理

---

① 教育部等五部门：《教育部等五部门关于印发〈2015—2017 年留学工作行动计划〉的通知》，2019 年 8 月 11 日，见 http://gjc.cpu.edu.cn/2a/0a/c1020a10762/page.htm。

② 教育部：《学校招收和培养国际学生管理办法》，2017 年 5 月 16 日，见 http://www.moe.gov.cn/srcsite/A02/s5911/moe_621/201705/t20170516_304735.html。

参照的是普通经费的管理，未针对来华留学经费建立专门的管理制度。来华留学生教育经费具有不同于普通教育经费的特点，在经费的使用与管理上与普通教育经费具有较大的区别。高校应基于来华留学生教育发展的实际，认真研究来华留学经费的特点，结合上级的有关规定，建立健全来华留学生教育经费管理制度，为来华留学经费的使用与管理提供制度保障。

（二）完善奖学金设立与评审机制

设立奖学金是当前高校在来华留学生教育经费投入中较为普遍的形式，是中国政府奖学金等各类奖学金的重要补充。奖学金的设立增强了高校在来华留学生招生市场中的吸引力，提升了高校的知名度。通过奖学金项目招生，高校扩大了来华留学生规模，优化了来华留学生结构，提高了生源质量。但当前，高校在奖学金的设立与审批方面存在一定的问题：其一，奖学金往往是留学生管理部门单独设立，其他部门参与度低，未经过充分调研论证；其二，奖学金的设立往往从国际化的角度考虑，与高校的学科专业布局、师资队伍建设、人才培养规划等衔接不充分；其三，奖学金审批随意性强，程序不健全，评审机制未有效建立。此外，中国政府奖学金、孔子学院奖学金、孔子新汉学计划以及各类地方政府、企业奖学金等的使用与管理均需要高校建立起相应的奖学金申请与评审机制。下一步，高校应根据国家有关奖学金的相关规定，结合自身实际，完善奖学金的设立与评审机制，推进高校奖学金及各类企业、政府奖学金管理的机制化、规范化建设。

（三）设立来华留学品牌课程专业经费

打造品牌课程专业是高校招收来华留学生的重要渠道，是凝练高校来华留学生教育竞争力的有效途径，是来华留学生教育高校品牌塑造的重要抓手。其中，设立来华留学品牌课程专业建设经费是打造品牌课程专业的基本条件。品牌课程专业需要改善办学条件、购置仪器设备、完善教师薪酬分配等，这些都离不开经费的投入与支撑。当前，我国高校来华留学品牌课程专业建设往往缺乏经费支持，在专业建设方面举步维艰，发展后劲不足。建立起持久的经费投入机制是高校来华留学品牌课程专业建设的根本保障。高校应结合自身的来华留学生教育发展战略与定位，基于学校的学科专业建设布局，认真谋划来华留学品牌课程专业建设，通过设立来华留学品牌课程专业建设经费，建立起持久的经费投入机制，打造若干个来华留学的品牌课程专业，以此增强来华留学生教育的院校竞争力，打造来华留学生教育的院校品牌。

（四）设立来华留学生教育队伍建设经费

来华留学生教育队伍包括来华留学生管理干部、来华留学生辅导员、来华留学生授课师资三个部分。来华留学生教育队伍建设是来华留学生教育可持续发展的基础和保障。作为来华留学生教育的办学主体，高校来华留学生教育队伍建设的成效关系到来华留学生教育的长远发展。但当前，除国家层面上对来华留学生教育管理干部队伍、来华留学英文授课师资进行培训之外，全国范围内有关来华留学生辅导员与其他类授课师资的培训尚属空白，大多数院校亦尚未建立起来华留学生教育队伍的培训机制。下一步，除国家层面的培训之外，高校应增强对来华留学生教育队伍建设重要性的认识，通过设立来华留学生教育队伍建设经费，专门面向来华留学生教育队伍开展一般性的涉外礼仪、跨文化沟通技巧、英语语言等培训或者基于来华留学生教育管理干部、来华留学生辅导员、来华留学生教育师资等各自的岗位特点开展有针对性的岗前培训、在职培训等，建立起来华留学生教育队伍建设经费的投入机制，加大对来华留学生教育队伍的培训力度。

三、建立社会资金投入机制

来华留学生教育的长远发展离不开社会力量的支持。下一步，我国应扩大社会资源进入来华留学生教育的途径，多渠道增加来华留学生教育投入。其中，投入资金支持办学是社会力量支持的主要形式之一。社会投入是来华留学生教育投入的重要组成部分。我国对社会力量投入来华留学生教育事业表示了明确的政策支持。2010 年颁布实施的《留学中国计划》强调，"鼓励并支持地方政府、高校、企事业单位以及其他社会组织、自然人设立各类来华留学奖学金。构建政府主导、社会参与、主体多元、形式多样的奖学金体系"。[①]《2015—2017 年留学工作行动计划》则明确提出,"鼓励社会力量支持留学事业发展"。[②]《学校招收和培养国际学生管理办法》则提出,"鼓励企事业单位、社会团体及其他社会组织和个人设立国际学生奖学金,但不得附加不合理条件"。[③] 在以上政策文件中,有关社会力量投入来华留学生教育的形式主要表现为奖学金。为配合"一带一路"倡议的推进及我国经济"走出去"战略的实施,我国应鼓励社会力量尤其是企业加大对来华留学生教育的支持力度,通过设立奖学金、捐资办学、出资办学等形式投入社会资金,建立起社会资金的投入机制,使来华留学生教育更好地服务于"一带一路"倡议及我国经济"走出去"等国家重大战略。

(一) 鼓励社会力量设立奖学金

奖学金是吸引留学生来华留学的重要手段。在我国当前来华留学生教育奖学金方面的投入尚不能与传统留学目的地国家相提并论的现实状况下,鼓励社会力量设立奖学金是一个较为可行的选择。当前,我国社会力量设立的来华留学奖学金尚处于发展起步阶段,主要表现为个别企业在有关高校设立的奖学金。首先,我们应出台相关政策,鼓励企业配合"一带一路"倡议的实施以及企业"走出去"的人才培养需求,有针对性地面向"一带一路"沿线当地青年学子设立奖学金,支持其来华留学深造,培养企业所需的本土化专业技能人才。其次,鼓励国内企事业单位、社会团体及其他社会组织和个人在高校内设立来华留学奖学金,无条件用于来华留学生的招生与培养,为来华留学生教育事业的发展贡献力量。

---

① 教育部:《留学中国计划》,2012 年 9 月 3 日,见 http://old.moe.gov.cn//publicfiles/business/htmlfiles/moe/s6811/201209/141518.html。

② 教育部等五部门:《关于印发〈2015—2017 年留学工作行动计划〉的通知》,2019 年 8 月 11 日,见 http://gjc.cpu.edu.cn/2a/0a/c1020a10762/page.htm。

③ 教育部:《学校招收和培养国际学生管理办法》,2017 年 5 月 16 日,见 http://www.moe.gov.cn/srcsite/A02/s5911/moe_621/201705/t20170516_304735.html。

（二）鼓励社会力量捐资办学

捐资办学是社会力量投入来华留学生教育的重要形式。我国应鼓励引导企事业单位、社会团体及其他社会组织和个人通过向高校捐资投入来华留学生教育，改善来华留学生教育办学条件，支持来华留学生教育事业发展。相关部门应完善捐资激励机制，在财政、税收、金融和土地等给予企业优惠政策，落实个人教育公益性捐赠支出在所得税税前扣除规定。高校应建立健全社会力量捐资来华留学生教育机制，通过设立来华留学生教育基金的形式接受捐资；同时，加强来华留学生教育基金的管理，确保专款专用，发挥基金的最大效益。

（三）支持社会力量"走出去"出资办学

此处的社会力量出资办学主要指的是企业出资，而且是指企业参与来华留学生教育"走出去"的境外办学。开展境外办学，将来华留学生教育延伸至海外是今后来华留学生教育发展的一个极为重要的战略方向。《关于做好新时期教育对外开放工作的若干意见》强调，"通过鼓励高等学校和职业院校配合企业走出去，鼓励社会力量参与境外办学"。①"一带一路"倡议的实施需要我国高校在"一带一路"沿线国家独建或与当地高校合作共建一批境外办学机构。而境外办学机构的建设应基于我国企业"走出去"的战略需要以及当地的人才培养，尤其是中资企业的人才培养需求，企业的参与是我国高校在"一带一路"沿线国家境外办学的重要推动力量和有效保障。其中，出资办学是企业参与境外办学的重要形式。由于"一带一路"沿线国家多数属欠发达国家，而设立境外办学机构需要大量的资金投入，由企业出资参与境外办学是现实条件下行之有效的途径。我国应出台相关政策，支持企业在境外出资办学，与我国高校合作设立境外办学机构，为当地培养培训人才。

---

① 新华社：《中共中央办公厅、国务院办公厅印发〈关于做好新时期教育对外开放工作的若干意见〉》，2016年5月3日，见http://www.moe.gov.cn/jyb_xwfb/s6052/moe_838/201605/t20160503_241658.html。

第七章 来华留学生教育的文化和社会支持系统

来华留学生教育的可持续发展离不开文化与社会支持系统的构建。对来华留学生开展文化教育，构建起来华留学的文化育人体系，既是来华留学生教育发展的客观要求，亦是来华留学生教育的重要内容。同时，来华留学生教育是一项系统工程，离不开社会力量的支持，需要政府、学校、社会构建起社会化的服务体系。本章拟就来华留学文化育人体系与来华留学生教育社会化服务体系的构建进行阐述，以期为来华留学生教育的发展提供有价值的参考。

第一节 来华留学生教育的文化育人体系构建

教育以育人为本，来华留学生教育亦不例外。文化因其特有的属性在育人中发挥着不可替代的独特作用。当今世界，各民族、各国都有其独特的文化，可以说，文化是一个民族、国家身份的重要标志。1871年，英国人类学家爱德华·泰勒（Edward Burnett Tylor）在其所著的《原始文化》中将文化界定为："文化，或文明，就其广泛的民族学意义来说，是包括全部的知识、信仰、艺术、道德、法律、风俗以及作为社会成员的人所掌握和接受的任何其他的才能和习惯的复合体。"[1] 对具有多元文化背景

---

[1] ［英］爱德华·泰勒：《原始文化》，连树声译，上海文艺出版社1992年版，第1页。

的来华留学生群体，来华留学生教育的文化育人作用更为突出。以文化人、以文育人既是来华留学生教育的本质要求，亦是来华留学生教育的价值体现。面对来华留学生教育发展的战略需求及客观需要，我国应构建起来华留学生教育的文化育人体系，为来华留学生教育人才培养目标及来华留学生教育战略的实现提供保障。

一、来华留学生教育文化育人的内涵

教育与文化是一对无法割裂的范畴。我国著名教育家顾明远先生指出，"教育既是文化的一部分，又有相对的独立性"。[①] 教育的独立性在于其育人的本质，在于其特有的教化功能。而文化是教育的重要内容，又是教育手段的一个重要构成。为此，亦有学者指出："教育就是将外在于个体的文化，内化于个体的心理结构之中。教育的本质就是文化使个体社会化的过程。"[②] 以文化培养人，狭义上来说是人品、个人修为和学识的养成，广义上说就是文化的传承与创新。推进文化传承与创新是大学继人才培养、科学研究、社会服务之后的第四大职能，文化育人是教育的本质属性。我们的大学在传播中华文化，增强中华文化在世界的影响力方面，责无旁贷。[③] 而来华留学生教育正是在国际化背景下，大学这一职责和使命的具体体现。正如有学者所指出的，"来华留学生是大学承担履行文化传承与创新这一功能的重要资源，是讲好中国故事、传播中国声音需要付出边际成本最小的对象人群之一"。[④]

我国具有历史悠久的传统文化与先进的当代文化，二者的共生融合形成了屹立于世界文化之林的中华文化。开放包容、平等互鉴、和谐共生、交流融合是中华文化倡导的主要价值观，在世界范围内得到普遍认

[①] 顾明远：《大学文化的本质是求真育人》，《教育研究》2013 年第 1 期。

[②] 刘福来等：《地方高校地域文化育人体系的探索》，《社会科学家》2016 年第 1 期。

[③] 徐显明：《守护大学精神——山大任职期间讲演录》，人民出版社 2014 年版，第 391 页。

[④] 贾兆义：《来华国际学生跨文化适应支持系统构建研究》，《宁波大学学报》（教育科学版）2017 年第 1 期。

可，为维护世界和平、推进人类社会发展发挥了极为重要的价值导向作用。以中华文化教育培养来华留学生既是来华留学生教育的本质使然，亦是来华留学生教育的使命所系。来华留学生教育文化育人即是以中华文化所倡导的优秀价值观去教育来华留学生，构建起以中华文化教与学为主线的教育教学体系，引导来华留学生树立多元和谐、开放包容的文化理念和遵纪守法、崇德律己的道德法治观念，同时，增进对中华文化的认识和认知，提高在多元文化中交流、沟通、共事的意识与能力。从文化传播与价值引导等的视角来看，来华留学生教育文化育人的内涵主要体现在以下三个方面：

（一）文化传播

推进中华文化的传播与推广是来华留学生教育的重要使命，也是来华留学生教育文化育人的第一要义。来华留学生教育是展示中国形象的重要窗口，是讲好中国故事的重要平台。习近平总书记指出，"展形象，就是要推进国际传播能力建设，讲好中国故事、传播好中国声音，向世界展现真实、立体、全面的中国，提高国家文化软实力和中华文化影响力"①，这为来华留学生教育"展示中国形象""讲好中国故事"指明了方向。而来华留学教育文化育人则是展示中国形象、讲好中国故事的重要途径和有效载体。来华留学生来自世界各地，具有不同的文化背景。我们要通过开展文化育人向来华留学生展示我国建设与发展的良好形象，讲好中国的发展故事，阐述好中国的政策观点与主张，传播好中国的声音。同时，提高来华留学生跨文化交流的意识与能力，培养来华留学生的文化认同感和亲切感，为我国开展对外交往、与世界各国进行友好合作与交流、推进"一带一路"和人类命运共同体等重大倡议的实施提供人脉和人力资源、搭建桥梁和纽带，进而真正实现中华文化的国际传播、推广与认可。

---

① 习近平：《举旗帜聚民心育新人兴文化展形象　更好完成新形势下宣传思想工作使命任务》，《人民日报》2018 年 8 月 23 日。

（二）价值引导

对来华留学生进行正确的价值观引导是来华留学生教育文化育人的又一要义。当前，来华留学生的类别以高中毕业后来华进行汉语言进修以及攻读学士学位的为主，处于人生观、世界观与价值观的塑造与发展时期，适时地通过文化育人对其进行人生观、世界观与价值观教育对于来华留学生的全面发展与成长具有至关重要的作用。同时，来华留学生在来华之前，通常具有强烈的好奇心与求知欲，来华后又面临着文化适应的不安与焦虑，通过文化育人进行正确的价值引导对于其顺利度过文化适应期，尽快融入留学生活具有极为关键的作用。我们要通过文化育人使来华留学生充分认识到中华文化在个人发展、人际关系、国家交往、民族相处等方面倡导的价值观，引导其树立正确的人生观、世界观与价值观，同时，引导来华留学生对中华文化与当代中国有一个客观的理解与认识，形成对我国国情、政治制度、社会发展等方面的价值认同。

（三）行为规范

对来华留学生进行行为规范是来华留学生教育文化育人的再一要义。来华留学生在华留学由于对中国法律法规不熟悉、跨文化适应不顺利、语言不通等导致的行为失范的现象和问题普遍存在。通过文化育人对来华留学生进行法律法规、校纪校规、国情校情等方面的教育，可以约束留学生的外在行为，维护校园和谐、社会稳定，促进留学生健康成长、全面发展。一方面，通过对来华留学生进行中国的法律法规、政治制度和外交政策、出入境政策、伦理道德等方面的教育，培养来华留学生良好的法治观念和道德意识；另一方面，通过对来华留学生进行学校规章制度、来华留学生管理规定等方面的教育，约束规范来华留学生的行为，为来华留学生的个人成长和全面发展提供保障。

二、来华留学生教育文化育人的意义

来华留学生教育是我国教育的有机构成，是我国教育国际化发展水平的显著标志，是推进我国教育改革与发展的重要动力。作为来华留学生教育的重要组成部分，来华留学生教育文化育人对发挥文化育人的特有功能，提高来华留学生教育质量水平、培养更多的"知华、友华"的高素质来华留学毕业生、更好地服务国家对外交往大局等具有极为重要的战略意义。

（一）服务国家对外交往大局的战略需要

来华留学生是我国对外交往中重要的人脉资源，是我国人民与世界各国人民开展友好交流合作的纽带，是"知华、友华"力量的重要构成。来华留学生教育在我国对外交往大局中的战略地位显而易见。面临世界百年未有之大变局，我国提出了"一带一路"和"人类命运共同体"等对外重大战略倡议和命题，为解决人类面临的共同问题贡献了中国智慧，提供了中国方案，发出了中国声音。而以上倡议和命题的实施离不开来华留学生教育，离不开一大批"知华、友华"的来华留学生的培养。如何培养出"知华、友华"的高素质来华留学毕业生是来华留学生教育面临的一个重大现实课题。而通过文化育人，以中华文化的特有价值魅力教育、引导来华留学生，使其了解知悉中华文化，并产生由衷的认同感，是培养"知华、友华"的高素质来华留学生的必然选择。构建来华留学生教育文化育人体系是"知华、友好"高素质来华留学生培养的需要，是服务于国家"一带一路"倡议、人类命运共同体构建等国家对外交往大局的战略需要。

（二）提高国家文化软实力的重要路径

"软实力"的基本概念，最早由约瑟夫·奈（Joseph Nye）提出，指的是一种不以强制手段来塑造他人的喜好和观点的"吸引力"，来源于一个国家的文化、政治价值观和外交政策。[①] 从其界定上可知，"软实力"这一概念带有明显的"美国色彩"。我国学者在引入这一概念时，对其做了"中国化"改造，使其从原有的竞争性支配权力视野转为强调自身"实力"而"与他者共生"的和谐视野。[②] 国家软实力涵盖政治、经济与文化

---

① Godfrey Hodgson, "Soft Power: The Means to Success in World Politics by Joseph S. Nye", *American Economist*, Vol.80, No.5（October 2005）, pp.999-1000.

② 孙亮：《"文化软实力"指标体系的建构原理与构成要素》，《理论月刊》2009 年第 5 期。

等领域。其中，文化软实力指的是一国通过非强制性的教化方式，将自身文化符号内化到他国政治、社会或文化体系中，从而获得影响他国政府行为与民众认知的权力资源。[①] 对于文化软实力的重要性，习近平总书记指出："提高国家文化软实力，关系到'两个一百年'奋斗目标和中华民族伟大复兴中国梦的实现。"[②] 同时，习近平总书记对提高我国文化软实力提出了明确要求：努力夯实国家文化软实力根基，努力传播当代中国价值观念，努力展示中华文化独特魅力，努力提高国际话语权。[③] 而来华留学生教育是我国国家文化软实力的重要载体。通过来华留学生教育文化育人传播当代中国价值观念，展示中华文化独特魅力，是提升我国国家文化软实力的重要路径。我们应发挥来华留学人员的宣介作用，不断扩大国际社会对中华文化、中国道路、中国模式的理解认同。

（三）来华留学生教育文化属性的本质体现

文化是一个国家或民族长期积淀形成的价值观和系列符号。在世界范围内，对留学生进行一国文化的知识、艺术、道德、法律和价值观等的宣介是留学生教育的重要组成部分。从留学生个体的角度上看，留学生教育是个体对留学目的地国的文化进行了解和认知的过程；从留学目的地国的角度上看，留学生教育实质上是一种针对留学生开展的文化教育。文化是留学生教育的本质属性，对留学生进行文化育人亦是这一本质属性的直接体现。来华留学生在华接受教育离不开中华文化的学习、熏陶和体验。构建起来华留学生教育文化育人体系，通过文化育人使中华文化在留学生身上内化于心、外化于形是来华留学生教育文化属性的本质要求和具体体现。

---

① 杨竺松等：《中美文化软实力评估与预测（2003—2035）》，《清华大学学报》（哲学社会科学版）2019 年第 3 期。

② 习近平：《决胜全面建成小康社会夺取新时代中国特色社会主义伟大胜利》，《人民日报》2017 年 10 月 28 日。

③ 习近平：《建设社会主义文化强国　着力提高国家文化软实力》，《人民日报》2014 年 1 月 1 日。

（四）来华留学生教育人才培养的必然要求

"培养什么样的留学生""怎样培养留学生"是当前来华留学生教育必须厘清的重大现实问题。针对"培养什么样的留学生"，2010年颁布实施的《留学中国计划》将"培养一大批知华、友华的高素质来华留学毕业生"[①]作为来华留学事业发展目标的重要构成。由此，知华、友好的高素质来华留学生成为来华留学生教育的人才培养目标。教育部2018年发布的《来华留学生高等教育质量规范（试行）》中将来华留学生教育的人才培养目标具体化为四个方面：学科专业水平、对中国的认识和理解、语言能力、跨文化和全球胜任力。[②]其中，"对中国的认识和理解"要求来华留学生"应当熟悉中国历史、地理、社会、经济等中国国情和文化基本知识，了解中国政治制度和外交政策，理解中国社会主流价值观和公共道德观念，形成良好的法治观念和道德意识"[③]，"跨文化和全球胜任力"则要求"来华留学生应当具备包容、认知和适应文化多样性的意识、知识、态度和技能，能够在不同民族、社会和国家之间的相互尊重、理解和团结中发挥作用"[④]。为达成以上培养目标，我们须针对"怎么培养留学生"进行系统设计。而其中，对来华留学生开展文化育人是来华留学生教育人才培养过程中必不可少的重要一环。我们应通过对来华留学生进行文化育人，增进他们对中国的认识和理解，提高他们的跨文化和全球胜任力，同时，促进他们学科专业知识的学习和语言能力的提高。

（五）来华留学生跨文化适应的客观需要

跨文化适应，又称为文化适应，最初由美国人类学家罗伯特·雷德

---

① 教育部：《关于印发〈留学中国计划〉的通知》，2010年9月21日，见 http：//www. moe.gov.cn/srcsite/A20/moe_850/201009/t20100921_108815.html。

② 教育部：《关于印发〈来华留学生高等教育质量规范（试行）〉的通知》，2018年10月9日，见 http：//www.moe.gov.cn/srcsite/A20/moe_850/201810/t20181012_351302.html。

③ 教育部：《关于印发〈来华留学生高等教育质量规范（试行）〉的通知》，2018年10月9日，见 http：//www.moe.gov.cn/srcsite/A20/moe_850/201810/t20181012_351302.html。

④ 教育部：《关于印发〈来华留学生高等教育质量规范（试行）〉的通知》，2018年10月9日，见 http：//www.moe.gov.cn/srcsite/A20/moe_850/201810/t20181012_351302.html。

菲尔德（Robert Redfield）等学者提出："文化适应指的是由个体组成且具有不同文化的两个群体之间，发生持续的、直接的接触而导致的任一方或双方原有文化模式发生变化的现象。"[①] 加拿大跨文化心理学家约翰·贝瑞（John W. Berry）对文化适应的概念进行了阐释，他认为文化适应包括两个层面：群体层面上的文化适应，即群体在社会结构、经济基础和政治组织等方面发生的变迁；个体层面上的文化适应，即个体在行为方式、价值观念、态度以及认同等方面发生的变化。[②] 新西兰心理学家科林恩·沃德（Colleen Ward）等学者将适应区分为两个类型：心理适应和社会文化适应，心理适应涉及的主要是心理或情感上的幸福感和满意度，社会文化适应则是指获得能够成功应付或融入特定社会文化或环境的与文化相契合的技能。[③]

　　来华留学生在华学习普遍会面临个体层面上的文化适应问题。从来华留学生的个体来看，其面临的文化适应主要为心理适应与社会文化适应两个方面。但由于来华留学生个体在汉语水平、个人经历以及年龄等方面的差异性，来华留学生跨文化适应的能力有强弱之分，其文化适应水平方面表现为较大的差异性。有研究表明，汉语水平、年龄以及来华留学之间是否具有出国经历等因素是影响来华留学生跨文化适应水平的重要因素。[④] 通过梳理文献发现，来华留学生跨文化适应方面存在不同程度的适应困难和问题，这为留学生在华学习生活带来一系列挑战。有的来华留学生由于文化冲击等心理适应问题产生不同程度的文化适应障碍甚至文化休克，部分留学生出现厌学弃学、扰乱教学秩序、甚至打架斗

---

① Robert Redfield, Ralph Linton, Melville J. Herskovits, "Memorandum for The Study of Acculturation", *American Anthropologist*, Vol.38, No.1 (March 1936), pp.149-152.

② John J. Berman, *Current Theory and Research in Motivation*, *Nebraska Symposium on Motivation*, *1989*: *Cross-cultural Perspectives*. Lincoln: University of Nebraska Press, 1990, pp.201-234.

③ David Matsumoto, Hyisung C. Hwang, *The Handbook of Culture and Psychology*, Oxford: Oxford University Press, 2001, pp.411-445.

④ 李萍：《留学生跨文化适应现状与管理对策研究》，《浙江社会科学》2009 年第 5 期。

殴、吸毒犯罪的问题。[1] 而构建起来华留学生教育文化体系对来华留学生进行文化引导和教育，是解决来华留学生跨文化适应问题的有效途径。通过发挥中华文化的文化育人功能，以中华文化所倡导的开放包容、平等互鉴、和谐共生、交流融合的价值观引导和教育来华留学生，可以提高来华留学生的跨文化交际和沟通能力，助推来华留学生顺利实现跨文化适应。

三、来华留学生教育文化育人的原则

来华留学生教育面对的学生群体是具有多元文化背景的留学生。文化多样性导致的文化矛盾和冲突、来华留学生跨文化适应的差异性等是来华留学生教育文化育人需要应对和解决的现实课题。我们应以间性文化观作为来华留学生教育文化育人体系构建的原则。"间性"在这里指"主体间性"，源引自尤尔根·哈贝马斯（Jürgen Habermas）的交往行为理论。根据哈贝马斯，广义上的主体间性指"人作为主体在对象化的活动方式中，与他者的相关性和关联性"。[2] 他批判"主体—客体"分离与对立的分析模式，强调在"主体—主体"的分析模式下，人与人之间的交往活动中把握这个世界的一切事物与现象。哈贝马斯认为，交往行为的本质和目的是达成理解。相互理解的前提是主体与主体间相互承认与尊重，主体之间在相互协调、相互同意的基础上理性交流。个人在与他人平等交往的过程中，个人才能成为"自我"。但同时，主体间性保留各主体主观差异的权力。[3]"文化间性"是主体间性理论在文化领域的延展。在 2005 年的"保护和促进文化表现形式多样性公约"中，联合国教科文组织（United Nations Educational, Scientific and Cultural Organization，简称 UNESCO）将"文化间性"定义为"不同文化的存在与平等互动以及通过对话和相互

---

① 哈巍等：《人才流动与教育红利——来华留学教育研究综述》，《教育学术月刊》2009年第 3 期。

② 张翠：《民主理论的批判与重建》，人民出版社 2011 年版，第 70 页。

③ 张翠：《民主理论的批判与重建》，人民出版社 2011 年版，第 72 页。

尊重产生共同文化表现形式的可能性。"[①] "文化间性"主要强调不同文化之间的相互作用、相互影响。它的前提是承认各种文化具有平等的主体地位，并且承认文化之间的差异性。包容文化之间的差异，在差异中相互学习和借鉴，在"他者"视阈中反观自己，探寻文化的间性特质，从而求同存异，实现文化的革新。[②] "文化间性"要求我们在对待不同文化时，应坚持间性的文化观。以间性文化观作为来华留学生教育文化育人体系构建的原则，具体包括以下几个方面：

(一) 多元平等原则

文化多样性是文化间性的前提条件，是人类共同的遗产和财富。文化间性并没有消减文化多样性，反而加强了文化多样性。[③] "间性"更多地强调了后一个目的。[④] 间性文化强调文化的多样性，但区别于多元文化。"多元文化"更多强调多样文化的共存，是多样文化的糅杂，是文化的"万花筒"和"沙拉碗"。[⑤] 但它忽视了文化之间的差异，忽略了文化之间等级和力量的不同。"间性文化"更多的是注意到文化之间的差别，强调在平等的前提下，包容差异、融合交流，互为主观，扩大宽容的空间。在间性文化观的视阈下，文化与文化关系由"主客关系"转变为"主体"之间的平等关系。文化主体之间没有高低、优劣之分，不存在"我"文化优于"他"文化的文化优越性，也不存在"他"文化之于"我"文化的文化边缘性。不同文化具有同等价值和地位，主体对待"异文化"是尊重平等、开放包容的，应消除文化的中心主义、本位主义，树立平等的文化

---

① UNESCO, *Convention on the Protection and Promotion of the Diversity of Cultural Expressions*, Paris: UNESCO, 2005, p.16.

② 阚侃:《跨文化交际能力的文化间性问题研究》，硕士学位论文，黑龙江大学，2018 年，第 21 页。

③ 单波等:《"全球本土化"的跨文化悖论及其解决路径》，《新疆师范大学学报》(哲学社会科学版) 2013 年第 1 期。

④ [加拿大] 查尔斯·泰勒:《是间性文化主义还是多元文化主义?》，《国外理论动态》2013 年第 7 期。

⑤ Carroll A. Burgess, T. Burgess, *Guide to Western Canada* (7th ed.), Guilford: Globe Pequot Press, 2015, p.31.

观。人类文明的多样性本身就是世界构成多样性的一部分，多彩的人类文化之间本身没有优劣、高下之分，文化差异也不应视为"文明冲突"的根源。来华留学生教育文化育人体系的构建首先应在教师与学生、学生与学生之间树立文化多元平等的理念，认同多样文化的存在，以开放包容的态度了解并欣赏文化之间的差异和不同，打破文化间的"主客"体关系，以平等的"主体"间关系开展对话与互动。

（二）尊重理解原则

间性文化观强调文化之间相互尊重、互动对话、相互镜鉴。每个主体在进行交际行为的时候，首先要保持对文化他者的"开放"与"包容"，要在理解他者的基础上，完成对自我更全面、更深入的了解。"开放"要求文化主体放弃自己的主体身份，与他者进行交互互动。"包容"要求文化主体在了解对方价值观的基础上尊重文化差异，理解他者文化。可以说，间性文化观视阈下的交际互动行为是建立在互相了解对方价值观的基础上，通过协商而建立的一种合理的、双方一致认可的共享共同的文化价值。① 因此，来华留学生教育文化育人应秉持尊重理解的原则，以开放包容、求同存异的态度尊重不同文化背景下的价值观、风俗习惯和宗教传统等。在来华留学生教育文化育人实践中，不应将自己的价值观强加于人，应尊重文化的差异性，了解每种文化的独特价值，在互动交流中探寻文化中存在的共同、共通的部分，寻找被人类普遍认同的伦理价值和道德观念。

（三）互动对话原则

间性文化观强调文化间的相互关联性，而非差异性。间性文化观承认差异、尊重差异，并努力建立文化间的内在关联，在尊重文化之间差异的基础上，以协商的方式进行交流与沟通，期待文化之间相互作用，引发彼此触动而发生意义重组生成的内在关联。文化间性强调关联而不是他

---

① 马牧欢：《哈贝马斯实践哲学视阈下的跨文化交际研究主体间性对跨文化交际的指导作用》，硕士学位论文，黑龙江大学，2016 年。

者，强调共享而不是影响，强调互补而不仅是利用。① 文化间的差异性要求文化进行对话与互动。异质文化间的互动，不仅仅是两种文化间的简单接触和作用，而是在平等和尊重的前提下，在协商与整合的过程中，与"他者"交往并发生意义重组，协议达成文化间共性。在来华留学生教育文化育人过程中，文化间的互动沟通有助于化解文化间的关系障碍，有助于建立联系，增强群体凝聚力。只有文化主体之间通过对话协商反思自我，才能在跨文化交流中融合构建、生成意义，从而实现来华留学生对中国文化的认同，促进文化融合创新。

四、来华留学生教育文化育人体系的构建路径

面对新形势下来华留学生教育人才培养的客观要求，构建起来华留学生教育文化育人体系是来华留学生教育文化育人的必然选择。完善的来华留学生教育文化育人体系不仅是来华留学生学习和认知中华文化的重要载体，是"知华、友好"高素质来华留学生培养的关键环节，更是来华留学生教育更好地服务于"一带一路"倡议和国家对外交往大局的有效保障。基于以上原则，我们应尝试从确立文化间性的育人理念、建设国际化校园文化环境、创新人才培养模式、提高教师文化育人能力、推进中外学生交流互鉴、打造中国文化体验基地等六个方面构建来华留学生教育的文化育人体系。

(一) 确立文化间性的育人理念

在高等教育国际化程度日益加深的今天，各国高等教育以及各高等学校之间既竞争又合作，打造以人类命运共同体为基础的教育共同体、文化共同体，共同缔造人类可持续发展的未来，越来越成为人们的共识。这就要求高校必须要以开放包容、平等尊重的精神和理念包容多元文化，吸引国际人才。多元平等、尊重理解、互动融合的间性文化观应该成为高校

① Chengzhou He, "An East Asian Paradigm of Interculturalism", *European Review*, Vol.24, No.2 (April 2016), pp.210-220.

办学者与管理者的共识与常识，贯彻在来华留学生教育的教育教学和管理服务中。

多元文化各有差异，但一定有共同、共通的部分。在间性文化观的视阈下，来华留学文化育人就是要理解包容差异，尊重不同文化的价值所在，挖掘和吸收优秀文化的共同之处，提炼共享优秀文化的思想内核，在融合互动中建构生成富有活力、积极向上的精神文化；就是要在平等、尊重、融合理念的引导下，营造浓厚的学术空气、学习氛围以及文化氛围，帮助留学生融入校园生活及校园文化，尽快克服心理、社会文化、学术等方面的跨文化适应问题，使他们对中国人的价值观念、行为习惯、为人处世以及对待世界事务的态度形成正确的认知，[①] 促进留学生的文化认同、情感培养、道德提升。在教育教学方面，确立文化间性的育人理念就是教育者在传播中华文化的过程中，要遵循文化间性的育人理念，在宣传弘扬中华文化的同时，要尊重、理解、包容他文化，要在学习了解他文化的基础之上通过互动交流的方式、潜移默化地达到传播中华文化的目的。在管理服务方面，确立文化间性的育人理念就是要管理者充分认识不同国家文化差异的客观存在，主动学习了解不同国家地区的政治、经济、文化等方面的知识；尊重留学生的风俗习惯、宗教信仰、生活习惯及个人隐私，包容留学生的个性特征，增强跨文化理论知识学习，提高跨文化实践管理能力。

(二) 建设国际化校园文化环境

校园是来华留学生学习生活的主要场所，国际化的校园文化环境有助于来华留学生在最大程度上实现文化浸润，帮助来华留学生度过跨文化适应。国际化的校园文化环境既包括建筑设施、文化景观等硬环境方面，也包括文化交流平台等软环境方面。

首先，在校园建筑设施、文化景观方面，要打造开放包容、兼收并

---

① 刘玉颖：《中华文化"走出去"与来华留学生教育——兼谈"善行河北"主题道德实践活动》，《河北省社会主义学院学报》2014 年第 1 期。

蓄的国际化校园文化环境，用多元文化中共同、共通的内容激励中外学子刻苦治学、融合创新，营造多元平等的校园文化氛围。一是在校园环境和空间布局上，要创造跨学科、跨文化沟通交流的场所和环境，在尊重、平等、融合、友好的文化氛围中交流碰撞，创新发现。二是在校园设施上，应增加语言学习、文化体验服务设施，对校园标识进行国际化改造，帮助来华留学生适应校园环境，增进来华留学体验满意度；扩大外文资源建设力度，推进来华留学生教育信息化建设。同时，在生活上，为来华留学生提供安全、卫生、便利的食宿条件，在合理、公平、审慎的原则下，适当照顾来华留学生的风俗习惯和文化差异，为促进中外学生的充分交流创造条件。三是在校园文化景观上，既要彰显中国特色，又要有国际多元文化包容的氛围；既要加强留学生主要生活区和教学区的中华文化环境建设，又要吸收各国文化元素。

此外，在文化交流平台等软环境方面，一是要重视组织开展丰富多彩的校园文化活动，以留学生喜闻乐见的形式开展跨文化适应教育、中国国情及中华文化教育。例如，通过社会实践、志愿服务、文化体验、体育竞赛、创新创业活动、学术讲座或将这部分内容融入专业课程中等多种方式，使留学生有机会参与进来，融入校园生活，全方位体验和感受校园文化，深刻理解中国文化；同时引导留学生正确进行跨文化对比，深入了解自身文化与中华文化的异同，提高留学生跨文化交际能力，平稳度过跨文化适应时期。二是要发动留学生学生组织的力量，加强留学生社团组织的建设和指导，通过社团集体活动增进来华留学生的团体性和归属感。学生社团是学生在共同兴趣爱好的基础上，自愿结成的学生组织，可以打破年级、学科甚至学校的界限。留学生社团组织与中国学生社团之间的合作互动，或者中外学生联合组建学生组织机构，都将实现中外学生文化接触与交流，为中外学生文化沟通搭建桥梁，促进中外学生跨文化交际能力提升。

（三）创新人才培养模式

创新来华留学人才培养模式，应将中华文化因子融入来华留学生教学与管理服务全过程。首先，要创新来华留学生文化教学模式。其一，推进中国文化课程开发与建设。来华留学文化育人体系的构建，关键在于寻找优秀的、多元化的文化要素作为支撑，只有优秀的文化基础才能孕育出优秀的学校教育。[①]加强中国文化教材的开发力度，组织出版反映中国优秀传统文化元素、聚集当代中国文明因子的中国文化、中国概况及中国国情教材。其二，要加强跨文化理解教育。开设跨文化理解课程，指导来华留学生感受并理解世界文化的多样性，学会以平等、尊重、互动沟通的方式开展跨文化对话与交流，提高跨文化交际能力。其三，要将中国文化教学与文化实践相结合。通过举办国际文化周、外语文化节等活动，丰富来华留学生中国文化社会实践，强化中国文化教学效果。其四，注重开展启发式教学。在中国文化教学中，提倡师生课堂互动，采用讨论式、案例式教学方法，激发留学生学习兴趣；改变单一的考核方式，以平时课堂讨论表现、小论文、小测验及期末考试等多种方式评价学生学习结果。

其次，应推进"趋同化"管理模式。在来华留学生管理上，要注重顶层设计，在组织结构、管理制度和文化制度中按照国家相关要求，既充分尊重来华留学生多元文化的特点，又注重在教育教学、管理服务中逐步与中国学生趋同。一方面，在留学生招生录取、培养目标、学籍学历管理、考勤制度、考试考核、教学评价、纪律安全等方面要求按照国家相关标准和规定健全制度、严格要求；另一方面，在学校来华留学生教育管理体制和工作机制中体现平等一致原则，归口协调管理、加强辅导员配置，注重来华留学生的权益保障，确保留学生与中国学生一样按照平等一致的使用条件、管理制度和收费标准使用学校的教室、实验室、图书馆、阅览室、网络信息资源以及饮食、文化、体育等生活设施。总而言之，"趋同"并不是无视差异的简单同一，而是要在教育管理过程中使留学生的多元文化背景被承认、被尊重，使留学生具备同等的机会了解和学习与自己不同

①　刘福来等：《地方高校地域文化育人体系的探索》，《社会科学家》2016年第1期。

的文化，实现不同文化间的相互影响、相互适应，达到一种"学生身份"的"同"。[①]"趋同化"管理是来华留学生教育中间性文化观的具体体现，是互动融合、多元平等教育理念在制度中的有益尝试。

（四）提高教师文化育人能力

教师是来华留学生教育中文化育人的主体，在来华留学生教育文化育人体系中发挥着主导作用。提高来华留学生教育教师文化育人能力对提升来华留学生文化理解能力、提高来华留学生跨文化适应能力、增强来华留学生文化育人效果意义重大。来华留学教师文化育人能力的提高，主要包括以下三个方面。

首先，要提高来华留学任课教师的中华文化素养。英语交流能力是来华留学任课教师用以介绍和传播文化内涵的工具。但仅有良好的英语交流能力是不够的，如果教师对中华文化的理解不够深入系统，仅凭专业知识和英文交流能力，很难达到传播中华文化、培养留学生热爱中华文化、促进文化认同的目的。当前，部分高校在来华留学生教育师资的培养上，仅考虑教师的专业水平和英语能力，而忽视了对教师有关中华文化理解的考查和培养。因此，在来华留学生教育师资的选用与培养上，应注重对教师中华文化知识的考查，同时，加大对教师中华文化素养的培养，使来华留学任课教师真正熟悉掌握中华文化的内涵和精髓，成为中华文化的讲解者和传播者。唯有如此，方能使来华留学任课教师在开展专业课教学的同时承担起文化育人的职责和使命。

其次，要加强来华留学任课教师的跨文化交际能力与间性文化理念的培养。留学生教师的教学行为本身就是一种互为主体的跨文化教育实践。作为留学生教学任务的实施者和引导者，教师在知识传授的同时必须要考虑留学生的思维方式和接受习惯。这就要求教师在间性文化观的指导下，与留学生建立一种平等尊重的教学关系，同时运用跨文化适应相关理

---

① 李慧琳等:《趋同管理背景下高校来华留学生思想教育问题探析》,《思想教育研究》2014 年第 11 期。

论在理解学生文化差异的基础上寻找关联，进而将这种关联灵活运用在课堂教学实践中，通过文化主体之间的互动与对话增强理解与认同，有效激发留学生的学习、科研兴趣，促进留学生文化理解与认同。

最后，要提高来华留学任课教师将文化育人融入学科专业教学中的能力。文化育人不是文化灌输，而是文化融入，是中华文化与留学生自身文化的汇合与交融。从事学科专业知识的学习是来华留学生在留学的主要任务，如何将中华文化融入来华留学生的学科专业知识的学习中，使来华留学生在潜移默化中感悟中华文化，建立起文化认同，是来华留学任课教师需认真研究和探讨的重要问题。我国应该鼓励来华留学任课教师积极探索，将中华文化元素融入学科专业知识中，将学科专业知识的教学与当代中国发展紧密结合，使来华留学生在接受学科专业知识的同时，对中华文化与当代中国发展形成全面的认识和广泛的认同。

（五）推进中外学生交流互鉴

中外学生交流互鉴活动是来华留学生教育文化育人的重要途径，是中外学生之间的一种跨文化交际活动。推进中外学生交流互鉴有助于中外文化间的互动交流，有助于来华留学生跨文化适应问题的解决，有助于提升中外学生的跨文化交际能力。

首先，应搭建中外学生交流平台。一是充分利用好国家战略层面人文交流机制和平台。高校应积极参加（与）高级别中外人文交流机制、"一带一路"人文交流项目、教育援外培训项目、孔子学院等机制或项目下的中外学生交流平台，推动中外青年学子间的交流互动。二是搭建校园内中外学生交流平台。高校应通过举办国际艺术节、中国传统节日文化沙龙、中外文化比较讲座等途径搭建立体式、多样化的中外学生交流平台，推进中外学生间的文化认知、交流与互鉴，培养学生多元文化观，形成中外学生交流的长效机制。

其次，应提高中外学生的跨文化交际能力。跨文化交际能力是中外学生交流的必备能力。跨文化交际能力是指语言交际能力、非语言交际能力、语言规则和交际规则的转化能力、跨文化适应能力等四个方面构成的综合能力。① 其中，语言交际能力是整个跨文化交际能力的基础。非语言交际能力指的是中外学生运用语言交际之外的行为和方式的能力，着装、言谈举止、餐桌礼仪、礼品赠送等都属于语言交际之外的行为和方式。语言规则和交际规则的转化能力指的是中外学生运用语音、词汇、语法规则以及交往的行为准则进行交际的能力。② 跨文化适应能力指的是中外学生在多元文化氛围与环境中的适应能力。中外学生交流互鉴需要双方具备较强的跨文化交际能力。因此，加强中外学生跨文化交际能力培养、提高他们的跨文化交际能力至关重要。对于中国学生来讲，要通过外语、国际理解课程以及跨文化交际课程的学习，提高他们的跨文化交际能力；对于来华留学生来讲，要通过汉语、国际理解课程以及跨文化交际课程的学习，提高他们的跨文化交际能力，在与中国学生交流沟通的过程中了解、认识中国社会和文化，尽快适应在中国的学习和生活。

（六）打造中国文化体验基地

文化体验是课堂教学活动的有益补充，是来华留学生教育文化育人的有效途径。中国文化体验基地主要指的是利用当地文化资源，通过挂牌或共建整合的方式开展来华留学生中华文化体验教学的场所。中国文化体验基地建设的主要目的是促进留学生的文化感知、增强留学生的文化理解、提高留学生的文化认同、激发留学生的学习兴趣、提高留学生的跨文化适应能力等。有研究表明，来华留学生所在的城市对其文化认同的培养具有较大的影响。经济发达、有文化特色的城市一般是来华留学生的首选留学目的地。留学生对留学城市的选择在一定程度上体现了其兴趣偏好、文化认同，因此结合当地地域文化资源，进行实践体验，是促进来华留学生文化认同的有效途径。然而留学生由于初到陌生的环境，缺乏信息资源，依靠个人力量难以有效地融入全新的文化环境。中国文化体验基地的

---

① 毕继万：《第二语言教学的主要任务是培养学生的跨文化交际能力》，《中国外语》2005年第1期。

② 毕继万：《第二语言教学的主要任务是培养学生的跨文化交际能力》，《中国外语》2005年第1期。

打造就是高校有目的、有针对性地对地域文化资源进行整合，为来华留学生进行文化宣扬和传播，以期增进留学生对中华文化的认知与体验，加深对中国文化的理解，促进来华留学生跨文化适应的具体实践。

因此，这就要求高校，第一，在目标与功能上，认真研究当地文化资源，根据来华留学生的特点及其跨文化适应规律，构建符合来华留学生特点和需求的文化体验基地。根据文化心理学家约翰·贝瑞（John W. Berry）的"跨文化适应模型"理论，来华留学生在进入中华文化情境后，将经历四种文化适应过程，即文化整合、文化同化、文化分离、文化边缘化。来华留学初期，来华留学生更多表现为文化分离和文化边缘化的特征，随着学习的深入进行，他们会逐步将中华文化与本国文化进行有机结合与类比，逐渐将文化适应策略调整到文化整合的阶段，并且有意识地开始认同和理解中华文化的目的和价值取向。第二，在建设模式上，应以校内建设为主，校外建设为辅，充分利用当地文化资源。在文化体验基地的建设上，高校应因地制宜，首先打造校内文化体验基地，充分依托和利用学校陶瓷、国画、民乐、民族文学、旅游、饮食等艺术文化专业领域资源，设计打造文化观摩与体验中心，也可以考虑利用多媒体互动技术，建设文化体验互动平台。其次，要加强校外文化体验基地的建设与培育。高校应充分利用和合理开发当地物质文化和非物质文化遗产资源，参观访问当地特色博物馆、名胜古迹，也可以结合当地民俗文化、革命历史、科技文化的开发文化体验项目。第三，在内容上，既要体现中华文化的博大精深，又要融入留学生来源国与中华文化交流合作的历史和内容，增强留学生的亲近感和文化认同感。第四，在管理机制上，要加强组织领导、建立体系保障、完善评价体系。文化体验基地建设是一项涉及面较广的系统工程，需要协调整合各方面资源和力量，按照留学生特点和跨文化适应规律有针对性地开发设计，这就要求高校内部统筹管理，制定相关规章制度，完善管理考核评价体制，保障经费投入，推动文化体验基地建设。

第二节　来华留学生教育的社会化服务体系构建

当前，来华留学生规模的迅速增长对来华留学管理服务提出了更高的要求。作为来华留学管理服务中的重要一环，来华留学社会化服务体系构建被提上议事日程。2016 年 4 月，中办、国办印发的《关于做好新时期教育对外开放的意见》就构建来华留学社会化专业化服务体系提出明确要求。[①] 2019 年 2 月，中共中央、国务院印发的《教育现代化 2035》则强调"构建来华留学社会化专业化服务体系"。显然，来华留学社会化服务体系的构建已成为当前及今后一段时期来华留学事业发展需予以重点关注的领域。但对于如何构建来华留学社会化服务体系，上述文件并未给出明确具体的路径，学术界亦鲜见此方面的系统研究。鉴于此，针对来华留学社会化服务体系构建开展研究具有重要的理论和实践价值。本节拟就来华留学社会化服务体系的内涵、构成及构建的意义与路径做逐一探讨，以期为来华留学的社会支持系统建设提供有价值的参考。

一、来华留学社会化服务体系的内涵

"来华留学社会化服务体系"或者"来华留学生教育社会化服务体系"的表述，是在中办、国办印发的《关于做好新时期教育对外开放的意见》中提出的，这是官方文件中首次出现该提法。在探讨"来华留学社会化服务体系"的内涵之前，首先，须厘清"社会化服务"以及"社会化服务体系"的相关概念。"社会化服务"概念首次在 1983 年的中央一号文件出现，指的是为农业各项生产的产前产后诸如供销、加工、贮藏、运输、技术、信息、信贷等各方面提供的服务。当前，基于学术界的相关研究梳理，"社会化服务"的概念界定存在两个视角：一个是针对某类公共资源

① 新华社：《中共中央办公厅、国务院办公厅印发〈关于做好新时期教育对外开放工作的若干意见〉》，2016 年 5 月 3 日，见 http://www.moe.gov.cn/jyb_xwfb/s6052/moe_838/201605/t20160503_241658.html。

面向社会服务的视角，"社会化服务"指的是该类公共资源面向社会提供服务实现自身社会价值的过程，譬如，高校图书馆、体育设施等向社会开放，提供社会服务；另一个则是如前所述的为某一行业或产业提供社会服务的视角，譬如，农业、林业、安全生产等，此视角下的社会化服务指的政府部门、行业协会、社会机构、企业等向某一行业或产业提供社会服务的过程。本节中的"社会化服务"即指的第二个视角。相应地，"社会化服务体系"即指由政府部门、行业协会、社会机构、企业等主体向某一行业或产业提供服务的网络结构和系统整体。

但与农业、林业等行业不同，来华留学生教育不是一项产业，而是一项公共事业，具有明显的涉外性、战略性、公共性和公益性。来华留学生教育是我国对外开放事业的有机构成，是我国开展公共外交和中外人文交流的重要途径，是为我国经济社会建设汇聚人力和智力资源的有效渠道，来华留学生之于我国的战略价值和重大意义不言而喻。因此，针对来华留学的社会化服务不适宜照搬针对农业、林业等某一行业或产业的社会化服务模式。我们应基于来华留学生教育发展的实际，结合我国的国情打造具有我国特色的来华留学社会化服务体系。具体而言，除政府部门、高校、行业协会之外，应成立专门的来华留学服务机构。本节中，"来华留学社会化服务体系"即指与来华留学相关的政府部门、行业协会、专门服务机构与高校为适应来华留学发展的需要，为来华留学提供社会服务所形成的一个网络结构和系统整体。其中的社会服务主要包括两类：一类是由行业协会提供的来华留学第三方评估、认证、学术交流、政策咨询等；另一类是由专门的公共服务机构为来华留学生提供的来华留学前的留学及签证事务的咨询、指导及代理以及来华留学后的居留手续、校外住宿、校外勤工助学、保险、医疗、就业及法律纠纷等事务的咨询、指导及代理等的有关服务。

二、来华留学社会化服务体系的构建意义

来华留学社会化服务体系的构建事关来华留学事业发展全局，对于

推进来华留学生教育可持续发展、满足来华留学生多样化的社会服务需求、创新来华留学社会管理模式以及深化来华留学生教育放管服改革等方面具有重要意义。

（一）推进来华留学生教育可持续发展的客观需要

经过新中国成立以来 70 多年的发展，来华留学生教育取得了令世人瞩目的巨大发展成就，为增进我国与世界各国人民的了解与友谊、推动我国的对外交往作出了巨大贡献。在新时代，面临世界百年未有之大变局，来华留学生教育承载着助力构建人类命运共同体、推动中外人文交流以及为实现中华民族伟大复兴的中国梦和为共建"一带一路"提供人才支撑的重大历史使命。当前及今后一段时期，推进并实现来华留学生教育的可持续发展具有重大的战略意义和深远的历史意义。但我们应认识到，在新的形势下，随着来华留学生规模的扩大和来华留学生教育的发展，来华留学生教育面临着诸多问题与挑战。其中之一即是来华留学社会支持系统尚未建立，来华留学社会化服务水平偏低。具体表现为：来华留学社会化服务法律法规建设滞后，来华留学行业协会的作用未有效发挥，来华留学生的社会服务专门机构未有效建立，来华留学社会服务专业人员队伍建设空白等方面。面对来华留学生教育发展的新形势，来华留学社会支持系统建设已成为来华留学生教育发展的当务之急。构建符合我国国情的来华留学社会支持系统是来华留学生教育的内在要求，是推进来华留学生教育可持续发展的客观需要。

（二）满足来华留学生社会服务需求的必然选择

来华留学社会化服务体系构建是满足来华留学生社会服务需求的必然选择。研究发现，来华留学生具有强烈的社会服务需求。譬如校外勤工助学，有研究表明，接近 60% 的在京留学生留学期间寻求过兼职工作，而其中 85.7% 的留学生寻找兼职工作的渠道来自"同学、朋友"的介绍。[①]

---

① 韩维春：《来华留学生兼职就业问题研究——基于对北京地区高校留学生的调查统计》，《国际商务——对外经济贸易大学学报》2014 年第 5 期。

另有一项针对即将毕业的留学生的研究表明，当前留学生在华就业的困难主要是对在华就业制度和政策不了解、缺乏专门针对留学生群体的就业信息平台、担心遭受用人单位歧视、无法适应中国就业环境等。① 一方面，来华留学生具有较为强烈的校外勤工助学需求；而另一方面，我们当前对此缺少有效的社会服务支持。来华留学生包括汉语学习、中国社会与文化体验、勤工助学、就业、校外住宿、居留手续代办等在内的多样化和差异性需求对来华留学生的校内外服务提出了挑战。而其中，有关校外勤工助学、住宿、居留手续代办、创业以及毕业后就业等方面的服务非高校之力所能完全承担，且在一定程度上已超出了高校的服务范围，需要社会服务予以跟进。随着来华留学生规模尤其是来华留学学历生规模的扩大，此类的社会服务需求会愈发增多和迫切，构建社会支持系统满足来华留学生的多样化社会服务需求成为一种必然选择。

（三）创新来华留学生社会管理模式的重要举措

我国通常将来华留学生的签证申请以及来华后的居留证件办理、体检与保险等事项管理纳入来华留学生的社会管理范畴之中。② 来华留学生的社会管理与校内管理构成我国来华留学生管理的两大板块。当前，来华留学生的社会管理采取的是政府部门主导、学校予以配合的行政管理模式，其中的政府部门主要为教育部门、公安部门与外交（外事）部门。现有的管理模式在维护来华留学秩序、推动来华留学生教育发展方面发挥了重要作用，但随着来华留学规模的扩大以及来华留学社会管理事务的日渐复杂化，这种管理模式愈发暴露出问题：管理的专业性不强，缺乏专业性的服务平台；管理的有效性不强，承担较多微观事务的管理；管理的协同性不强，针对出现的新问题譬如就业管理等，缺乏有效的协同机制等。在协调管理方面，有学者指出，在中国的很多城市，有关留学生的政府管理部门与高校的沟通联系较少，往往是突击检查或不定期开展讲座交流会，

① 魏敏：《新时期外籍高校毕业生在华就业问题研究》，《管理观察》2017年第9期。
② 2017年7月1日起施行的《学校招收和培养国际学生管理办法》第六章专门对来华留学生的社会管理进行了规定。

远远不能达到目前留学生管理所需的社会管理与校园管理联动所需的密切度。[①] 在来华留学事业亟待实现更大发展的时代背景下，不断推进来华留学生社会管理模式创新是解决以上问题的不二选择。而通过构建来华留学社会支持系统，为来华留学生提供专业化的社会支持服务恰恰为来华留学生社会管理模式创新提供了适宜路径。

（四）解决来华留学生"三非"问题的有效途径

近年来，随着来华留学生规模的持续增长，在华留学生"三非"问题逐渐增多。"三非"问题指的是来华留学生的三类典型违法行为：即非法就业、非法驾驶和非法居留。非法就业指的是来华留学生违反勤工助学管理规定，超出规定的岗位范围或者时限在中国境内工作。[②] 非法驾驶指的是未依法取得机动车驾驶证的情形下驾驶机动车。[③] 非法居留指的是来华留学生在抵华后未在规定期限内办理居留许可或在华居留期间居留许可过期。"三非"问题的存在对高校及有关政府部门、社会构成了较大压力，对来华留学社会管理构成了较大的挑战。"三非"问题的产生有法律制度、社会管理和高校管理等方面的原因，解决"三非"问题自然也需要社会各方力量协动，系统化解决。[④] 而建立起由高校、政府部门及有关专门服务机构等组成的来华留学社会支持体系是解决来华留学生"三非"问题的行之有效的重要途径。

（五）深化来华留学生教育放管服改革的必然要求

推进放管服改革是我国政府转变职能、提高效能的重要举措，是来

---

① 陈斌：《对来华留学生法制化管理和教育的探讨》，《长春教育学院学报》2015 年第 2 期。

② 《中华人民共和国出境入境管理法》第四十三条规定，外国人有下列行为之一的，属于非法就业：（一）未按照规定取得工作许可和工作类居留证件在中国境内工作的；（二）超出工作许可限定范围在中国境内工作的；（三）外国留学生违反勤工助学管理规定，超出规定的岗位范围或者时限在中国境内工作的。

③ 《中华人民共和国道路安全交通法》第十九条规定，驾驶机动车，应当依法取得机动车驾驶证。持有境外机动车驾驶证的人，符合国务院公安部门规定的驾驶许可条件，经公安机关交通管理部门考核合格的，可以发给中国的机动车驾驶证。

④ 王倩：《高校留学生管理中的"三非"问题及应对措施》，《文化学刊》2016 年第 9 期。

华留学生教育管理体制改革的方向。2010 年 7 月颁布实施的《国家中长期教育改革和发展规划纲要（2010—2020 年）》提出，"以转变政府职能和简政放权为重点，深化教育管理体制改革。"[①] 2017 年 9 月，中办、国办印发的《关于深化教育体制机制改革的意见》进一步提出，"深化简政放权、放管结合、优化服务改革，把该放的权力坚决放下去，把该管的事项切实管住管好，加强事中事后监管，构建政府、学校、社会之间的新型关系。"[②] 构建来华留学社会支持系统是构建来华留学生教育管理中政府、高校与社会之间的新型关系的重要途径。通过构建来华留学社会支持系统，一方面推动政府简政放权，转变职能；另一方面，为来华留学提供专业化的社会服务，降低政府、高校在来华留学社会管理方面的成本支出，发挥专业资源的专业服务优势，推动来华留学生教育提质增效。因此，构建来华留学社会支持系统既是来华留学生教育放管服改革的重要内容，亦是深化来华留学生教育放管服改革的必然要求。

三、来华留学社会化服务体系的构成

来华留学社会化服务体系是系统的有机构成，是面向来华留学提供社会服务的统一整体。从满足来华留学的发展需求来看，来华留学社会化服务体系应涵盖以下构成。

（一）系统化的服务内容

系统化的服务内容是来华留学社会化服务体系的基本构成之一。如前所述，来华留学社会化服务主要包括面向来华留学生教育整体以及面向来华留学生群体两方面的服务内容。面向来华留学生教育整体的社会服务主要由行业协会承担，具体包括组织开展来华留学生教育第三方评估、认

---

① 国家中长期教育政策和发展规划纲要工作小组办公室：《国家中长期教育改革与发展规划纲要（2010—2020 年）》，2010 年 7 月 29 日，见 http://www.gov.cn/jrzg/2010-07/29/content_1667143.htm。

② 《中华人民共和国高等教育法》，1998 年 8 月 29 日，见 http://old.moe.gov.cn/publicfiles/business/htmlfiles/moe/moe_619/200407/1311.html。

证以及承担学术交流、政策咨询、来华留学辅导员专业培训等方面，具有综合性和系统化的特征。面向来华留学生群体的社会服务主要由专门的公共服务机构承担，内容上涵盖来华留学生社会生活的方方面面，具体包括留学生来华前的留学咨询与签证申请服务以及来华后的接机服务、校外住宿服务、居留手续办理服务、校外勤工助学服务、驾照申领服务、文化体验服务、法律咨询服务、就业服务等方面的服务内容，同样具有综合性和系统化的特征。在服务范围方面，来华留学社会化服务体系涉及来华留学生教育事业及来华留学生教育除学校内的招生、学生事务与教学管理之外的各方面服务，来华留学生教育事业及来华留学生的各类社会服务需求均应在来华留学社会化服务体系中得以体现和满足。

（二）多元化的服务主体

来华留学社会化服务体系的服务主体应该是多元的，多元化的服务主体是来华留学社会化服务体系的另一基本构成。基于当前我国国情及来华留学生教育发展的实际，政府在来华留学社会化服务体系中发挥着主导作用，具体承担主体应是行业协会与专门服务机构，同时，高校作为来华留学办学主体发挥着协调配合作用。其中，政府的主要职责是负责来华留学社会管理宏观政策的制定及按照国家相关法律法规和政策规定对来华留学生进行宏观社会管理，在来华留学社会化服务体系中起主导和组织作用；行业协会是由来华留学生接受院校、来华留学生辅导员及其他管理人员等自愿组成的社会团体，其主要职责是开展来华留学第三方评估、认证以及负责来华留学生教育管理的理论研究和学术交流，为政府部门、高校提供来华留学生教育管理的政策建议以及开展来华留学生教育行政管理人员、来华留学生辅导员培养培训等，发挥面向来华留学生教育的学术研究、专业培训和智库平台作用；专门服务机构是指专门为来华留学生提供社会服务的非营利性机构，其主要职责是为来华留学生提供来华留学前的留学咨询与签证申请以及来华后的接机、校外住宿、居留手续办理、校外勤工助学、驾照申领、文化体验、法律咨询、在中国就业等方面的系统化社会服务；高校的主要职责是承担来华留学生的培养及校内管理，配合政府部门、专门服务机构做好来华留学生的社会管理与社会服务。我国应围绕着以上四个主体，构建起政府部门主导、行业引领、专门机构提供专业服务、高校参与配合的来华留学社会化服务体系。

（三）协同化的服务机制

协同化的服务机制是来华留学社会化服务体系的又一基本构成。协同是协同学的基本范畴，是指协调两个或者两个以上的不同资源或个体完成某一目标的过程或能力。[①]"协同学"（synergetics）一词源于希腊文，意为"协调合作之学"，由德国斯图加特大学理论物理学家赫尔曼·哈肯（Hermann Haken）在 20 世纪 60 年代初提出。[②]赫尔曼·哈肯指出，一个开放系统内存在子系统之间由于某种固定关联而形成的协同运动，协同是使众多的子系统由无序向有序转化的一种形式。

来华留学社会化服务体系即是由政府部门、行业协会、专门服务机构和高校等各服务主体即子系统构成的一个开放系统，需要各服务主体之间协同运行。作为一个多元主体参与的系统整体，来华留学社会化服务体系能否有效运转，很大程度上取决于各服务主体之间是否能够形成一个协同化的服务机制。政府、行业协会、专门服务机构及高校等各服务主体在来华留学社会化服务体系中具备的职责不同，但都有一个共同的目标：即为来华留学生教育和来华留学生提供优质的社会服务。在来华留学生教育事业迅速发展、来华留学生社会服务需求日趋多样、来华留学生社会问题日渐复杂的新形势下，来华留学的社会化服务亟待建立起各服务主体有效协同的服务机制。

（四）专业化的服务人员

专业化是来华留学社会服务的本质要求，专业化的服务人员是来华留学社会化服务体系的显著特征之一。来华留学社会化服务体系提供的服务应该是专业化的，除行业协会提供的专业化服务之外，主要是由专门的

---

① 杨斌：《协同视角下职业教育产教融合机制研究》，《中国经贸导刊》2019 年第 5 期。
② ［德］赫尔曼·哈肯：《协同学——大自然构成的奥秘》，凌复华译，上海译文出版社 2005 年版，第 5 页。

来华留学服务机构面向来华留学生提供专业化服务。来华留学生社会服务具有较强的政策性和专业性，需要一大批熟知来华留学政策的专业人员具体从事此项工作。近年来，随着来华留学生教育规模的扩大以及相应地来华留学生社会服务需求的增加，面向来华留学生的社会服务亟须专业化的服务人员予以跟进。譬如，在我国驾照的考取方面，留学生普遍面临着较大困难。根据有关报道，许多外国人表示，理论考试题目过于强调记忆，不符合外国人的思维方式。[①] 又如，在法律法规的掌握方面，我国有关来华留学生社会管理的法律规定散见于各相关法律法规中，不利于留学生的了解和掌握。同时，留学生囿于语言障碍和文化背景不同，往往不能完全理解中国的相关法律规定。[②] 鉴于此，专门针对来华留学生提供驾照考试辅导、法律法规辅导的专业化服务是十分必要的。而且，这种由专业服务人员提供的面向留学生提供的专业服务应该是公共性和公益性的，不以营利为目的。因此，在来华留学社会化服务体系构建中，应建立起类似来华留学服务中心之类的专业服务机构，专门承担来华留学生的各类社会需求方面的专业服务。

（五）信息化的服务平台

20 世纪下半叶，世界范围内兴起的新技术革命推动了计算机和信息网络技术的迅速发展，极大地改变了人们的生产、生活和交往方式，人类社会进入信息化时代。在社会管理和社会服务领域，计算机网络技术的广泛运用，微博、微信等媒体平台的出现，深刻地影响了社会管理和社会服务方式。来华留学社会化服务体系是一个由多元服务主体构成的有机整体，其运行需要在信息化的服务平台上实现各服务主体的协调运作与通力合作。建立信息化的服务平台既是信息化时代下针对来华留学生进行有效社会管理的必要手段，亦是为来华留学生提供优质社会服务的客观需要。

---

① 天兰兰：《老外在中国：我考驾照四次才通过》，2014 年 12 月 10 日，见 http://edu.sina.com.cn/kids/2014-12-10/174285092.shtml。

② 金一超：《外国留学生勤工助学管理工作之探讨》，《安徽工业大学学报》（社会科学版）2007 年第 1 期。

通过建立信息化的服务平台，一方面，可以为来华留学生打造在线服务窗口，为来华留学生提供一站式、便捷式服务；另一方面，可以实现来华留学生相关服务主体的互通互联、信息共享与资源整合。此外，通过设立微博、微信公众号等平台，适时发布来华留学生社会管理与社会服务的相关政策、信息与资讯，可以使来华留学生及时掌握了解有关政策和信息，为在华学习、生活的顺利开展提供保障。

四、来华留学社会化服务体系的构建路径

来华留学社会化服务体系是开展来华留学生社会管理、为来华留学生提供社会服务的有机载体，其运行离不开法律法规的完善、来华留学生教育行业协会的推动以及来华留学生专门服务机构的建设等诸方面。基于当前来华留学生教育发展的实际，这里尝试着围绕以上方面探索来华留学社会化服务体系的构建路径。

（一）制定来华留学社会服务法律法规

在我国，法律法规具有广义与狭义之分。广义上的法律法规指的是由我国有关机关颁布实施的一切规范性文件；狭义上的法律法规仅指我国有关机关颁布实施的法律、行政法规以及地方性法规。这里所讲的法律法规指的是广义上的法律法规，是法律、行政法规、地方性法规、部门规章以及其他规范性文件的统称。改革开放以来，基于我国的国情及来华留学生教育的发展，来华留学社会管理与社会服务的法律法规建设逐步展开，为来华留学社会管理与社会服务的有序推进提供了有效保障。2013年7月1日起施行的《中华人民共和国出境入境管理法》以及自2013年9月1日起施行的《中华人民共和国外国人入境出境管理条例》分别是面向包括来华留学生在内的外国人进行社会管理的法律和行政法规。此外，我国有关社会管理的《中华人民共和国刑法》《中华人民共和国治安管理处罚法》以及《中华人民共和国道路交通安全法》等法律法规，亦适用于在我国的外国人。自2017年7月1日起施行的《学校招收和培养国际学生管理办法》是由教育部、外交部、公安部联合制定的部门规章，该文件单列一章对来华留学生的社会管理进行了规定。当前，我国针对来华留学生社会管理的法律法规较为齐全，但针对来华留学生社会服务的法律法规尚处于空白阶段。总体上看，针对来华留学生社会服务的法律法规建设表现为两个特点：一是针对来华留学的社会服务缺乏法律地位，缺少明确的法律规定；二是来华留学个别领域法律法规的配套不完善，滞后于来华留学生教育发展的实际，不利于来华留学生的社会管理与社会服务，譬如，我国至今尚未出台留学生勤工助学的具体管理规定。

下一步，我们应尽快制定来华留学生社会服务法律法规。首先，明确社会服务的法律地位。我国应出台《留学生教育法》，将来华留学生社会服务的规定纳入法律框架。通过立法，一方面，可以提高来华留学生教育的法律层级；另一方面，将来华留学生社会服务等的内容明确写入法律，为来华留学生社会服务等的开展提供法律依据。二是出台与社会服务相关的配套法律法规。我国应出台《留学生勤工助学管理规定》《留学生在华就业管理规定》等一系列文件，为来华留学生社会服务业务的开展提供法律意义上的遵循。

（二）发展来华留学行业协会

成熟的行业协会是来华留学社会化服务体系的重要构成。通过相关行业协会承担相应的社会服务职能是国际上开展留学生教育的通行做法。当前，我国全国性的来华留学行业协会仅有一个，即成立于1989年12月的中国高等教育学会外国留学生教育管理分会（以下简称分会）。分会在推动来华留学生教育管理学术交流、为政府部门提供政策咨询等方面发挥了重要作用。但与来华留学生教育发展的内在需求相比，分会发挥的作用仍显不足。在推进行政管理放管服改革的时代背景下，分会应适时地发挥第三方的作用，承担起来华留学生教育评估、认证等相应的社会服务职能。这既是深化来华留学生教育管理体制改革的必然要求，亦是建立健全来华留学生教育质量保障体系以及推进来华留学生教育可持续发展的重要举措。

（三）建立来华留学社会服务专门机构

如前所述，来华留学社会服务具有较强的政策性、涉外性、公益性和公共性等特点，不同于一般的产业或行业服务。近年来，随着来华留学生规模的扩大，来华留学社会服务需求日趋增长，对服务的专业性要求亦越来越高。而我国当前尚缺乏专门面向来华留学生提供社会服务的机构。面对来华留学生教育发展的这一形势，需要由专门的机构为来华留学生提供专业化的社会服务，承担起来华留学生的社会服务职能。在现阶段，可尝试着建立起全国性的来华留学生服务中心，同时，在来华留学生较为集中的城市设立分中心，作为公益性、非营利性的社会公共组织，承担来华留学生的社会服务职能，专门负责来华留学生社会服务。通过建立全国性的来华留学服务中心以及地区分中心，形成全国性的来华留学生服务网络，为来华留学生社会服务的顺利开展提供组织和机构保障。同时，有关行业协会应制定来华留学生社会服务人员从业标准，面向来华留学服务中心工作人员开展职业培训，建设一支专业化职业化的来华留学生社会服务人员队伍。